Der Stiefvater ist Kommunist, der Vater gar im Rotfrontkämpferbund. Die neue Stiefmutter aber schwärmt für Hitler. Der eine Großvater ist Monarchist, der andere ein kommunistischer Schneider, der Onkel wiederum Sozialdemokrat. Ein Familienbild aus dem Hamburger Arbeiterbezirk Hammerbrook um 1930. Es ist das kommunistische Milieu, in dem Günter Lucks aufwächst. Die Eltern verkehren mit KPD-Größen wie Etkar André oder Fiete Schulz; der kleine Günter aber will unbedingt zum Jungvolk. Dies ist die Erzählung von einer Kindheit zwischen den Extremen, in einem versunkenen, erst von den Nazis und dann von der «Operation Gomorrha» endgültig zerstörten Milieu, das auch nach dem Krieg nicht wiedererstand. Es ist zugleich ein authentisches Bild aus dem Leben in den traditionellen Arbeiterbezirken von Hamburg, von dem aus erster Hand heute kaum noch ein Zeitzeuge erzählen kann.

Günter Lucks, Jahrgang 1928, war nach einer Ausbildung bei der Post bis zur Rente in der Druckerei und bei der Poststelle des Axel Springer Verlags beschäftigt. Eine Einladung der Bundeswehr in Gründung, ihr als Offizier beizutreten, hatte er abgelehnt.

Harald Stutte ist Historiker, Journalist und Autor. Er wurde mit dem Reportagepreis der Vereinigung Deutscher Reisejournalisten ausgezeichnet. Er lebt und arbeitet in Hamburg.

Beide Autoren gemeinsam haben bei Rowohlt die Bücher «Ich war Hitlers letztes Aufgebot. Meine Erlebnisse als SS-Kindersoldat» (2010) und «Hitlers vergessene Kinderarmee» (2014) publiziert.

Günter Lucks
mit Harald Stutte

Der rote Hitlerjunge

Meine Kindheit zwischen
Kommunismus und Hakenkreuz

Rowohlt Taschenbuch Verlag

2. Auflage September 2015

Originalausgabe
Veröffentlicht im Rowohlt Taschenbuch Verlag,
Reinbek bei Hamburg, August 2015
Copyright © 2015 by Rowohlt Verlag GmbH,
Reinbek bei Hamburg
Lektorat Frank Strickstrock
Umschlaggestaltung ZERO Werbeagentur, München
Umschlagfoto oben: Corbis, unten: akg-images
Satz aus der Adobe Garamond PostScript bei
Pinkuin Satz und Datentechnik, Berlin
Druck und Bindung CPI books GmbH, Leck, Germany
ISBN 978 3 499 62923 5

Inhalt

Vorwort

Wenn ich heute durch die Hamburger Stadtteile Hammerbrook, Rothenburgsort, Eilbek und Hamm gehe, sehe ich Gewerbegebiete, Bürokomplexe, schlichte Backsteinbauten. Breite, vielspurige, auf dem Reißbrett gezogene Straßen durchschneiden ein Vorstadtgebiet mit nur spärlich gesäter Wohnkultur. Historische Gebäude, abgesehen von wenigen Gründerzeitvillen im Nordwesten Hamms, gibt es kaum noch.

Nicht viel lässt heute darauf schließen, dass hier im Osten der Hansestadt einst Hamburgs proletarisches Herz schlug. Und ich, geboren 1928, bin ein Kind dieses untergegangen roten Ostens. In den engen, dicht bebauten Straßenschluchten «Jammerbrooks», den schmuck- und freudlosen Hinterhöfen im südlichen Hamm, den kleinen, verwinkelten Straßen in Rothenburgsort spielten vor über 80 Jahren Kinder mit ihren Holzreifen, in Hamburg «Trudelband» genannt. Mädchen sprangen im mit Kreide auf den Asphalt gezeichneten «Hickelkasten», Jungen bolzten auf den engen Hinterhöfen gegen Mauern und mussten aufpassen, dass sie nicht die zum Trocknen auf Leinen geklammerte Wäsche beschmutzten, sonst setzte es was – im günstigsten Fall nur eine plattdeutsche Schimpfkanonade aus dem Munde einer resoluten Arbeiterfrau.

Die Backsteinfassaden der Häuser waren unterbrochen von Kaufmanns- oder Kolonialwarenläden und winzigen, verräucherten Kneipen; die hießen «Zauberflöte» oder «Leuchtturm» und zapften dünne, dafür aber preiswerte Biere. Tagsüber schaffte es die Sonne kaum, die engen und dicht bebauten

Straßenschluchten zu durchfluten, nachts spendeten die vom Laternenmann mit Hilfe einer Aufstellleiter und eines Hakens entzündeten Gaslaternen lediglich ein sparsames Licht. Auf den Litfaßsäulen warben die hier dominierenden Parteien SPD oder KPD für ihre Listenplätze, denn ständig wurde gewählt. Die Regierungen im Deutschen Reich zwischen Erstem Weltkrieg und Hitlers Machtübernahme hatten nur kurze Halbwertszeiten.

Meine Großeltern und Eltern, unsere Verwandten, Freunde und Nachbarn, ja das gesamte Umfeld war kommunistisch oder sozialdemokratisch. Als ich ein Kind war, dominierten rote Fahnen die Straßen, dazu gab es Aufmärsche der kommunistischen oder sozialdemokratischen paramilitärischen Organisationen. Der 1. Mai war hier mindestens so wichtig wie das Weihnachts- oder Osterfest. Wir sangen Arbeiterlieder, schwenkten rote Fähnchen und träumten vom Sowjetparadies, ohne zu wissen, was uns da erwartete. Begriffe wie «Klassenkampf», «Bourgeoisie» oder «Proletariat» gehörten ganz selbstverständlich zum Wortschatz dieser Menschen, die lediglich die achtjährige Volksschule absolviert hatten. Eine politische Überzeugung, überwiegend das Einzige, was Eltern ihren Kindern als Erbe mit auf den Lebensweg gaben, hatte aber jeder.

Nationale oder bürgerliche Parteien versuchten lange Zeit vergeblich, im Hamburger Osten Fuß zu fassen. Denn die Menschen in ihren winzigen Wohnungen waren bettelarm, hatten entweder schlecht bezahlte oder gar keine Arbeit. Viele Männer heuerten als Schauermänner im Hafen an oder verdingten sich als Tagelöhner, trugen anschließend ihre mickrigen Wochenlöhne zum Wirt ihrer Stammkneipe. Hier hatten die sozialistischen Vordenker Karl Marx und Friedrich Engels einst ihre treuesten Anhänger. Diese Menschen träumten von einer gerechteren Welt, von einer Art «Neuverteilung» des Reichtums, der in dieser großartigen Stadt so ungleich verstreut war. Für ihre hanseatischen Nachbarn im schicken Villenviertel Harvestehude, im von Alleen gesäumten Rotherbaum oder im bürgerlichen Eppendorf, die sie verächtlich Pfeffersäcke oder Stehkragen-Heinis nannten, hatten diese Menschen gleichwohl nur Verachtung übrig.

Es gab vermutlich im ganzen Deutschen Reich keine Region vergleichbarer Größe, in der die sozialistischen Ideen flächendeckend eine so treue Anhängerschaft hatten wie im roten Osten der zweitgrößten deutschen Stadt. Sozialdemokraten und Kommunisten, miteinander zutiefst verfeindet, dominierten diese «rote Festung» Hamburg. Über Jahrzehnte hatte sich ein proletarisches Milieu herausgebildet, welches hier tief verwurzelt war und dessen langer Arm bis ins Hamburger Rathaus und sogar bis in den Berliner Reichstag reichte. Bis in die frühen 30er Jahre hinein. Es ist kein Zufall, dass nicht nur das sozialdemokratische Urgestein August Bebel, sondern später auch viele namhafte Führer der Kommunistischen Partei in Hamburg wirkten oder sogar aus Hamburg stammten.

Und dennoch genügten zwei Katastrophen – eine politische und eine kriegsbedingte «Apokalypse» –, um diesem Milieu und seiner Heimat den Todesstoß zu versetzen, es ein für alle Mal auszulöschen. In meiner Kindheit und meiner frühen Jugend wurde ich Zeuge, wie Hamburgs roter Osten in nur wenigen Jahren unwiederbringlich unterging. Die Machtübernahme durch die Nationalsozialisten versetzte ihm den politischen Todesstoß. Der von den Nazis begonnene Krieg, der 1943 zur Bombardierung der Hansestadt in der «Operation Gomorrha» durch die Alliierten führte, löschte letztlich Hamburgs roten Osten auch physisch aus. Eine Tragödie, schließlich hatten die Nazis ausgerechnet hier ihre größten Widersacher gehabt. Tausende Menschen starben binnen weniger Tage im Juli 1943. Gewerbegebiete wie Hammerbrook oder Rothenburgsort sind heute in Wahrheit Hamburgs größte Friedhöfe – nur eben ohne Grabsteine.

Diese Zeit und diese Region haben mich sehr geprägt. Die Veränderungen in den 30er und 40er Jahren, die letztlich eine Auflösung waren, betrafen meine Familie, meine politische Heimat, meine Stadt, meine Ideale, besser unsere Ideale – sofern ich diese als Jugendlicher überhaupt teilte. Oder begriff, worum es ging.

Im Buch «Ich war Hitlers letztes Aufgebot», erschienen 2010, habe ich meine kurze Zeit als Kindersoldat der Waffen-SS und die anschließende, fast fünfjährige Odyssee durch sowjetische Kriegsgefangenenlager beschrieben. Das vorliegende Buch nun betrifft die Zeit davor, die auch eine Art Odyssee darstellte – meine Odyssee als ein Kind aus kommunistischem Elternhaus, das sich nichts sehnlicher wünschte, als auch zum willfährigen Millionenheer der jugendlichen HJ- und Jungvolk-Uniformträger zu gehören. Natürlich kann ich mich nicht an jedes Detail meiner frühesten Jugend erinnern. Vieles haben mir meine Eltern, ihre Freunde, Verwandte berichtet, einiges gehört zur «Familien-Folklore».

Ich war damals ein Suchender, hin- und hergerissen zwischen der Loyalität zu meinen bis zuletzt NS-kritischen Eltern und der sehr wirkungsvollen Indoktrination durch Schule und Nazi-Propaganda. Was war richtig? Was war falsch? Wer log, wer hatte recht? Fragen, die ein Kind, später einen pubertierenden Jugendlichen schlicht überforderten, zumal in politisch extrem brisanten Zeiten. Viele Irrtümer säumten daher meinen Lebensweg, oft beschritt ich Abwege, um ans Ziel zu kommen. Das, was man heute «einen politischen Kompass» nennt, hatte ich nicht. Um bei diesem Bild zu bleiben: «Meine Kompassnadel» schlug in viele Richtungen aus. Und es dauerte lange, bis sie endlich zur Ruhe kam.

Dafür empfinde ich es heute als ein Privileg, auf ein langes, sehr intensives, in jedem Fall an Erfahrungen sehr reiches Leben zurückzublicken. Und offen gestanden: Keine andere Form von Reichtum hätte ich mir je sehnlicher gewünscht.

Hamburg, im April 2015   Günter Lucks
                                                         Harald Stutte

Mit «Ho Front» in den Mai

Endlich war Mai, Kurze-Hosen-Wetter. Die Stadt roch nach Frühling. Bei uns Kindern machte sich das schöne Gefühl breit, dass das Leben unter der Frühlingssonne demnächst wieder leichter, unbeschwerter würde. Und mehr noch als das. Für eine «klassenbewusste proletarische Familie» wie uns war der 1. Mai ein Festtag. In Hamburg, der «roten Festung» – hier war der Anteil von Anhängern der sozialdemokratischen und kommunistischen Partei besonders hoch –, war der 1. Mai längst ein Feiertag. Im Rest des Reiches war das überwiegend nicht so. Fiel der Tag nicht, wie in diesem Jahr, auf einen arbeitsfreien Sonntag, so mussten die vielen Arbeiter, Gewerkschafter, Sozialdemokraten und Kommunisten, die an den Kundgebungen teilnahmen, Urlaub nehmen. Und das hieß, auf einen Tageslohn zu verzichten. Falls sie überhaupt Arbeit hatten. Doch das taten sie unverdrossen, denn dieser Tag war im proletarischen Milieu wichtig, galt es doch, am 1. Mai für zentrale Forderungen zu streiten – den Acht-Stunden-Tag oder den arbeitsfreien Sonnabend. Zudem feierte sich die Arbeiterschaft als selbstbewusste Klasse.

Dass allerdings dieser 1. Mai 1932 für lange Zeit der letzte «Kampftag der Arbeiterbewegung» war, der auch als solcher gefeiert werden durfte, das dachte wohl niemand. Die Demokratie der Weimarer Republik befand sich in einer schweren Krise. Hitler führte zwar ein Jahr später offiziell den «Feiertag der nationalen Arbeit» ein, doch damit feierte sich das System selbst, mit den traditionellen Maifeiern der Arbeiter hatte das nichts mehr zu tun.

Im roten Hamburg – noch 1928 hatten die Nazis lediglich zwei Prozent der Wähler für sich gewinnen können, doch bereits 1931 landeten sie mit 26 Prozent nur noch knapp hinter der SPD und vor unserer KPD – waren wir eine durch und durch rote Familie. Meine Eltern glaubten an die Weltrevolution, sie sahen in der Sowjetunion eine Art Paradies auf Erden und vertrauten unseren Führern, die fast alle aus Hamburg kamen oder in Hamburg wirkten: Ernst Thälmann, Etkar André, Fiete Schulz, Heinz Neumann.

Meine Eltern waren gestandene Kommunisten, für die die Teilnahme an der Mai-Demonstration nicht etwa lästige Pflicht, sondern eine Sache des Herzens war. So wie für gläubige Katholiken der Kirchenbesuch, obwohl meine Eltern natürlich Kirche, den Glauben, religiöse Traditionen ablehnten – mit ein paar Ausnahmen. Aber es gab in mancher Hinsicht Parallelen bei den Anhängern radikaler Ideologien und Gläubigen. Unsere Leute verehrten zwar keinen Gott, doch gab es gottgleiche Überväter, die Karl Marx, Friedrich Engels und Wladimir Iljitsch Lenin hießen. Unsere Enzykliken bekamen wir nicht vom Heiligen Vater, aber von den Vorsitzenden der maßgeblichen Kommunistischen Parteien – von Ernst Thälmann in Deutschland und Josef Stalin in der Sowjetunion. Der Kreml, das Machtzentrum des damals einzigen sozialistischen Landes der Erde, war für meine Eltern ungefähr dasselbe wie der Vatikan für die Katholiken. Letztlich waren meine Eltern von ihrer politischen Mission nicht nur überzeugt, sondern glaubten an sie – sie waren Gläubige, ohne religiös zu sein. Und der 1. Mai, das war unsere Auferstehung, unser proletarisches Oster- oder Weihnachtsfest, der Geburtstag unserer Bewegung.

Wir Kinder – mein damals fünfjähriger Bruder Hermann und ich, ein Jahr jünger – waren für einige Tage bei Oma und Opa untergekommen. Sie wohnten in einem fünfstöckigen bürgerlichen Mietshaus im Stadtteil Hammerbrook, elbnah im Stadtzentrum südlich von St. Georg gelegen. Im Volksmund wurde die Gegend auch «Jammerbrook» genannt, weil es dort, ähnlich wie im Berliner Wedding, sehr viele Mietskasernen gab, in denen die Arbeiterfamilien in zumeist ärmlichen Verhältnissen lebten. Die Lebensader in diesem Stadtteil bildete die Hammerbrookstraße, durch die die Straßenbahn fuhr. Es gab Geschäfte aller Art, Gaststätten und sogar drei Kinos. Eines davon wurde «Flohkiste» genannt. Die Eintrittskarten kosteten ein paar Pfennige und waren somit auch für Arbeiter erschwinglich. Sehr lange noch wurden hier Stummfilme mit Klavierbegleitung gezeigt, ein «Ansager» erklärte mit viel Pathos die Filmszenen. Die Hammerbrookstraße war damals für mich ein aufregendes Stück Hamburg.

Während im Norden des Viertels bis hin nach St. Georg bereits klein- und gutbürgerliche Häuser das Straßenbild prägten, breitete sich das wahre «Jammerbrook» in den kleinen Seitenstraßen mit ihren dunklen Hinterhöfen aus. Hier lag die Hochburg der Arbeiterparteien KPD und SPD, die Kommunisten hatten einen leicht höheren Anteil als die Sozialdemokraten. Den Nazis fiel es enorm schwer, hier Fuß zu fassen. Mit Mühe hatten sie eines ihrer Versammlungslokale in der Hammerbrookstraße halten können, dort befand sich der sehr umtriebige und radikale SA-Sturm 14.

Wir wohnten mit unseren Eltern ein paar Straßen weiter im Stadtteil St. Georg. Da wir uns keinen der Kindergärten leisten konnten, von denen es ohnehin nur wenige gab, kamen wir oft tageweise bei unseren Großeltern unter. Das entlastete meine noch jungen Eltern erheblich, die nicht nur politisch aktiv waren, sondern auch enorme Geldsorgen hatten. An jenem

Sonntag also holte uns meine Mutter dort zum großen Mai-Umzug ab.

«Nun kommt schon, Kinder, zieht euch an», rief meine Mutter, schon reichlich ungeduldig. Wir waren beinahe im Treppenhaus, da kam Opa noch zur Tür gerannt. «Vergiss das hier nicht», sagte er und brachte Mutter das rote Kopftuch hinterher, welches damals alle kommunistischen Frauen zu solchen Anlässen trugen. «Ich mag das hässliche Ding nicht», sagte meine Mutter, band es sich aber dennoch um. Sie war eine schöne, auch etwas eitle Frau – im kommunistischen Establishment des Hamburger Ostens hatte sie als «rotes Lieschen» sogar eine gewisse lokale Prominenz, die sich sowohl auf ihre roten Haare als auch auf ihre politische Überzeugung gründete.

Über dem Hamburger Osten lachte an jenem Maitag 1932 die Sonne, erstmals in diesem Jahr zeigte das Thermometer frühsommerliche 21 Grad. An der einen Hand hielt uns die Mutter, in der anderen hatten wir kleine rote Papierfähnchen mit dem Sowjetstern darauf, so trotteten wir Kinder in Richtung Hauptbahnhof. Dort formierte sich der Demonstrationszug. Zunächst mussten wir noch dem mächtigen Menschenstrom des Verbandes «Reichsbanner Schwarz-Rot-Gold» Platz machen, auch kurz Reichsbanner genannt. Die Männer trugen blaue Mützen, grüne Hemden, Schulterriemen, schwarze Breecheshosen und Ledergamaschen. Sie standen den Sozialdemokraten nahe und waren ursprünglich als Reaktion auf die braunen Schlägertrupps der SA zum Schutz der Republik gegründet worden. Sie standen aber auch mit dem Rotfrontkämpferbund auf Kriegsfuß, dem militanten Verband der Kommunistischen Partei. Es waren verrückte Zeiten. Die politische Auseinandersetzung wurde nicht im friedlichen Wettstreit der Ideen gesucht, sondern in martialischen Aufmärschen und Gewaltentladungen auf der Straße.

Unsere Leute buhten laut, als der Zug vorbeimarschierte. «Sozialfaschisten» und «Arbeiterverräter», riefen die Freunde meiner Mutter. «Scheißbolschewiken» und «Moskauer Marionetten» hallte aus dem Zug zurück. Doch beide Züge hatten unterschiedliche Ziele. Die Sozialdemokraten marschierten in Richtung Stadtpark, wir in Richtung Uni-Viertel.

Die aufgeladene Atmosphäre bei solchen Zusammentreffen spürten auch wir Kinder. Am Hauptbahnhof trafen wir unseren Vater. «Da seit ihr ja, ihr Rasselbande», rief er. Er trug die hellgraue Uniform des Rotfrontkämpferbundes. Er war aufgeregt, aber er freute sich, uns zu sehen. «Ich bin für die Sicherung der Seite eingesetzt», sagte er und musste auch gleich wieder in seine Formation. Wir Kinder waren mächtig stolz, dass auch unser Vater eine Uniform trug und dazugehörte. Von den drei paramilitärischen Organisationen – Reichsbanner als Verteidiger der Demokratie, RFB und SA als ihre Feinde – waren die beiden letztgenannten die schlagkräftigsten und aggressivsten. Oft ging es bei den Auseinandersetzungen blutig zu, auch gab es immer wieder Todesopfer. Das hatte dazu geführt, dass RFB und SA vorübergehend verboten wurden.

Mein Vater Hermann Friedrich August Lucks, Jahrgang 1908, war mit seinen 1,68 Metern ein kleiner, aber untersetzter und starker Mann. Er hatte lediglich die Volksschule besucht und war bereits früh im Jungsturm der KPD politisch aktiv gewesen. Schon im Alter von 15 Jahren, während des von dem KPD-Heißsporn Hans Kippenberger organisierten Hamburger Aufstandes im Jahr 1923, gehörte er als Fahrradkurier in Barmbek zum Stab der KPD-Legende Philipp Dengel, der für Verpflegung und Munition zuständig war. Als er in der Aufstandszentrale eine der Meldungen überbrachte – es ging um die Bewaffnung der

Schiffbeker Genossen –, klopfte ihm ein Mann auf die Schulter: «Gute Nachricht, Junge, mach weiter so!» Das war Kippenberger selbst, der wie auch der Hamburger KPD-Chef Hermann Schubert später in die Sowjetunion emigrierte (beide wurden dort von Stalins Schergen hingerichtet). Er hatte mit seinen «Roten Hundertschaften» recht erfolgreich paramilitärische Strukturen geschaffen und sogar Polizei und Reichswehr mit Gleichgesinnten unterwandert. Dengel, Kippenberger und mein Vater waren nicht nur Kampfgefährten, durch das Erlebte verband sie auch so etwas wie Freundschaft.

Per Fahrrad musste mein Vater Kontakt zu den einzelnen KPD-Zellen in den Stadtteilen halten. Bei seinen Kurierfahrten lernte er auch Fiete Schulz kennen, später eines der prominentesten KPD-Mitglieder. Die Parteiführung hatte beschlossen, im Oktober 1923 im ganzen Reich einen kommunistischen Aufstand auszurufen. Im von Hyperinflation und Massenarbeitslosigkeit gebeutelten Deutschland hielt man den Zeitpunkt für günstig, die Revolution zu beginnen – in Russland hatte es ja sechs Jahre zuvor auch geklappt. Doch nach einer Intervention der Komintern in Moskau, der kommunistischen «Weltzentrale», blies die KPD-Führung das Vorhaben kurz vor dem Losschlagen ab – nur Hamburg erhielt diese Information nicht, sodass es hier zu blutigen Kämpfen mit über 100 Toten kam. Jetzt, neuneinhalb Jahre später, war mein Vater mit seinen 24 Jahren bereits ein gestandener «Veteran der Revolution». Er war ein fröhlicher, lebenslustiger Mensch, mitunter plagten ihn aber Stimmungsschwankungen, und dann konnte ihm in einem Anfall von Wut die Hand ausrutschen. Wenn wir dann Prügel bezogen hatten, tat es ihm aber meist leid, er wirkte dann ganz niedergeschlagen und entschuldigte sich. Als junger Mensch hatte er eine Lehre zum kaufmännischen Angestellten abgeschlossen und sich bei der Hamburger Sparkasse beworben. Indessen gab er stets – auch später – seine KPD-Mitgliedschaft an. Das war zwar aufrichtig, aber nicht sehr geschickt, denn so fand er nie eine Anstellung.

Seiner Leidenschaft, dem Fahrradfahren, war der «ehemalige Fahrradkurier» zeit seines Lebens treu geblieben. Einmal ist er zusammen mit zwei Freunden im Auftrag der KPD sogar bis nach Berlin gefahren, stolze 280 Kilometer! Stets trug er abends sein Fahrrad bis zu unserer Wohnung in die dritte Etage hinauf und stellte es im Flur ab, sonst wäre es wohl gestohlen worden. Und für ein neues Fahrrad war kein Geld da. Ich bewunderte das Gefährt, denn es war ein Rennrad mit einem nach unten gebogenen Lenker und schmalen Rädern.

Doch seine größte Leidenschaft waren die Partei und der Rot-frontkämpferbund, der seit Mai 1929 in einigen Ländern des Reiches sowie in Hamburg verboten war, auch wenn die Behörden dieses Verbot nicht konsequent durchsetzten. KPD und RFB waren seine Familie. Und da wir seine Kinder waren, waren wir automatisch Teil der Bewegung. Wir marschierten nun, angeführt von einer Schalmeienkapelle, in Richtung Damm-torbahnhof. Ziel war die Moorweide, eine große Rasenfläche gegenüber dem Bahnhof, auf der schon zu Kaisers Zeiten Mas-senversammlungen stattgefunden hatten. Arbeiterlieder wurden gesungen, das «Lied vom kleinen Trompeter», «Dem Morgen-rot entgegen», auch «Die Internationale». Immer wieder rief die Masse «Rot Front», Männer und Frauen ballten die rechte Faust. Wir Kleinen verstanden zwar nicht so richtig, worum es ging, riefen aber ebenso nach Leibeskräften «Ho Front» dazwischen und schwenkten dazu unsere roten Papierfähnchen mit dem Hammer-und-Sichel-Symbol.

Kurz vor der Moorweide schloss Irmgard Herder, eine Freundin meiner Mutter, zu uns auf und schnappte sich die Hand meines Bruders – damit im Gedränge niemand verloren ging. Die Frauen, beide waren im «Roten Mädchen- und Frauenbund» aktiv, unterhielten sich aufgeregt und kicherten. An der Moorweide war Schluss, die Masse verteilte sich auf dem großen Areal, jetzt begannen die Reden der Funktionäre. Für uns Kinder war das der langweiligste Teil. «Wer spricht denn heute?», fragte meine Mutter. «Teddy soll kommen», sagte Irmgard.

Nun ist so ein «Kampftag» mit Schalmeienkapelle und Fahnenmeer nicht unbedingt das, was sich Kleinkinder unter Spaß vorstellen. Doch die Aussicht, dass da gleich ein mannsgroßer Teddybär mit gewaltigen Plüschohren am Rednerpult erscheinen würde, riss mich aus der Apathie. «Wann kommt denn der Teddy?», fragte ich mit großen Augen. Und sah, wie die beiden Frauen loslachten. Mit «Teddy» war Ernst Thälmann gemeint, der legendäre KPD-Vorsitzende des Deutschen Reiches, ein gebürtiger Hamburger. Nicht einer Vorliebe für Plüschtiere verdankte Thälmann seinen Spitznamen, im Hamburger Aufstand war das der Tarnname des damals 37-Jährigen gewesen.

Seine Markenzeichen: die in die Luft gestreckte geballte Faust und die Schirmmütze auf dem kahlen Kopf. Früher hatte man ihn oft in Lederjacke und mit kragenlosem, blau-weiß gestreiftem Fischerhemd gesehen. Doch als einer der einflussreichsten Politiker der Weimarer Republik trat Thälmann längst überwiegend im Anzug mit Weste, weißem Hemd und Manschettenknöpfen auf. In der Partei und vor allem bei den Hamburger Genossen war Teddy äußerst beliebt, er war ein durchsetzungsstarker Parteivorsitzender, der den Nazis lange Zeit erfolgreich Paroli bot.

Meine Mutter hatte trotzdem etwas auszusetzen.

Ernst Thälmann

«Der sabbelt immer so lange, zuletzt höre ich gar nicht mehr hin ...», stöhnte sie.

Thälmann war wirklich ein Marathonredner, der als Parteivorsitzender und Kandidat für das Reichspräsidentenamt oft langatmig referierte und als gestandener Mittvierziger nicht mehr so viel von dem aggressiven, mitreißenden Feuer der ungestümen jüngeren Genossen hatte. Doch er hatte mit dem 30-jährigen Heinz Neumann einen wortgewaltigen und agitatorisch brillanten Redenschreiber an seiner Seite.

Mutter ernüchterte die Aussicht, in der Menge stundenlang mit zwei ungeduldigen Kindern stehend seiner Rede zu folgen, zudem stets die Angst im Nacken, dass es mal wieder zu Schlägereien oder gar Schießereien kommen könnte. Glücklicherweise fand sie am Mittelweg am Rande der Moorweide ein freies Plätzchen, auf dem wir uns hinsetzen konnten.

«Ne, das ist nicht Teddy, Schubert spricht», sagte Irmgard, die mit zusammengekniffenen Augen vorn am Rednerpult den weniger prominenten Hermann Schubert ausmachte, Leiter des KPD-Bezirks Wasserkante.

Der 36-Jährige stand auf einem Podest, das von einem großen Bild Lenins geschmückt wurde, des russischen Revolutionsführers, und posaunte mit gereckter Faust in die Runde: «Vorwärts unter dem Banner Lenins. Durch Kampf zum Sieg!»

Da ahnte Schubert natürlich noch nicht, dass keine fünf Jahre vergehen sollten, bis Lenins politischer Erbe Stalin ihn umbringen würde – so wie den Hamburger Hans Kippenberger und viele andere deutsche Kommunisten, die in der Sowjetunion Zuflucht vor den Nazis suchten. «Teddy kommt nicht, der hat in Berlin Wichtigeres zu tun», sagte ein alter Arbeiter, der neben uns stand. Tatsächlich war Hamburgs KPD-Legende seit Jahren als Chef der drittgrößten Partei des Reichstages einer der mächtigsten Männer der Weimarer Republik, gegen deren Existenz er mit allen Mitteln kämpfte.

Als Schubert nach etwa einer Stunde geendet hatte und der nächste Redner aufgerufen wurde, flog ein beinahe beglücktes Lächeln über das Gesicht meiner Mutter – Etkar André wurde angekündigt. Meine Mutter vergötterte den damals 38-jährigen Bürgerschaftsabgeordneten und engen Thälmann-Vertrauten, sie lauschte seinen Reden wie elektrisiert. Später erfuhr ich, dass es mehr als Begeisterung war, was meine Mutter für den in Belgien aufgewachsenen Etkar André empfand – es war Liebe.

André war innerhalb der KPD-Nomenklatur eine Art Superstar. Während Thälmann bewundert, gefürchtet, verehrt wurde, hatte André Fans aus Leidenschaft. Die beiden wichtigsten Männer der KPD in jenen Jahren waren völlig unterschiedliche Typen: Thälmanns Trumpf war seine Volksnähe, seine Herkunft aus einfachen Hamburger Verhältnissen, seine vormalige Tätigkeit als Schauermann im Hafen. Er redete in einfachen Sätzen, sprach mit starkem Hamburger Akzent und verwendete gern und oft Kraftausdrücke – Knallkopp, Spinner, Döskopp. Besonders kennzeichnend war aber für ihn, dass er mitunter den Faden verlor und nie ein Ende fand, er war ein stimmgewaltiger Rhetoriker. Man sagt, sein Parteisekretär habe ihm eine Schnur ans Bein gebunden und immer daran gezogen, wenn «Teddy» mal wieder zu weit abschweifte. Der Historiker und ausgewiesene KPD-Kenner Hermann Weber nannte Thälmann einen «Provinzpolitiker mit demagogischem Talent».

In Erinnerung geblieben ist mir, dass mein Onkel Friedrich «Fiete» Paasch immer wieder von einer Begegnung mit Thälmann erzählte, die ihn sehr verärgert hatte. Denn im Unterschied zu meinen Eltern hatte Onkel Fiete nicht viel für die Kommunisten und ihre Ideen übrig. Mit Tante Olga, der Schwester meiner Großmutter, besaß er einen Gemüseladen am Nagelsweg, ebenfalls im Stadtteil Hammerbrook. Fiete hatte eine Schottsche Karre, ein einachsiges Holzgefährt mit zwei großen Speichenrädern, das in Hamburg sehr gebräuchlich war und von einer Person geschoben oder gezogen wurde. Damit holte er in der Markthalle südlich des Hauptbahnhofes sein Gemüse ab, welches die Vierländer Bauern anlieferten. Thälmann tummelte sich gern in der Markthalle, mischte sich unters Volk, sprach mit den einfachen Leuten. In seiner direkten Art, wie unter Hamburger Gemüsehändlern eben üblich, stellte Onkel Fiete Thälmann eines Tages zur Rede und warf ihm an den Kopf: «Hör doch auf, du wirst doch von Moskau gesteuert. Was du hier erzählst, ist doch alles dumm Tüch …» (dummes Zeug). Der kräftige Thälmann schritt umgehend zur Tat, ging auf Fiete zu und schubste ihn beiseite und rief: «Hau doch ab, du Penner.»

Thälmanns Anhänger johlten begeistert, Fiete sah sich in seiner Ablehnung des Kommunistenführers bestätigt: «So sind sie: Wenn ihnen die Argumente ausgehen, werden sie gewalttätig», betonte er danach. In Gegenwart meiner kommunistischen Eltern bekannte er gern, wie sehr er Thälmann verachtete, und begründete das so: «Der hat zu mir Penner gesagt!»

Im Unterschied zu Thälmann war Etkar André kein Redner, der sich durch Volksnähe oder hanseatischen «Stallgeruch» auszeichnete, was ihn sicher etwas Popularität bei den Hamburgern kostete. Er wirkte eher intellektuell, sprach mit leichtem Aachener Dialekt, dem sogenannten «Öcher Platt», war schlagfertig und präzise in seinen Formulierungen. Anders als Thälmann wirkte André weltläufig, war eher der Typ «Apparatschik» und galt in der KPD als großes Organisationstalent. Auch pflegte er internationale Kontakte, wobei ihm half, dass er fließend Französisch sprach. Dafür hatte er keine gehobenen Positionen innerhalb der Partei inne; er war weder Mitglied des Zentralkomitees noch des Politbüros.

André war etwas jünger als Thälmann, Jahrgang 1894. Wie viele KPD-Führer kam er aus einer jüdischen Familie, entsprach somit dem rassistischen Feindbild der Nazis geradezu vollständig. In Aachen geboren, hatte er früh seinen Vater verloren. Die kranke Mutter übersiedelte mit den drei Kindern daraufhin nach Belgien, zeitweilig wuchs Etkar in einem Waisenhaus auf. Nach dem Ersten Weltkrieg, er hatte auf deutscher Seite gekämpft und war in französische Gefangenschaft geraten, kam er bereits Anfang der 20er Jahre nach Hamburg und trat hier der KPD bei. Er rückte schnell in deren Führungsriege auf, vor allem als Organisator des Rotfrontkämpferbundes.

In Arbeiterkreisen machte besonders eine Begebenheit im Frühjahr 1931 die Runde, die ihm viel Respekt verschaffte: Ein

1. Mai, roter Kampftag der Millionen!

Gegen imperialistischen Krieg, Hunger und Faschismus!
Für die Verteidigung der Sowjetunion und Sowjetchinas!
Für den Sieg der proletarischen Einheitsfront unter
dem Banner des Kommunismus!
Für ein freies sozialistisches Rätedeutschland!

Alles marschiert mit den Demonstrationszügen aus den einzelnen Stadtteilen nach der Moorweide!

Hauptsammelplätze der Stadtteile:

Altona: 8.25 Uhr Marktstraße
St. Pauli: 9 Uhr Wilhelmsplatz
Innere Stadt: 8.45 Uhr Schaarmarkt
Eppendorf-Hoheluft: 8.15 Uhr Lornsenbeckstraße, Ecke Lehmweiler Weg
Eimsbüttel: 9 Uhr Eimsbütteler Marktplatz
Sternschanze: 9.45 Uhr Beim Schlump
Winterhude-Uhlenhorst: 8.15 Uhr Löschplatz

Barmbek: 8.15 Uhr Friedrich-Ebert-Platz
Barmbek: 8.45 Uhr Am Markt
Veddel: 8.15 Uhr Tunnelstraße
Rothenburgsort: 8.25 Uhr Bossestraße
Hammerbrook: 9 Uhr Badenstadt Heidenkampsweg
Hamm-Horn, Borgfelde, Billwerder: 9 Uhr Löschplatz Grevenweg
St.-Georg-Hohenfelde: 9.25 Uhr Lindenplatz

Hauptsammelplätze der Betriebe:

Hafenarbeiter und Seeleute: 8.30 Uhr Landungsbrücken
Metall- und Werftarbeiter: 8.45 Uhr Schaarmarkt
Kraftfahrer: 9 Uhr Wilhelmsplatz

Hoch- und Straßenbahner: 8.45 Uhr Am Markt, Barmbek
Eisenbahner: 9 Uhr Wilhelmsplatz
Bauarbeiter, graph. Arbeiter: 8.30 Uhr Sotheater, Heidenkampsweg

vormittags 11 Uhr Massenkundgebung auf der Moorweide

Ansprache: Herm. Schubert, Bezirksleiter der KPD Wasserkante

Nach Schluß der Kundgebung auf der Moorweide:
Gesamtdemonstration nach dem Neuen Pferdemarkt

Der Gesamtzug geht von der Moorweide aus durch folgende Straßen:
Demonstrantische Zusammensetzung Demonstration Moorweide, Hallerplatz, Dammtorstraße, Dammtorwall, Gänsemarkt, Große Theaterstraße, Colonnaden, Neuer Jungfernstieg, Bernhard-Nocht-Straße, Deichstraße, Reeperbahn, Baumwallstraße, Steinstraße, Deichtorhallen, Jungfernstieg, Neuer Pferdemarkt. Zum Schluß der Gesamtdemonstration

Abends geht alles in folgende Saalveranstaltungen:

Elve, Zirkusweg: Redner: Hugo Gill, MdB
Bull, Altona, Gr. Bergstraße: Redner: Hermann Jacobs, Chefredakteur der "Hamburger Volkszeitung"
Hamm-Horner Gesellschaftshaus", Horner Landstraße: Redner: Franz Jacob, MdB

Thomsen, "Alter Schützenhof": Redner: Emil Künder, Hamburg
Wucherpfennig, Barmbek: Redner: Hans Mahken, Hamburg
Hans Gesellschaftshaus", Eidelstedterhol: Redner: Gustav Gundelach, MdB

Aufruf zur Hamburger Maikundgebung 1932 auf der Moorweide

SA-Marinesturm überfiel spätabends Etkar Andrés Wohnung in der Adlerstraße 12 im Stadtteil Barmbek. Die eigentliche Mieterin dieser Wohnung war Andrés Lebensgefährtin Martha Berg. Doch an jenem Abend waren nur André und ein weiterer Genosse anwesend, dem allerdings die Flucht über die Dächer gelang, um Hilfe zu holen, während die SA-Leute über den Hof und durch den Hausflur in die Wohnung einzudringen versuchten. Als sich die Angreifer mühten, die Tür zu öffnen, machte André sie glauben, er sei nicht allein – indem er laut ein vielstimmiges Gespräch vortäuschte. «Sag, was du willst, glaubst wohl, ich lasse mich wehrlos totschlagen? Hol auch den anderen Revolver …», soll er gesagt haben. Das beeindruckte die Angreifer, die offenbar mit sich rangen, ob sie aufgeben oder zum finalen Sturm auf die Tür ansetzen sollten. Irgendwann gab die Eingangstür nach, doch die Angreifer zögerten einzutreten, weil sie in einem der Zimmer den Schein der Schreibtischlampe und darin den Schatten Andrés sahen, der offenbar einen Revolver in der Hand hielt – wobei es sich aber nur um einen Füller gehandelt haben soll. «Da seid ihr ja endlich. Hab euch schon erwartet», sagte er. Und dann laut und entschlossen: «Einen Schritt in meine Wohnung, und es fließt Blut!»

Die Nazis zögerten. Als André dann noch einmal und scheinbar zu allem entschlossen schrie: «Raus aus dem Haus! Sonst knallt's!», wichen die SA-Leute tatsächlich zurück.

Inzwischen rückten die von seinem Kameraden alarmierten RFB-Leute an, die Nazis ergriffen die Flucht. Hamburg hatte in den kommenden Tagen etwas zu lachen.

Es blieb nicht der einzige Anschlag auf Etkar Andrés Leben: Nach einer KP-Parteiveranstaltung in den Vierlanden Ende März 1931 überfielen bewaffnete SA-Männer im Nachtbus eine Gruppe Kommunisten. «Sind Sie André?», schrien die Männer den

Bürgerschaftsabgeordneten Ernst Henning an. Der antwortete wahrheitsgemäß mit «Nein», wurde aber dennoch erschossen. Der ihn begleitende Abgeordnete Louis Cahnbley wurde schwer verletzt. Weitere Fahrgäste erlitten teils schwere Schussverletzungen. Die Täter flüchteten, wurden später verhaftet, angeklagt und zu Gefängnisstrafen verurteilt. Nach der Machtübernahme der Nazis machten sie jedoch Parteikarrieren.

Am Tag nach dem Mordanschlag prügelten KP-Bürgerschaftsabgeordnete im Rathaus auf die Abgeordneten der Nazis ein und schrien: «Ihr Mörderbande!»

Dem Mord an Henning war die Sprengung einer NSDAP-Veranstaltung in Geesthacht durch Kommunisten vorausgegangen, bei der anschließenden Schießerei waren zwei SA-Männer gestorben. In André vermuteten die Nazis den Drahtzieher, ihm galt ihr ganzer blindwütiger Hass. Anfeindungen wie diese begründeten Etkar Andrés legendären Ruf im kommunistischen Milieu. Eine Begeisterung, die bei meiner Mutter in Liebe und Leidenschaft mündete – sie war gewissermaßen das, was man heute «Groupie» nennt. Etkar André war ihr «Popstar».

Weil wir etwas abseits der Maikundgebung saßen, konnten wir kaum verstehen, was da vorn gesprochen wurde. Denn Lautsprecheranlagen mit Verstärkern waren noch nicht so verbreitet, zumal bei Veranstaltungen der finanziell stets klammen KPD. Jeder Redner – das verband André und Thälmann mit ihren Todfeinden Hitler und Goebbels – brauchte vor allem ein durch viele Reden geschultes, durchsetzungsfähiges Stimmorgan, das lediglich durch eine «Flüstertüte», ein Megaphon, verstärkt wurde. Anders als heute hatten die damaligen Politiker laute, voluminöse Stimmen; das war wichtig, nicht immer kam es darauf an, was gesagt wurde.

Doch auch das lauteste Mundwerk vermochte es nicht, vom Dammtorbahnhof bis in die entlegenen Winkel der Moorweide vorzudringen. «Irmi, pass doch mal auf die Lütten auf, ich bin gleich wieder da», rief meine Mutter ihrer Freundin zu und kämpfte sich schon durch die Reihen der Zuhörer, um möglichst nahe zum Redner vorzudringen.

Wir Kinder fingen alsbald an zu quengeln, weil wir hungrig waren. Irmi nahm uns an die Hand und ging zum nahen Dammtorbahnhof. Dort traf sie Hiltrud, eine weitere Genossin. Beide wussten, wo es preiswert etwas zu beißen gab – auf dem Fernbahnsteig des Dammtorbahnhofs. Den betraten wir, obwohl wir keine der damals üblichen Bahnsteigkarten hatten. Da stand ein Wurstverkäufer und rief: «Heiße Würstchen.» Für die stets zu Scherzen aufgelegte Irmi eine Steilvorlage: «Angenehm, heiße Irmi», sagte sie zu dem Mann und hielt ihm ihre rechte Hand hin: «Nun geben Sie mir bitte zwei Knackwürste.»

Von einer biss sie ein Stück ab und gab sie Hermann. Die andere bekam, durch Pusten abgekühlt, ich. Dann ging es zurück zu meiner Mutter auf die Festwiese.

Uns Kindern erschien die Welt damals einfach und überschaubar: Diese Männer mit den grauen Blusen, die roten Fahnen, die proletarischen Kampfgesänge – das war unsere Familie. Hier waren die Guten, zu ihnen gehörten wir, so wollten wir auch einmal werden. Die Bösen, das waren die Kapitalisten, von denen wir viel hörten, die wir aber nicht kannten. Böse waren auch die Polizisten mit ihren Tschakos, die wir oft sahen und zu denen wir ängstlich und ehrfurchtsvoll aufblickten. Böse waren auch die «Sozialfaschisten», von denen es sogar Mitglieder in der eigenen Großfamilie gab. Und falls es so etwas wie eine Steigerung von «böse» gab, dann galt das natürlich für die Faschisten, die Nazis, von den wir viel Schlimmes hörten, von denen wir aber auch noch kein rechtes Bild hatten. Weil sie im roten Hamburger Osten kaum anzutreffen waren. Wie andere Kinder vor Hexen, Gespenstern und Räubern Angst hatten, so fürchteten wir uns vor Faschisten, so hatten wir es gelernt.

Der Marsch an der Hand meiner Mutter und die Mai-Demonstration, der stolze Vater, die kraftvollen Gesänge, die ganze Aufregung, aber auch die Langeweile während der Reden – sie gehören zu meinen frühen Kindheitserinnerungen. Was dann am Abend geschah, gehört zur Familienfolklore.

Schüsse am Hansaplatz

Wie durch ein Wunder war es auf dieser Maifeier in Hamburg ruhig geblieben. Das war in jenen Tagen nicht selbstverständlich. Auf Umwegen und müde trotteten wir abends nach Hause, Mama, Irmgard, mein Bruder und ich. Auch St. Georg, citynah gelegen, war damals ein klassischer Arbeiterbezirk. Wir bewohnten in der Greifswalder Straße eine der in Hamburg typischen Altbauwohnungen: ein kleiner Flur, eine Küche, ein Zimmer, das meine Eltern abends durch zwei Wolldecken in einen Wohn- und einen Schlafbereich trennten. Tagsüber verschwanden die Wolldecken. Wir hatten nur zwei Betten, in dem einen schliefen mein Bruder und ich, in dem anderen meine Eltern. Nachdem wir uns ausgezogen hatten, fielen wir todmüde ins Bett. Irmgard verabschiedete sich von meiner Mutter, sie wohnte im Nebenhaus.

Unser Vater kam erst spät nach Hause. Mit den Genossen vom Rotfrontkämpferbund war er noch in das KP-Stammlokal eingekehrt, das sich nahe der Langen Reihe befand, einer Straße im Herzen von St. Georg. Dort grölten schon einige Freunde Lieder: «Sie ist da, sie ist da, die besoffene SA …», gesungen zur Melodie des damals gut bekannten Badenweiler Marsches. In kommunistischen Kreisen witzelte man, dieser Preußenmarsch dürfte nie gespielt werden, wenn Goebbels, der Nazi-Chefpropagandist, einen Saal betrat. Denn beim Spielen des Marsches wurde der dritte Ton stets stark betont. Und da Goebbels einen «Klumpfuß» hatte, mit dem gesunden rechten Fuß stärker auftrat und das linke Bein nachzog, wirkte das stets wie eine musikalische Untermalung seines etwas beeinträchtigten Ganges. Meine Mutter sagte dann stets, selbst seine Behinderung nehme sie ihm nicht ab, die habe er sicher nur erfunden und missbrauche sie propagandistisch, um Mitleid zu erregen.

Die Stimmung im Lokal in St. Georg war prächtig. Die meisten der Genossen zog es nicht in ihre schäbigen Arbeiterbehausungen, zu Frau und Kindern, denn die Sorgen und Nöte, vor allem fehlte das Geld, waren groß. Und kaum einer musste früh aus dem Bett, die meisten waren wie mein Vater arbeitslos. «Es lebe die Weltrevolution, es lebe unser Teddy» wurde gerufen.

Die Neuangekommenen riefen dem Wirt zu: «Hannes, lot mol een rut, ober Schum no ünnen.» (Lass mal einen raus, aber mit Schaum nach unten.)

Der antwortete: «Mok wi, du Tüddelbüddel.» (Machen wir, du Sabbelbeutel.)

Während der Wirt den Bierhahn laufen ließ und den vielen Schaum von den Gläsern abstrich, meinte er: «Das hier ist Abschaum, so wie die Nazis, und gehört wie diese auch in den Gully.»

An einem Tisch wurde bierselig gesungen: «Es steht ein Mann, ein Mann so fest wie eine Eiche», das war ein bekanntes Rotfrontkämpferlied. Am anderen Tisch stimmten Max und Hermann, zwei Kampfgefährten meines Vaters, das in Hamburger Kneipen so beliebte Lied an: «Twee scheune Karbonaden, de köönt den Minsch nicht schoden, datou'n Köm un Beer, wat will de Minsch noch mehr.» (Zwei schöne Karbonaden, die können dem Mensch nicht schaden, dazu ein Kümmel und ein Bier, was will der Mensch noch mehr.)

«De Fiete wull noch so 'n Specknacken in Mors pedden, ober de is rechtiedig afhaut» (Fiete wollte noch so einem beleibten, bürgerlichen Kritiker in den Hintern treten, aber der ging schnell weg), rief noch einer in Rotfrontkämpferuniform aus einer der Ecken.

Es war laut, die Luft war zum Schneiden. Alle waren froh, dass der Maifeiertag so friedlich verlaufen war. Und dass der kommunistische Aufmarsch nicht gestört worden war.

Wenn's ans Bezahlen ging, war stets größte Zurückhaltung geboten. Also wurde gezockt. «Hest em bi di?», hieß ein beliebtes Spiel. Und das ging immer so: Jeder der Männer hatte den Korken einer Weinflasche bei sich, war also Teil eines «Korkenklubs». Wer mitmachte, fragte einen anderen also: «Hest em bi di?» – Hast du ihn bei dir? Gemeint war der Flaschenkorken, den man stets mit sich führen musste. Auf die Frage hin musste man ihn vorweisen. Hatte man ihn nicht, musste man dem Partner ein Bier spendieren. Dieses Spiel war damals in Hamburg weit verbreitet. Auch in anderen gesellschaftlichen Kreisen, wo es sich statt des Korkens zum Beispiel um eine «Vereinsmedaille» oder einen Talisman drehte.

Auch die vielen Arbeitslosen, die in den Parks die Zeit totschlugen, spielten es. Allerdings konnte anschließend kaum einer seine Spielschulden begleichen. Zumeist vertröstete man sein Gegenüber bis zur Auszahlung der Arbeitslosenunterstützung. Grundsätzlich ging an der Bezahlung der «Korkenschuld» aber kein Weg vorbei, bei den Proleten war das eine Ehrensache. An jenem Maitag kam der Genosse Max auf meinen Vater zu und stellte die verhängnisvolle Frage: «Hest em bi di?»

Vater hatte den Korken stets in seiner zivilen Tagesjacke, nicht aber in der RFB-Kluft, die er jetzt trug. Und musste also passen. Doch diesmal rettete ihn der «Sozialfaschismus», so nannten die Kommunisten die Sozialdemokraten. Der Bruder meines Vaters, der als Drucker bei der sozialdemokratischen Zeitung «Der Aufbruch» arbeitete, hatte ihm erst jüngst einen Zehnmarkschein zugesteckt – mit dem Hinweis: «Kauf den Kindern was Schönes ...»

Drei Mark davon hatte mein Vater eingesteckt, und so konnte er das Bier bezahlen. Dabei blieb es dann aber nicht, und mein Vater, der eigentlich kein Säufer war, machte fröhlich «Hoch die Tassen». Bevor der Abend indes zum allgemeinen Besäufnis ausarten konnte, rief Hannes, der Wirt: «Schluss, Jungs, Feierabend, goht nu noh Hus.»

Mit Gesängen wurde das Lokal verlassen, man grölte Rotfrontlieder. Mein Vater drehte schwankend bei auf «Kurs Heimathafen» und hatte wie so mancher Genosse Mühe, auf dem Weg nach Hause seinem Ruf als «aufrechter» Kämpfer gerecht zu werden.

Im Halbschlaf bekamen wir mit, wie mein Vater die Wohnung betrat. «Sie ist da, sie ist da, die besoffene SA ...», sang er noch immer gut gelaunt. «Oje, oje, aber auch die von der KPD!», reimte meine Mutter. Und schimpfte: «Sei endlich still, Hermann, du weckst sonst noch die Kinder.»

Das war längst geschehen. Mama war ziemlich sauer. «Was kommst du hier besoffen an, bist du unter die Säufer gegangen?», warf sie ihm barsch an den Kopf. Doch Papa sang einfach weiter vor sich hin.

Seit langem kriselte es zwischen den beiden. Das lag vor allem daran, dass meine Mutter eine attraktive, lebenslustige Frau war, die ihre sozialistisch-emanzipatorischen Ideale in mancherlei Hinsicht auslebte. Sie hatte einen Blick für gut aussehende Männer, wie eben Etkar André, den sie geradezu anhimmelte. Vielleicht war es auch Andrés Erfolg als Hamburger RFB-Leiter, der sie anzog. Mein Vater war seit geraumer Zeit arbeitslos. Also engagierte er sich umso mehr in Partei und Rotfrontkämpferbund. Aber wirklich erfolgreich war er nicht.

Dass die extremen Parteien so einen Zulauf hatten, war kein Wunder. In den Parks im Hamburger Osten lungerten damals den lieben langen Tag viele arbeitslose Männer herum. Sie spielten Karten, dösten, unterhielten sich, vertrieben sich die Zeit. Es gab keine andere Unterhaltung, Fernsehgeräte waren noch nicht verbreitet, ein Radiogerät war unbezahlbar, Kino und Theater waren ebenfalls zu teuer. Diese arbeitslosen, zornigen, vom gesellschaftlichen Leben weitgehend ausgeschlossenen Männer bildeten den sozialen Sprengstoff, der letztlich Deutschlands erste Demokratie zerstören sollte.

1932, das Jahr vor Hitlers Machtübernahme, war gekennzeichnet von schweren politischen Unruhen und von sozialem Elend als Folge der scheinbar nicht enden wollenden Weltwirtschaftskrise, die seit dem «Schwarzen Freitag», dem 25. Oktober 1929, die Welt in Schach hielt. In der Reichshauptstadt wechselten sich Regierungen in immer neuen Koalitionen ab. Reichskanzler Heinrich Brüning, seit März 1930 in unterschiedlichen Koalitionen regierend, ließ im April 1932 durch seinen Innenminister Wilhelm Groener die SA verbieten. Daraufhin ließen Reichspräsident Paul von Hindenburg und sein Strippenzieher Kurt von Schleicher, Chef des Ministeramts (vergleichbar einem heutigen Staatssekretär) im Reichswehrministerium, die Regierung von Groener und Brüning stürzen. Der nun als Reichskanzler folgende Franz von Papen machte von Schleicher zum Reichswehrminister und damit «den Bock zum Gärtner». Zwei erklärte Demokratieverächter sollten die Republik vor den Demokratiefeinden schützen – das war paradox!

Die neue Regierung strebte eine Rechtskoalition mit den Nazis an, vertraute auf die SA als «Soldatenreserve» zur Umgehung der Versailler Restriktionen, die dem Reich nur eine Ar-

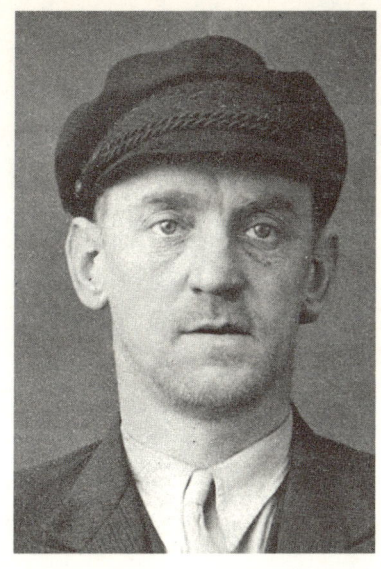

Fiete Schulz (1894–1935)

mee von 115 000 Soldaten erlaubten. Die SA witterte Morgen-
luft und gewann enorm auch in Hamburg an Selbstvertrauen,
denn innerhalb des Reiches galt Hamburg als *die* Hochburg der
Kommunisten: Nicht nur dass die KPD-Größen Ernst Thälmann, Etkar André, Fiete Schulz, der bereits erwähnte Philipp
Dengel (ein Gegenspieler Thälmanns), der später in Moskau er-
mordete Hans Kippenberger, zudem der spätere DDR-Minister
Otto Gotsche und viele andere aus dem KPD-Gau Wasserkante
stammten oder hier wirkten. In Hamburg erzielte die KPD
1931 auch das beste Ergebnis, das sie jemals in einem Land des
Deutschen Reiches verzeichnen konnte. Zudem behauptete sich
die KPD in der Hamburger Bürgerschaft Ende der 20er Jahre über mehrere Landtagswahlen als zweitstärkste Kraft hinter
den Sozialdemokraten. Die beiden Arbeiterparteien galten in
der Hansestadt lange Zeit als unüberwindliches Bollwerk gegen

den Aufstieg der NSDAP, die sich im liberalen Hamburg sehr schwertat.

Doch die rote Festung bröckelte. Weil innerhalb der Festung die Kommunisten in den staatstragenden Sozialdemokraten ihre Hauptwidersacher ausgemacht hatten. «Sozialfaschismusthese» nannte sich eine These sowjetischen Ursprungs, der zufolge in der Sozialdemokratie ein größeres Übel gesehen wurde als in der Nazi-Partei. Die Nazis hatten in Hamburg mächtig aufgeholt, seit 1931 residierte Gauleiter Kaufmann nicht mehr in den Großen Bleichen in der City, sondern in einer geräumigen Stadtvilla an der Moorweidenstraße im bürgerlichen Stadtteil Rotherbaum nahe der Uni. Der krisenbedingte Sparkurs des SPD-geführten Senats, die Verdoppelung der Arbeitslosenzahl binnen kurzer Zeit und eine propagandistische Offensive mit mehreren Hitler-Auftritten in der Hansestadt (unter anderem im September 1931 in den Sagebiel-Sälen) führten dazu, dass die NSDAP bei den Wahlen vom 27.9.1931 ihren Stimmenanteil verzwölffachte und plötzlich vor der KPD und hinter der geschrumpften SPD in der Bürgerschaft zweitstärkste Kraft war. Weil keine Mehrheit möglich war, regierte der SPD-Senat geschäftsführend weiter, sodass es im April 1932 erneut zu einer Bürgerschaftswahl kam. Jetzt verloren die Kommunisten stark, die SPD legte leicht zu – und die NSDAP wurde in Hamburg erstmals stärkste Partei.

Das und der Rückenwind der Reichsregierung von Papen ließen das Selbstbewusstsein der NSDAP überborden. In Hamburg äußerte sich das darin, dass sie im Juli 1932 einen Marsch durch das rote Altona plante. Altona war damals eine 240 000 Einwohner zählende Stadt vor den Toren Hamburgs, die erst als Folge des «Großhamburg-Gesetzes» im April 1938 ihren Status als selbständige Gemeinde verlor.

Bereits um die Mittagszeit versammelten sich an jenem 17. Juli 1932 rund 7000 Nazis in SA-Uniformen vor dem neoklassizistischen Rathaus am heutigen Platz der Republik. Ihr Ziel waren die engen Straßenschluchten des Arbeiterquartiers der Altonaer Altstadt. Kommunisten erwarteten die Nazis, die gegen 16.30 Uhr, nachdem sie zuvor durch Bahrenfeld und Ottensen gezogen waren, auf die Klein-Moskau genannte Altstadt zumarschierten.

Altonas kommunistische «Verteidiger» ließen den ersten Teil der SA-Kolonne passieren, denn sie hatten erkannt, dass es sich gar nicht um heimische Nazis handelte, sondern um SA-Stürme aus Schleswig-Holstein, aus Dithmarschen und dem Herzogtum Lauenburg zum Beispiel. Erst ganz am Ende der Kolonne folgte das kleine Häuflein des nur 187 Männer umfassenden, dafür aber berüchtigten Altonaer Sturms 31/2 um Obersturmbannführer Hubert Richter, der in der von jüdischen Geschäften geprägten Großen Bergstraße eine Konditorei besaß, um den Kohlenhändler Fritz Schwennsen und den Schlachtermeister Nico Pommerschein.

An diesem «Richter-Sturm», der die jüdischen Viertel und die Arbeiterviertel Altonas seit Jahren terrorisiert hatte, entzündete sich die Volkswut. Es waren bekannte und verhasste Gesichter. Die SA-Männer fühlten sich provoziert, schnallten ihre Schultergurte ab und schlugen blind in die Menge.

Es flogen Steine und Gegenstände, dann fielen Schüsse, zwei SA-Männer brachen tot zusammen.

Die Nazis zogen sich zurück, dafür rückte Bereitschaftspolizei an, die allerdings eine volle Stunde brauchte, bis sie da war. Das folgenschwere Versagen der Innenbehörde und der Polizeiführung nahm seinen Lauf. Gegen 17.30 Uhr eröffneten die mit Karabinern bewaffneten Polizisten das Feuer auf die Kommunisten.

Gerüchte besagten, dass die Polizisten die funkensprühenden Einschläge ihrer eigenen Schüsse an den Altonaer Häuserwänden als Mündungsfeuer ihrer Gegner missdeuteten. Eine wilde Schießerei entspann sich – allerdings nur in eine Richtung. 16 Menschen starben, überwiegend durch Querschläger getötete Passanten oder Anwohner. Die meisten Opfer waren dem rücksichtslosen Vorgehen des Polizei-«Kommandos zur besonderen Verwendung» (K.z.b.V.) um Polizeileutnant Franz Kosa (auch Kommando Kosa genannt) zuzuschreiben.

Für den nazifreundlichen Reichskanzler von Papen war der «Altonaer Blutsonntag» Anlass genug, die preußische SPD-Regierung abzusetzen. Im Reich, so schien es damals, lag ein Bürgerkrieg in der Luft.

Da jede Demonstration genehmigt werden musste und die zuständige Behörde – in Hamburg die Innenbehörde – zähneknirschend einwilligte, hagelte es ab jetzt Auflagen. Zum Beispiel wurde das Singen verboten. Weil die Teilnehmer der betroffenen Demonstration aber dennoch Arbeiterlieder anstimmten, erklärte die Polizei den Umzug kurzerhand für beendet – und forderte die Teilnehmer auf, nach Hause zu gehen. Natürlich ließen sich gestandene Proletarier, die das bestehende System für ein Instrument der Ausbeutung und Versklavung hielten, von den Bütteln des Regimes, den Polizisten, nicht nach Hause schicken. Man sammelte sich kurz entschlossen eine Straßenecke weiter und demonstrierte erneut. Jetzt kamen die sogenannten «Flitzer» zum Einsatz, Polizeimannschaftswagen, die blitzschnell auftauchten und gummiknüppelschwingende Beamte ausspien, welche versuchten, der Lage ohne Blutvergießen Herr zu werden – zumeist vergeblich. Jedenfalls setzte es blindwütig Schläge.

Die Umzüge und Protestmärsche häuften sich. Doch wir Kinder durften nicht mehr daran teilnehmen, weil es immer öfter zu Schießereien kam. Es gab Tote und Verletzte.

In dieser aufgeheizten Atmosphäre kam es auch immer wieder zu Anschlägen radikaler Kräfte der KPD auf politische Gegner und häufiger noch auf Polizeibeamte. In Berlin sorgte der Mordanschlag eines 23-jährigen Jungkommunisten mit Namen Erich Mielke auf die Polizisten Paul Anlauf und Franz Lenk am Bülow-Platz für Aufsehen. Jenes Erich Mielke, der später als Minister für Staatssicherheit der wohl mächtigste und gefürchtetste Mann der DDR wurde. Auch in Hamburg fielen Schüsse auf Polizisten, so am 15. Februar vor einem KPD-Lokal in der Eilbeker Papenstraße; ein Wachtmeister mit Namen Klüver starb. Die Polizei, die überwiegend in den Kommunisten die größere Gefahr für die Republik sah als in den nicht minder schießwütigen Nazis – denen man aber nicht unterstellte, ein «Sowjetregime» errichten zu wollen –, reagierte dementsprechend dünnhäutig und aggressiv.

An einem schönen Tag Mitte Juni klopfte ein Freund meines Vaters heftig an unsere Wohnungstür. «Mach auf, Hermann», rief er.

Etwas Wichtiges schien passiert zu sein. Eine Klingel gab es zwar, aber sie war defekt. Und der Hauswart, der Vize, wie man bei uns damals sagte, kassierte nur monatlich die 18 Mark Miete. Um Reparaturen kümmerte er sich aber nicht. Was vermutlich auch daran lag, dass die Häuser mit den geringen Mieteinnahmen nicht instand gesetzt werden konnten.

«Was zum Teufel ist denn los?», fragte mein Vater und riss, lediglich in Hosen, Hosenträgern und weißem Unterhemd, die Tür auf.

Knut stand da, ein Genosse und Freund.

«Wir marschieren durch St. Georg, die Nazis sind auf dem Weg hierher. Denen wollen wir gehörig die Suppe versalzen», rief er.

Dann eilten die beiden Männer davon. Knut rief ihm noch im Weggehen zu: «Hast du nicht eine Waffe? Dann nimm sie mit …»

Doch mein Vater sagte: «Ne, meine Waffe ist meine Faust.»

Viele Genossen vom RFB waren militärisch ausgebildet worden, zudem gab es straffe Organisationsformen. Immer wieder wurde zu militärischen Übungen im freien Gelände mit Fahnenweihen eingeladen – gedrillt wurden die Aktivisten von ehemaligen Kriegsteilnehmern oder pensionierten Militärs. Da mein Vater aber stets auf Arbeitssuche war, hatte er für solche Freizeitbeschäftigungen keine Zeit, vermutlich auch keine Lust dazu. Ihn störten diese militärischen Muskelspiele bei Konservativen und Nazis, warum sollte er sie unter linken Vorzeichen mögen? War man nicht Kommunist geworden, um den Krieg aus der Welt zu schaffen?

Die Stimmung war nahe am Siedepunkt. In den klassischen Arbeiterhochburgen, in St. Georg, Hammerbrook, Schiffbek (dem heutigen Billstedt) und vor allem Barmbek dominierten SPD und KPD. Damals dichtete der Volksmund: «Der Herrgott schuf im Zorn Schiffbek, Hamm und Horn.»

Doch auch hier gewannen die Nazis an Boden, ihr zunehmender Einfluss in Berlin sorgte für Rückenwind. Sie köderten die Arbeiter mit Versprechen, wirksamer aber noch mit fabrikneuen SA-Uniformen, Freibier in ihren Stammkneipen, mit einer neuen politischen Heimat und mit ebenfalls sozialistischen Parolen. Ständig gab es neue Wahlen, weil auf fragilen Koalitionen basierende Regierungen die enormen Herausforderungen – Weltwirtschaftskrise, Arbeitslosigkeit, politische Gewalt – nicht in den Griff bekamen.

Auf dem Hansaplatz im Herzen von St. Georg standen die Männer mit den roten Fahnen in ihren braungrauen Feldblusen des Rotfrontkämpferbundes, die sie über die Hose gezogen hatten. Das ließ sie aussehen wie die Uniformen der Bolschewiki. Im Vergleich zu den SA-Uniformen, die oft bürgerliche Sponsoren hatten und von namhaften Textilfirmen wie dem damals kaum bekannten Unternehmer Hugo Boss entworfen worden waren, sahen unsere RFB-Leute ein wenig abgerissen aus: Stiefel hatten die wenigsten, oft war die Uniform aufgrund fehlender Geldmittel unvollständig oder improvisiert. Nur mein Vater stach heraus: Opa Schill, sein Schwiegervater, war Schneidermeister und hatte ihm eine maßgeschneiderte Garnitur aus gutem Stoff angefertigt. Viele seiner Genossen neideten sie ihm, manch einer hielt ihn sogar für einen der Apparatschiks.

Die Männer waren ziemlich aufgebracht, als das Gerücht die Runde machte, die Nazis seien im Anmarsch. Und das im Herzen «ihres» roten St. Georg. In Wahrheit gab es an diesem Tag im ganzen Stadtteil keine Nazis, zumindest keine uniformierten. Stattdessen tauchte wie aus dem Nichts, aus der Brennerstraße kommend, Polizei auf, Knüppel in der Hand. Die Lederriemen ihrer Tschakos, der helmartigen Kappen, die sie auf dem Kopf trugen, hatten die Polizisten unters Kinn gezogen. Unsere Leute wussten: Das bedeutete Ärger. Die Polizisten taten das, damit sie im Gerangel ihre Tschakos nicht verloren. Denn gern präsentierten RFB- oder SA-Leute solches Polizei-Equipment stolz als Trophäe – und als Ausdruck des Triumphes über die schwache, verhasste Republik.

Niemand konnte erklären, warum die Lage so schnell eskalierte. Es fielen Schüsse – ob die Kommunisten zuerst schossen oder die Polizisten, ließ sich nicht mehr feststellen. Mein Vater war einer der ersten Männer, die getroffen wurden. Eine Kugel durchschlug seinen rechten Oberschenkel, er blutete stark. Die Menschenmenge stob auseinander. Einer der Polizisten, ein Wachtmeister, eilte zu meinem Vater. Doch wider Erwarten nicht um ihn zu schlagen, ihn zu verhaften – sondern um ihm zu helfen.

Er zog ihn in einen Hauseingang. «Holt einen Arzt, na los, macht schon …», rief er den Anwohnern zu, die neugierig aus ihren Wohnungen in das Treppenhaus gelaufen kamen. Mein Vater stöhnte, so sehr schmerzte die blutende Wunde.

«Der Mann ist ein berüchtigter Kommunist, er heißt Hermann Lucks. Und wohnt in der Greifswalder Straße 6», verriet einer der Anwohner wichtigtuerisch dem Polizisten.

«Danach habe ich doch gar nicht gefragt», sagte der Polizist. «Was jetzt wirklich zählt, ist, dass der Mann von einem Arzt behandelt wird, habt ihr verstanden?», herrschte der Polizist die Gaffer an. Und sagte im Gehen: «Hat jemand einen Arzt gerufen?», und als das bejaht wurde, sagte er: «Ich muss los, mein Dienst ruft …» Und dann entfernte er sich schnell.

Als der Polizist verschwunden war, schleppte sich mein Vater nach Hause. Er hatte keine Lust, auf den Arzt zu warten. Denn er befürchtete Ärger, wenn seine Personalien aufgenommen und aktenkundig wurden. Außerdem hatte er für eine Behandlung kein Geld. Einige Genossen halfen ihm, er wurde verbunden und hatte Glück, dass er keinen Wundbrand bekam, denn auch eine Impfung gegen Tetanus konnte er nicht bezahlen.

Der freundliche Polizist hatte sich die Adresse meines Vaters aber gemerkt und kam Wochen später vorbei – um sich nach seinem Befinden zu erkundigen. Die beiden Männer mochten sich, natürlich sprachen sie ausschließlich über Politik. Friel, so hieß der Mann, den Vornamen habe ich leider vergessen, war ein überzeugter Sozialdemokrat mit einem großen Herzen für «verirrte» linke Brüder. Er kam in den kommenden Jahren öfter vorbei, wir Kinder bestürmten ihn immer mit «Hallo, Onkel Friel», weil er stets eine Überraschung dabeihatte. Mal ein Bonbon, mal ein Stück Schokolade, wahre Schätze in einer Zeit, in der Süßigkeiten rar, weil viel zu teuer waren.

«Onkel Friel, warum sprichst du so komisch?», fragte mein Bruder Hermann ihn eines Tages.

«Na min Jung, ich bin ut Mekelnborg» (Ich bin aus Mecklenburg) war die Antwort.

«Wo ist das denn?», hakte Hermann nach.

«Dat is bi de Oostsee und dor het dat jümmer: Land ei-en, wo die Kartoffeln so gut gedei-hen», sagte er. (Das ist bei der Ostsee, und da heißt es immer: Land ei-en, wo die Kartoffel so gut gedei-hen.)

Er war stets lustig. Der Kontakt zu uns brach nie ab. Nach dem Krieg traf ich ihn wieder, als gestandener Sozialdemokrat war er im Hamburger Polizeiapparat wieder eingestellt worden und aufgestiegen.

Mein Vater laborierte wochenlang an der schmerzhaften Schusswunde. Ich sah die große Narbe am rechten Oberschenkel immer, wenn wir ins Freibad gingen. Was blieb, war ein leichtes Nachziehen des Beines, vor allem, wenn wetterbedingt seine Narbe schmerzte.

Auf mich machte das großen Eindruck, er war mein Held. Wenn wir Kinder auf der Straße spielten, humpelte auch ich. Fragten mich die anderen, was ich da tue, sagte ich: «Ich bin bei Straßenkämpfen gegen die Nazis ins Bein geschossen worden», und rief leise «Ho Front!».

Ungeachtet seiner Verletzung blieb mein Vater politisch aktiv und traf sich weiter mit seinen Genossen. Meine Mutter schränkte ihre Teilnahme an den Umzügen etwas ein, denn Schießereien waren fortan der Normalfall, und sie dachte natürlich in erster Linie an uns. Ging sie doch einmal zu Großveranstaltungen, dann blieb ihre Freundin Irmgard bei uns.

Es kam auch oft vor, dass wir tagelang bei unseren Großeltern blieben, während meine Eltern ihren politischen Aktivitäten für die KPD nachgingen. Adolf Schill, der Vater meiner Mutter, war auch ein «Veteran» der sozialistischen Arbeiterbewegung. Im Herzen noch immer eher Sozialdemokrat als Kommunist, war er stolz darauf, den legendären SPD-Vorsitzenden August Bebel noch persönlich kennengelernt zu haben. Opa Schill, der Schneidermeister, stammte aus Stassfurt in Sachsen-Anhalt und war als Geselle auf Wanderschaft gegangen, wie das damals üblich war. Während dieser Gesellenwanderung hatte es ihn nach Geesthacht verschlagen, wo er bei Familie Lehmkuhl, die dort eine kleine Landwirtschaft betrieb, untergekommen war. Er lernte eine der Töchter des Hauses kennen, meine Oma, und heiratete sie später.

Opa Schill war ein glühender Anhänger der Bebel-Partei, der SPD, gewesen. Doch im Ersten Weltkrieg war er aus der SPD ausgetreten und der USPD beigetreten. Viele Sozialdemokraten waren damals wie er enttäuscht gewesen von der «Burgfriedenpolitik» des SPD-Vorsitzenden Friedrich Ebert und spalteten 1916 die «Unabhängige Sozialdemokratische Partei» ab. Diese USPD bekämpfte fortan die «patriotische SPD», die sich dem Kriegskurs des Kaisers und der nationalen Kräfte unterwarf. Ein Großteil der USPD-Mitglieder trat 1919 der neugegründeten Kommunistischen Partei (KPD) bei – mein Großvater etwas später auch.

Andere kehrten später zurück in den Schoß der Mutter SPD.

Mein Großvater nicht, auch er blieb KPD-Mitglied, neigte aber nicht zu radikalen Positionen. Aus heutiger Sicht würde ich sagen, er war ein Kommunist mit einem sozialdemokratischen Herzen.

Unsere Großeltern halfen uns in wirtschaftlich schweren Zeiten. Immer, wenn wir am Hamburger Gewerkschaftshaus am Besenbinderhof vorbeigingen, sagte er zu mir: «Schau Günter, einige Steine in dieser Waffenschmiede des Proletariats habe ich gespendet ...» Er war stolz darauf, regelmäßig für den Bau dieses Hauses Beiträge eingezahlt zu haben. Dafür gab es kleine Bestätigungsmarken, sogenannte «Bausteine», die er in ein Heft geklebt und stolz aufbewahrt hatte. Das war für ihn ein besonders schweres Opfer gewesen, denn als Schneidermeister verdiente er eher schlecht als recht. Viele Arbeiter stifteten damals trotz ihrer bitteren Armut und trotz Hungerlöhnen Geld für die Gewerkschaften, die für bessere Arbeits- und Lebensverhältnisse kämpften.

In ihrer Wohnung in der Hammerbrookstraße gab es einen sogenannten Wintergarten, das war ein großer, mit Glasscheiben umkleideter Balkon. Es war das Atelier meines Großvaters. Da saß er oft im klassischen Schneidersitz, schnitt Stoffe zurecht oder nähte mit flinken Stichen. Schon als ganz kleiner Junge lernte ich so Schnittmuster, Maßbänder, Futter und Seide kennen. Für sein politisches Engagement nahm er wirtschaftliche Einbußen in Kauf. Denn als Kommunist bekam er kaum Aufträge von bürgerlicher Kundschaft, und nur die bezahlte ordentliche Preise. Seinen Genossen und Arbeitern besserte er zudem die Kleidung oft unentgeltlich aus. Also musste Oma als Putzfrau helfen, damit der Lebensunterhalt gesichert war. Zum Beispiel bei der Firma Wohlsdorf im Zigarrenladen am Mönckebrunnen in Hamburgs bester Einkaufsstraße, der sich heute noch dort befindet.

Die Kundschaft dort war wohlhabend. Eines Tages, Oma Schill polierte gerade den goldverzierten Zigarrenabschneider, bekam sie ein Gespräch zwischen einem Kunden und dem Verkäufer mit. Natürlich, wie stets in jenen Tagen, drehte es sich um Politik. «Man sollte doch alle Kommunisten aufhängen, dieses Pack», hörte sie den Mann zum Verkäufer sagen, während er eine Kiste Zigarren bezahlte.

Oma wirbelte wie von der Tarantel gestochen herum und schrie ihn an: «Wie, meinen Mann wollen Sie aufhängen? – Der ist nämlich auch Kommunist! Wie können Sie so etwas sagen!»

Viel hätte nicht gefehlt, und ihr wäre die Hand ausgerutscht; der Verkäufer ging dazwischen und beruhigte beide Seiten. Doch folgenlos blieb das nicht, meine Oma durfte fortan nicht mehr bei Wohlsdorf putzen, im Zweifel war dem Ladeninhaber natürlich die verehrte Kundschaft wichtiger. So musste auch sie für ihre Haltung einen Preis bezahlen.

Trotz der Not und trotz seiner proletarischen Herkunft kleidete sich mein Opa stets elegant. «Wenn mir schon niemand meine Maßanzüge abkauft, dann trage ich sie wenigstens selber …», erklärte er mir.

Doch auch das konnte Ärger bringen, zumal bei den eigenen Genossen. Denn es kam vor, dass er auf der Straße in einem typischen Arbeiterbezirk, wo ihn niemand kannte, angerempelt wurde. «He, du Kapitalist, was willst du hier, du Speckjäger?», hieß es dann.

Die Menschen hatten nicht gelernt zu differenzieren, Vorurteile bestimmten ihr Denken. Und das konnte auch schon mal zum Ausbruch von Gewalt führen, wie mein Großvater sie erlebte. Damals waren Saalschlachten zwischen den Anhängern verschiedener politischer Richtungen an der Tagesordnung. Immer wieder tauchten bei kommunistischen Veranstaltungen

Nazi-Provokateure auf, was stets dazu führte, dass sich am Ende der halbe Saal prügelte oder die Polizei einschritt. Einer dieser großen Veranstaltungssäle war das «Sagebiel» am Valentinskamp.

Kaum hatte Opa den Saal betreten, wurde er angerempelt und angeschrien: «Hau ab, du Kapitalistenknecht, du Stehkragenheini ...»

Schon bekam er einen Hieb gegen den Kopf, eine dicke Platzwunde blieb. Da schrien zwei Genossen, die ihn kannten: «Seid ihr bekloppt? Lasst Otsche in Ruhe, dass ist einer unserer verdientesten Genossen, ihr Heinis ...»

Otsche war sein Spitzname in der Partei. Umgehend wurde von ihm abgelassen, und man spendierte ihm zur Versöhnung ein Bier. Doch Opa hatte von Großveranstaltungen die Nase voll und ging nach Hause – aber erst nachdem er ausgetrunken hatte.

Zu Hause gab es den nächsten Ärger. Oma war sauer. «Was gehst du auch zu solchen Versammlungen, wo sie sich doch ohnehin nur kloppen. Warum machen die das bloß? Die sollen sich doch vertragen. Würden sie dich ausreden lassen, dann wären sie bald alle Kommunisten, und die Sonne würde jeden Tag scheinen – oder wie heißt das doch in diesem Lied?», plapperte sie, während sie ihm ein Pflaster auf die Wunde klebte.

«Brüder, zur Sonne, zur Freiheit», stöhnte Opa leise, was wohl nicht nur am Schmerz lag, sondern auch an den politischen Exkursen seiner Frau.

Oma war herzensgut, hatte aber im Grunde keine eigene politische Überzeugung. Politik fand sie schlicht uninteressant. Aus heutiger Sicht wäre es ein Segen für das Land gewesen, hätte es damals mehr Menschen gegeben, die Politik so kaltgelassen hatte. Sie glaubte an den Sieg des Sozialismus, weil «Otsche» davon überzeugt war. Alles Weitere interessierte sie nicht.

«Geh doch lieber zum Fischmarkt und kaufe deine von dir so geschätzten Schollen, da verhaut dich wenigstens keiner», sagte Oma, als sie ihn verarztet hatte. Doch Opa winkte ab und zog sich zurück.

Die Tochter der beiden, meine Mutter also, hatte die politische Leidenschaft von «Otsche» geerbt. Ihr Plan, endlich Etkar André näher kennenzulernen, machte allmählich Fortschritte. Auf einer der vielen KPD-Veranstaltungen überwand sie sogar den ihn stets umgebenden Kokon schützender Genossen, indem einer der Parteifreunde sie ihm vorstellte: «Das ist unser Lieschen vom Roten Mädchenbund.»

«In welcher Ortsgruppe bist du denn? Wenn du politisch so sattelfest wie du hübsch bist, dann bist du wirklich großartig ...», meinte der in Belgien aufgewachsene Aachener – und schaute sie sich dann etwas näher an.

Sicher, nicht jede Frau hätte dieses Kompliment zu würdigen gewusst. Doch für eine gestandene Genossin, wie meine Mutter eine war, gab es kein größeres Glück, als vom aufstrebenden Superstar der Kommunistischen Partei Deutschlands angesprochen zu werden.

«Ich hebb mit em snaken kunn» (Ich konnte mit ihm reden), teilte sie aufgeregt ihrer Freundin Irmgard mit. Beide waren wie elektrisiert, tuschelten und kicherten.

Das Jahr 1932 neigte sich dem Ende zu. Niemand ahnte, dass es das letzte Weihnachten der Freiheit sein würde, bevor die Nazis die Herrschaft in Deutschland an sich rissen. Für waschechte Kommunisten hatte Weihnachten ohnehin keine Bedeutung, mal abgesehen von der Freude über ein paar arbeitsfreie Tage, sofern man denn Arbeit hatte. Das Weihnachtsfest galt als bürgerlicher Unfug und hatte nur den Sinn, die Leute zu manipulieren und von der Notwendigkeit der Revolution abzulenken, argumentierten die Vordenker.

Wir Kinder sahen das aber ganz anders. Wir klebten an den Schaufensterscheiben der Kolonialwarenläden, wie sie damals hießen, und erfreuten uns am Anblick von Delikatessen wie Königsberger Marzipan, Dresdner Christstollen oder Adventskalendern mit Zahlentüren. Doch für uns gab es das alles nicht. Aus politischen Gründen, hieß es. In Wahrheit hatten wir nicht das Geld dafür.

Zumindest auf der Anschaffung eines Weihnachtsbaums bestand meine Mutter. Seit Wochen gab es darüber Streit, meine Mutter gab nicht auf, legte täglich nach. «Lenin hat gesagt, Religion ist Opium fürs Volk», unternahm mein Vater einen letzten Versuch, diese sinnlose Geldverschwendung, wie er das nannte, zu verhindern.

«Weiß ich doch», sagte meine Mutter. «Brauchst mich in solchen Dingen gar nicht belehren, ich bin selber im Roten Mädchen- und Frauenbund. Aber was hat ein Tannenbaum damit zu tun …? Na los, geh schon und kauf mir einen Baum. Die Kinder wollen auch einen haben. An der St.-Georg-Kirche gibt es einen Stand, da verkaufen sie Weihnachtsbäume.»

Er fluchte: «Ausgerechnet da bei den Popen!»

Zwei Tage vor Heiligabend schlich sich mein Vater, es war bereits dunkel, dann tatsächlich durch das Treppenhaus aus dem Haus. Immer die Angst im Nacken, es könnte ihn einer seiner Genossen beim Kauf des Weihnachtsbaumes beobachten; der Spott wäre ihm sicher gewesen. Minuten später kam er mit einem stachligen Ding zurück, glücklich sah er nicht aus, doch dafür waren wir es.

«Ich mache mich damit lächerlich», warf er meiner Mutter vor. «Demnächst singen wir noch ‹Stille Nacht, heilige Nacht›.»

Weihnachten 1932. Meine Mutter mit meinem Bruder Hermann und mein Vater mit mir. Es gab zwei Versionen dieses Fotos; siehe S. 55. Nur dieses ist erhalten geblieben.

Meine Mutter lachte nur und sagte: «Daran wird die Revolution nicht scheitern.»

Und sie kündigte an, gleich morgen «nach Tietz» zu gehen, um Tannenbaumschmuck zu kaufen. «Tietz» war der Vorgänger des heutigen Alsterhauses, ein großes Kaufhaus, 1912 als «Warenhaus Hermann Tietz» mit 5200 Quadratmetern Verkaufsfläche direkt am Jungfernstieg gegründet, für damalige Verhältnisse ein Verkaufstempel der Superlative. Und wie zum Beweis zeigte Irmgard, die Freundin meiner Mutter, einen kleinen silbernen Engel. «Schau mal, Hermann, den habe ich auch bei Tietz gekauft. Ist der nicht schön?»

Sie blinzelte dabei meiner Mutter zu, die neben ihr saß. «Na, du musst ja viel Geld haben», grummelte mein Vater, denn das Kaufhaus befand sich in einer feinen Gegend, in der es sich Arbeiter eigentlich nicht leisten konnten einzukaufen.

Auch Onkel Friel, der Polizist, der meinem Vater geholfen hatte, besuchte uns kurz vor Weihnachten und brachte etwas für uns Kinder mit.

«Über Weihnachten kann ich leider nicht kommen, da habe ich Bereitschaftsdienst», sagte er – und stellte einen großen bunten Pappteller auf den Tisch: Da lagen zwei Äpfel drauf, Hasel-, Wal- und Paranüsse, ein Marzipanbrot aus gutem Königsberger Marzipan und als Clou sogar zwei Schokoladenweihnachtsmänner. Wir hüpften vor Freude, und ich stopfte mir sogleich einen Schokoladenkringel in den Mund, von denen auch einige auf dem Teller lagen.

Stets wenn er kam, erzählte Onkel Friel Geschichten, während wir mit großen Augen zuhörten. Er stammte aus der Gegend von Wismar, seine Eltern waren Landwirte, betrieben einen kleinen Hof, der aber die drei Söhne nicht hatte ernähren können, sodass er nach Hamburg aufgebrochen war, um eine Anstellung zu finden.

Das Erste, was in der Großstadt einen mächtigen Eindruck auf ihn gemacht hatte, war die Hauptwache der Feuerwehr am Berliner Tor gewesen, wie er uns erzählte. Vor dem Tor der Wache stand ein Wehrmann in Uniform und Feuerwehrhelm, der eine große, blank schimmernde Axt über der Schulter trug. Es war eine Zeit, in der wir alle uns von Uniformen schnell beeindrucken ließen – egal ob Armee, Feuerwehr oder Polizei. In einer chaotischen, oft bedrohlich wirkenden Zeit symbolisierten Uniformen Ordnung, Autorität, Macht und ein gesichertes Einkommen. Onkel Friel hatte aber bei der Feuerwehr keinen Erfolg, also versuchte er es bei der Polizei, wo es offenbar gerade Bedarf gab. Er erfüllte die intellektuellen Voraussetzungen, war obendrein sportlich, kräftig und fit – und hatte eine unerschütterliche republikanische Einstellung. Nichts sprach gegen ihn.

So sei er eben Schutzmann geworden, schloss er seine Erzählung.

«Hoffentlich gibt es über Weihnachten keine Schießereien,
das wird ja immer schlimmer», sagte er, bevor er ging.

Proletarische Weihnachten

Weihnachtszeit – Zeit des Friedens und der Eintracht? Nicht einmal in unserer Familie war das so, schon gar nicht im Deutschen Reich des Jahres 1932! Am zweiten Weihnachtstag besuchte uns Onkel Walter, der vier Jahre ältere Bruder meines Vaters. Er war kein Kommunist, sondern ein überzeugter Sozialdemokrat und Mitglied im bereits erwähnten «Reichsbanner Schwarz-Rot-Gold», einer von den demokratischen Parteien der Republik gegründeten Selbstschutzorganisation, in der sich vor allem Sozialdemokraten engagierten und die eine Reaktion auf die Radikalisierung am rechten und linken Rand war. Am Revers seiner Jacke trug er die neue Ansteckadel der «Eisernen Front», drei eiserne Pfeile.

Demokratische Parteien und Gewerkschaften hatten angesichts der aggressiven Attacken von rechts und links gegen die Republik Anfang der 30er Jahre ihre bis dato defensive Strategie geändert und fortan auf den entschlossenen Kampf für den Erhalt der Demokratie gesetzt – man wollte eine ähnlich prägnante Symbolik wie Hakenkreuz und Sowjetstern. Ziel war es, die demokratisch und gewerkschaftlich orientierte Arbeiterschaft zu mobilisieren, vor allem zu motivieren – was angesichts der vielen Triumphe der Radikalen nur teilweise gelang.

Diese drei Pfeile an Onkel Walters Kragenaufschlag symbolisierten die drei wichtigsten Feinde der Demokraten, wie uns der Onkel oft erklärte: Adel, Faschisten und Kommunisten. Ärger mit seinem Bruder, meinem Vater, war also vorprogrammiert …

Kaum war Onkel Walter eingetreten, sah er den geschmückten Tannenbaum und konnte sich den Spott nicht verkneifen: «Halleluja, Hermann, im Sowjetparadies singt man wohl jetzt auch schon ‹O du fröhliche …›?»

Mein Vater stieg auf diese Attacke umgehend ein. «Halt die Klappe. Ihr seid doch scheinheilig. Ihr sagt, ihr wollt den Sozialismus, verbeugt euch aber vor den kapitalistischen Menschenschindern. Und auf uns hetzt ihr eure Polizisten, ihr Sozialfaschisten …»

Das kannten wir schon. Sie beschimpften sich in dieser Art und Weise noch eine ganze Weile, warfen sich stereotype politische Verunglimpfungen an den Kopf. Wir Kinder verstanden das nicht und fingen an zu weinen. Wir schielten aber gleichzeitig auf die Geschenke, die der «Onkel Sozialfaschist» mitgebracht und auf dem Küchentisch abgelegt hatte. Als die beiden Männer sich immer weiter beschimpften, ging meine Mutter resolut dazwischen: «Schluss jetzt, hört auf mit dem Gesabbel. Ihr könnt euch nächste Woche wieder kloppen, ihr versaut mir ja die ganze Stimmung. Wir wollen doch nur ein wenig Weihnachten feiern, ist denn das so schwierig zu verstehen? Schluss, die Revolution macht jetzt 'ne Weihnachtspause …»

Das saß, die beiden Streithähne beruhigten sich. Und Onkel Walter packte endlich die Mitbringsel für uns Kinder aus. Da gab es ein kleines Pferdefuhrwerk für mich, beladen mit Kisten und Fässern. Mein Bruder bekam einen Krämerladen mit Schubladen und kleinen Flaschen, Verpackungen und Lebensmitteln aus Steingut. Dazu gab es eine große Tüte mit Süßigkeiten. Ich widmete mich sofort dieser Tüte, Hermann umarmte den Onkel und bedankte sich.

«Jetzt verlang nur nicht, dass die Kinder auch noch ein Weihnachtsgedicht aufsagen, du Sozial…», setzte mein Vater schon wieder an.

Doch da traf ihn der strafende Blick meiner Mutter, und er schwieg. Onkel Walter arbeitete als Setzer beim «Hamburger Echo», einer sozialdemokratischen Tageszeitung. Er hatte ein regelmäßiges, ordentliches Einkommen und war somit für unsere Verhältnisse wohlhabend.

Der Onkel baute nun etwas umständlich seinen Fotoapparat auf einem Stativ auf. «Still sitzen …», herrschte er uns an. Und sagte noch, wir sollten auf die Kamera schauen, da käme manchmal ein kleines Vöglein heraus.

Als uns die beiden Fotos Tage später überreicht wurden, mussten meine Eltern herzlich lachen: Auf einem davon saßen Vater und Mutter einträchtig beieinander, neben sich die Kinder; rechts von meinem Vater stand der geschmückte Tannenbaum und links von meiner Mutter hing ein Plakat an der Wand: «Arbeiter, Werktätige, Wählt KPD, Liste 3», darüber prangten Hammer und Sichel. Wir hatten vergessen, es abzuhängen. Zwischen Weihnachtsbaum und proletarischer Revolution – es war ein Bild mit Symbolcharakter. Dieses Foto ging leider bei den schweren Bombenangriffen auf Hamburg im Juli 1943 verloren.

Meine Mutter stimmte mit uns ein Weihnachtslied an, «O Tannenbaum, wie grün sind deine Blätter …». Und wieder pöbelte mein Vater los: «Das ist doch Blödsinn, ein Tannenbaum hat keine Blätter, sondern Nadeln.»

Mutter schluchzte, dass er das Talent habe, uns alles zu vermiesen.

Für meine Mutter hielt der unbekannte proletarische Weihnachtsmann noch ein ganz besonderes Geschenk bereit: Etkar André lud sie ein – zu einem nachmittäglichen Treffen kurz vor Silvester. Sie könne auch die «Lütten» mitbringen, uns also, meinte er, als sie sich bei einer Zusammenkunft des Roten Frauen- und Mädchenbundes über den Weg liefen. Wir machten uns

Hermann und ich Ende 1932 in unseren schicken Bleyle-Anzügen, in denen wir mit unserer Mutter Etkar André besuchten.

also auf zu seiner Dreizimmerwohnung in der Barmbeker Adlerstraße, wo er zusammen mit seiner Freundin Martha Berg seit 1928 lebte. Die Wohnung war schlicht eingerichtet, nur so viel ist mir in Erinnerung. Bei einem hauptamtlichen Parteifunktionär hatte man etwas mehr Komfort vermutet.

Etkar André hatte einen riesigen Schäferhund, der mich beäugte und dann an mir schnupperte. Ich hatte große Angst vor dem gewaltigen Tier, wich ständig vor ihm aus. Etkar rief mich: «Komm mal her, Lütter.»

Er hob mich auf seinen Schoß und redete mir gut zu: «Keine Angst, du kannst ihn ruhig streicheln, der beißt nämlich nur Nazis.»

Er lachte selbst am lautesten über seinen Witz. Und dann berührte ich ganz vorsichtig das weiche Fell des Schäferhunds, zog aber schnell die Hand wieder zurück. Was sicherlich sehr komisch aussah, denn alle Anwesenden schüttelten sich vor Lachen. Als ich aber feststellte, dass der Hund sich von mir streicheln ließ, war ich etwas stolz – der Hund hatte nichts gegen mich, ich war also kein Nazi.

Das Treffen verlief für meine Mutter enttäuschend. Es waren viele Genossen anwesend, die ganze Zeit ging es nur um geplante Aktionen. Mutter hatte zwar mit ihrem Angebeteten gesprochen, allerdings nur über Politik. Schließlich wollte sie ihm ja ihre «sattelfeste» Gesinnung demonstrieren, um ihm ein wenig zu imponieren. Sie genoss seine Nähe und hoffte auf künftige Treffen. Sie trafen sich auch noch öfter, einmal waren auch wir Kinder wieder dabei. Ich mochte die Besuche bei Etkar André nicht, dort war es langweilig. Und meine Angst vor dem großen Hund habe ich auch nie ganz abgelegt. Wie innig die Beziehung meiner Mutter zu dem KPD-Funktionär war, weiß ich nicht. Sie hat es mir nie erzählt. Doch was immer zwischen beiden passiert ist oder auch nicht – sie liebte ihn, das blieb mir nicht verborgen.

Das Jahr 1932 neigte sich dem Ende zu. Deutschland schien, so die allgemeine Meinung damals, der größten Gefahr einer Machtergreifung durch die Nazis glücklich entgangen zu sein. Hitler galt Ende 1932 als ein Politiker auf dem absteigenden Ast. Alle hofften, dieser 43-jährige Schreihals, der seit über zehn Jahren die heiligen Hallen der Berliner Macht vergeblich umstrich, habe seine besten Zeiten hinter sich, der Nimbus des revolutionären Erneuerers nutzte sich allmählich ab. Die KPD-Führung erwartete die kommenden Wahlen mit Zuversicht.

Die wirtschaftliche Situation unserer Familie blieb angespannt. Mein Vater war immer noch arbeitslos, wir drehten jeden Pfennig zweimal um. Wenn ich ein paar Groschen verdienen wollte, ging ich auch gern mal zum Polizisten Onkel

Friel nach Eilbek. Dort putzte ich dann seine schwarzen Dienstgamaschen. Gamaschen, das waren die die Unterschenkel schützenden Lederüberzüge, die damals die Polizei, aber in manchen Ländern auch das Militär trug. Onkel Friels Gamaschen waren zwar stets sauber, aber ich fand es toll, die glänzende Lederoberfläche dennoch zu wienern. «Ick weit, min Jung, warum du dat makst. Den gerechten Lohn wullt du hebben», sagte er in seiner mecklenburgischen Mundart. (Ich weiß, mein Junge, warum du das machst, den gerechten Lohn dafür willst du haben.)

Am Ende gab es dann stets einen Groschen Taschengeld – zehn Pfennige, das reichte damals für zwei Eistüten.

Opa Schill, der Schneider, steuerte gelegentlich etwas zum Lebensunterhalt bei. In Naturalien. Er liebte es, zum Fischmarkt zu gehen und dort direkt vom Kutter die Schollen zu kaufen. Die Fischer kamen aus Finkenwerder, einer Elbinsel, die halb zu Hamburg und halb zu Niedersachsen gehörte. Die Fische fingen die Elbfischer in der Mündung. Damals gab es davon noch reichlich. Bis 1905 hatte man in der Fischhalle in St. Pauli sogar noch Stör aus der Elbe angeboten. Und so manche von den Schollen landete dank Opa Schill dann auf unserem Teller.

Unsere finanzielle Situation verbesserte sich etwas, als mein Vater im Januar 1933 eine Beschäftigung als Hilfsarbeiter bei der Norddeutschen Affinerie (heute Aurubis) bekam, einem der weltgrößten Produzenten von Kupfer, gelegen auf der Hamburger Elbinsel Veddel. Er musste giftigen Kupferschlamm, ein Abfallprodukt, auf Transportloren schaufeln. Das war eine schwere und gesundheitsschädigende Arbeit, aber wir hatten wenigstens ein regelmäßiges, wenn auch niedriges Einkommen. Weil wir sehr sparsam waren, konnten wir sogar in eine bessere Mietwohnung umziehen. Im Stadtteil Eilbek, im Gebiet des Hasselbrook, in der Papenstraße, fanden wir eine schöne Zweieinhalbzimmerwohnung. Die Miete war allerdings für unsere Verhältnisse enorm hoch: 28 Mark mussten wir uns sprichwörtlich «abhungern». Doch weil Vater fleißig war, bekam er nach einiger Zeit eine Lohnerhöhung, und so schafften wir den finanziellen Kraftakt einigermaßen.

Das Eilbeker «Spießbürgertum», wie sie sich ausdrückte, gefiel meiner Mutter überhaupt nicht. Eilbek war protestantisch geprägt, Angestellte dominierten das Milieu, die Gegend war sehr dicht besiedelt, es lebten vor dem Krieg dreimal so viele Einwohner dort wie heute, nämlich 60 000.

Was Mama aber mit der Gegend versöhnte, war die Tatsache, dass es ein KPD-Büro gab, das bis zur Machtergreifung der Nazis 1933 existierte. Der Parteivorsitzende Ernst Thälmann war in Eilbek geboren, seine Eltern wohnten noch immer im Stadtteil, auch wenn der «Anführer des kommunistischen Gesindels» bei den bürgerlichen Eilbekern nicht gerade beliebt war. Schon nach wenigen Wochen sehnte sich Mutter zurück in ihr vertrautes proletarisches Milieu von St. Georg und Hammerbrook.

Die Zeichen, dass politisch etwas Ungeheuerliches in der Luft lag, eine fundamentale Veränderung der Situation für das ganze linke Milieu – sie mehrten sich. Auch wir Kinder spürten das. Obwohl in der breiten Öffentlichkeit kaum noch jemand mit der baldigen Machtergreifung Hitlers rechnete, gab es unter den Kommunisten erste Anzeichen von Panik – das lag vor allem an den taktischen Spielchen der Reichsregierung und des Reichspräsidenten. Im Januar 1933 bekamen meine Eltern Besuch von Bruno, er war der Kassierer der KPD-Ortsgruppe in St. Georg. «Hermann, ich verbrenne alle Mitgliedskarten unserer Genossen. Ich glaube, da liegt etwas in der Luft. Vielleicht kommen demnächst die Faschisten an die Regierung. Und wer weiß, was die mit uns machen, wenn ihnen alle unsere Namen in die Hände fallen», erklärte er.

Wir sahen ihn noch einmal, im Februar, da erzählte er, dass er alle Karten im Ofen verbrannt hätte – dann verschwand er aus unserem Leben. Bruno bewies Weitsicht und ging ins Ausland. Später kämpfte er im Spanischen Bürgerkrieg gegen die Franco-Faschisten und ihre deutschen Helfer. Noch später soll er in die Sowjetunion entkommen sein, seine Spur verlor sich.

Tatsächlich ernannte Reichspräsident Paul von Hindenburg am 30. Januar 1933 Adolf Hitler zum Reichskanzler. Der schlimmste Fall war eingetreten. Eine national-konservative Koalitionsregierung wurde gebildet, in der die Nazis zwar in der Minderheit waren, die von ihnen aber dominiert wurde. Im Familien- und Freundeskreis meiner Eltern zog man die Köpfe ein und wartete ab. Man wusste, dass der Ernstfall eintreten würde – wie würden die Nazis mit ihren Todfeinden von gestern umspringen?

Doch vorerst änderte sich kaum etwas. Zwar begann im ganzen Reich eine wilde Hatz auf erklärte Feinde des Regimes, allen voran Kommunisten. Doch in erster Linie betraf das die prominentesten Köpfe. Am Nachmittag des 3. März, drei Tage nach dem Brand des Berliner Reichstags, den die Nazis zum Vorwand nahmen, alle gültigen demokratischen Grundrechte einzuschränken, wurde Ernst Thälmann in Berlin-Charlottenburg, Lützower Straße 9, von acht Beamten des Polizeireviers 121 festgenommen. Die Wohnung gehörte dem Ehepaar Hans und Martha Kluczynski, Parteifreunden. Martha hatte ein Verhältnis mit Thälmann. Während Thälmanns Aufenthalten in der Kluczynski-Wohnung hatte sich Marthas Mann stets in seine Laube in der Laubenkolonie «Havelblick» in Gatow zurückgezogen. Und einmal erzählte er wohl seinem Gartennachbarn Hermann Hilliges von Thälmanns Versteck und von der Angst der Genossen um ihren Chef, die dieser stets als «Scheißhausparolen» kleinredete. Eben jener Hilliges denunzierte Thälmann – und durfte dafür später zum Vorsitzenden der Laubenkolonie «Havelblick» aufsteigen.

Thälmann saß zunächst in Moabit, später in Hannover, am Ende in Bautzen ein. Ein über zehnjähriges Martyrium begann für ihn, zunächst unter harten Haftbedingungen, später privilegiert. Seine Frau Rosa, die zunächst eher unpolitisch war, hielt den Kontakt zu ihm und wurde zu einer Kämpferin für Hafterleichterungen. Die anschließenden Machtspielchen, der Missbrauch des Namens Thälmann durch führende Genossen und das offensichtliche Nichtstun vor allem der sowjetischen Kommunisten brachten Rosa schier zur Verzweiflung.

Und die Neuigkeiten, die sich die Genossen und meine Eltern zuflüsterten, wurden nicht besser: Am 5. März wurde Etkar André in seiner neuen Wohnung am Hamburger Zeughausmarkt nahe dem Michel verhaftet. Am 16. April, Ostern, erwischte die Polizei auch Fiete Schulz in einer illegalen Wohnung. Er unternahm zwar einen Fluchtversuch, der jedoch misslang. Fiete war innerhalb der Hamburger KPD ein «Star» mit einem legendären Ruf. Er hatte während des Hamburger Aufstands 1923 mit einer kleinen RFB-Streitmacht von rund 400 Kämpfern seinen Geburtsort Schiffbek verteidigt, der bis zur Eingemeindung durch Hamburg dort lag, wo heute das Zentrum des Stadtteils Billstedt liegt. Zwei Tage lang hielt sich das Häuflein Kommunisten gegen weit überlegene Reichswehrverbände. Sechs Jahre lang hatte er anschließend in der Sowjetunion gelebt, war erst 1932 nach Hamburg zurückgekehrt.

Vor allem Andrés Verhaftung löste bei meiner Mutter einen Nervenzusammenbruch aus, tagelang weinte sie. Wir Kinder

Etkar André, um 1925

registrierten in dieser Zeit eine hektische Betriebsamkeit der Erwachsenen. Ihre Angst übertrug sich auf uns. Wir wussten nicht viel, nur so viel, dass jetzt «böse Menschen» an der Macht waren, denen zuzutrauen war, dass sie uns unsere Eltern wegnahmen. Immer wieder kamen in unserer Eilbeker Wohnung Genossen vorbei, dann hatten wir Lütten aus der «guten Stube» zu verschwinden. Meine Eltern sprachen, stritten dort mit ihren Genossen, manchmal polterte eine Faust auf den Tisch. Wir ahnten, die Welt hatte sich schlagartig geändert. Unheil lag in der Luft.

Belangt wurden meine Eltern jedoch nicht. Zugute kam uns sicher, dass wir nicht mehr im roten St. Georg, sondern im eher bürgerlichen Eilbek wohnten. Und ganz grundlegend hatten die Nazis kein Interesse daran, einfache KPD-Mitglieder zu Feinden zu erklären und zu verfolgen. Denn das hätte ja bedeutet, Millionen kommunistischer und sozialdemokratischer Sympathisanten oder Parteigänger zu Feinden zu erklären – innenpolitische Unruhen bis hin zum Bürgerkrieg hätten sie damit riskiert. Mit dem Lockruf «Irren ist menschlich» trachtete man danach, die Kommunisten für die eigene Ideologie zu gewinnen, schließlich hatten einst auch NS-Größen wie Joseph Goebbels oder Gregor Strasser mit sozialistischen Ideen sympathisiert. So feierte Hitlers Chefpropagandist in seinen jungen Jahren Lenin, den Gründer der Sowjetunion, als «nationalen Befreier» Russlands. Lange Zeit zählte er zum linken NSDAP-Flügel rund um den «Reichsorganisationsleiter» Gregor Strasser.

Auch Opa Schill wurde nicht belangt. Er war kein Mann der Tat, beteiligte sich nie an Straßenkämpfen oder Aufmärschen. Viele belächelten ihn als «Salon-Bolschewisten», sein Spielfeld war die Überzeugungsarbeit, das gepflegte Gespräch. Seine Diskussionsbeiträge und Referate waren beliebt. 49-jährig, wurde er 1933 von den Nazis nur kurz verhört. Allerdings hatte der Machtwechsel in Berlin für ihn wirtschaftliche Folgen. Die Genossen kamen nicht mehr mit Aufträgen zu ihm. Einige waren verschwunden. Anderen erschien es zu gefährlich, sich zu treffen, weil das schnell nach Bildung geheimer Widerstandszirkel aussah. Äußerste Vorsicht war geboten.

Schließlich gab es Ärger mit der Oma, die eines Tages klagte: «Wir haben kein Geld mehr, was soll ich bloß machen?»

Doch Opa hatte vorgesorgt: «Na, dann trenn doch mal die Weste auf», sagte er.

Als die Oma das dann machte, kullerten lauter 50-Pfennig-Münzen heraus. Mein Großvater hatte nach und nach eine stille Reserve eingenäht. Weil er ahnte, dass schlimme Zeiten drohten. Mit großer Erleichterung zählte die Oma. Stolze 8,50 Mark. «Jetzt gehe ich einkaufen», triumphierte sie, weil sie endlich einmal wieder richtig kochen wollte. Als sie vom Einkaufen zurückkam, gab es ein kräftiges Gulasch. Lange hielt das Geld aber nicht vor.

Und so begann Opa Schill, sich allmählich einen eher bürgerlichen Kundenkreis zu erschließen. Der NSDAP-Ortsgruppenleiter bot ihm sogar mehrfach an, Uniformen auszubessern oder Rangabzeichen anzunähen, in diesen Tagen ging es ja für viele rasant aufwärts auf der Karriereleiter. Doch Opa lehnte stets ab, er hatte eben seine Prinzipien: Lieber kein Einkommen als für die Faschisten arbeiten! Wenn Nazis in SA-Uniform an der Tür klingelten, wimmelte Oma sie stets ab: «Meister Adolf ist sehr krank», hieß es dann.

Ganz unrecht hatte sie damit nicht, er litt an Herzproblemen und sollte nach dem Krieg im Alter von 65 Jahren viel zu früh sterben.

Oft schliefen wir Kinder auch bei unserem Opa väterlicherseits. Der war kein Kommunist, vielmehr hasste er die Roten, hatte aber auch für die Nazis nichts übrig. Eduard Hermann Lucks war damals, 1933, 63 Jahre alt und wohnte in der Eckhoffstraße in Hamburg-Hohenfelde in Alsternähe.

Stets wenn wir Oma und Opa Lucks besuchten, sagten wir im Scherz: «Wir gehen zum Preußen-Opa», denn einer seiner beliebten Aussprüche war: «Ich bin ein Preuße, kennt ihr meine Farben?» Das war ein Volkslied, das zum geflügelten Wort geworden war. Oder er sagte: «Wer auf die preußische Fahne schwört, hat nichts mehr, was ihm selber gehört.»

Im Sommer gingen wir von der Eckhoffstraße, in der die beiden wohnten, gern die wenigen Meter bis zur Alster. Da gab es ein mit Holzplanken abgetrenntes Freibad. Wir konnten dort herrlich planschen. Das Eintrittsgeld von ein paar Pfennigen gab uns die Oma. Getrennt durch die Straße gab es noch ein kleines

Wasserbassin, in dem sonst die Alsterschwäne überwinterten. Das nannte sich Schwanenwiek.

Der Opa war ein kaisertreuer Mann, Typ Gentleman, der stolz darauf war, einst Kellner im noblen Hamburger «Hotel Reichshof» an der Kirchenallee in St. Georg gewesen zu sein, das erst 2014 den Betrieb eingestellt hat. «Dort werde ich heute noch mit Herr Ober angesprochen», betonte er gern – im 1910 eröffneten «Reichshof» direkt gegenüber dem Hauptbahnhof stiegen vorrangig vornehme, begüterte Leute ab. Freunde nannten den Opa gern «Preußen-EH», als Abkürzung für «Eduard Hermann» und in Anspielung an das «Eiserne Kreuz», kurz EK genannt.

Aber er war auch ein lustiger Mensch, der gern Gedichte verfasste und dazu Lieder schrieb, schön singen konnte er auch. Seine Familienfeiern oder Empfänge waren beliebt, zudem trank er gern Wein, den er liebte und schätzte, manchmal auch etwas über den Durst. Am meisten liebte er aber die schon zu seiner Zeit bekannte Sektmarke «Kupferberg Gold» – damals war Sekt ein teures, seltenes und luxuriöses Getränk, so wie heute Marken-Champagner.

Und weil er das Leben genoss, reichte oft das Geld nicht. Oma jammerte: «Wovon sollen wir denn jetzt noch Lebensmittel kaufen?»

Also suchte er sich einen Nebenerwerb. Nach seiner Entlassung – als Kellner war er mit weit über 60 Jahren zu alt – arbeitete er als Handelsreisender, wie sich «Außendienstmitarbeiter» damals nannten. Dafür hatte er vom renommierten Feinkostgeschäft Kastner in der Danziger Straße in St. Georg einen Lederkoffer mit speziellen Wurstkostproben erhalten, die er in Geschäften und Privathaushalten anbot. Immer mit scherzhaften Sprüchen unterwegs, hieß es bald: «Da kommt der lustige Mettwurst-

Lucks!» Er hatte vermutlich mehr Erfolg als Possenreißer denn als Geschäftsmann, aber ein wenig Geld brachte es doch ein.

Die Oma war eine einfache Frau, die aus der Nähe von Lyck, dem heutigen Elk, in Masuren stammte und auch polnische oder masurische Wurzeln hatte. Zumindest schlichen sich, wenn sie sprach, immer wieder polnische Wendungen ein. Fühlte sie sich wohl, so sagte sie oft: «Ja mam konjes, branje konjes, do co konjes mi.» Das hieß: «Ich habe ein paar Pferdchen, brav sind meine Pferdchen, so sind meine Pferdchen.»

Wenn sie meinte, irgendetwas sei egal, sagte sie «vschetzko jedno», «alles eins» oder «alles egal».

Wenn Großvater Lucks uns zu Bett brachte, erzählte er oft Geschichten vom alten Fritz, dem Preußenkönig Friedrich II., genannt der Große. Er saß dann auf der Bettkante und rezitierte mit reichlich Pathos und wild gestikulierend die Zeile eines Spottlieds aus dem 18. Jahrhundert: «Und wenn der große Friedrich kommt und klopft mal auf die Hosen, dann läuft die ganze Reichsarmee, Panduren und Franzosen.»

War mein Vater in der Nähe, raunte der ihm zu, er solle die Kinderköpfe nicht mit so einem militaristischen Blödsinn vollstopfen. Auch diese beiden gerieten immer wieder in politischen Streit, aber das waren wir Kinder der Vorkriegszeit ja gewohnt.

Mein Vater war ein politischer Heißsporn, Großvater war dagegen viel gelassener und unaufgeregter. Wir mochten seine Angewohnheit zu priemen, was heute kaum noch jemand kennt: Er öffnete eine kleine Dose aus Blech, darauf standen die Firmenmarken, «Hanewacker» oder «Grimm & Triepel». In der Dose lagen kleine gedrehte schwarze Röllchen. Mit einer Blechgabel, die zur Dose gehörte, drückte Großvater ein Stück Kautabak ab und schob es sich «hinter die Kiemen», wie er das nannte – also zwischen die Zähne. Dann kaute er genüsslich darauf herum. Hatte der Priem keinen Geschmack mehr, spuckte er ihn irgendwo in die Gegend. Weil ich dachte, dass es Lakritz sei, stibitzte ich ihm eines Tages ein Stück davon. Nachdem ich aber das Stück in den Mund geschoben hatte, musste ich mich übergeben, so ekelhaft und scharf schmeckte das Zeug.

Erst später erfuhren wir, dass Großvater ein Findelkind gewesen und im masurischen Goldap als Baby in einem Korb vor dem Kirchentor aufgefunden worden war. Man hatte ihn in saubere Wäsche gekleidet, die mit einer Grafenkrone verziert war. Vielleicht stammte er ja aus dem Seitensprung eines adeligen Herrn; zumindest er glaubte fest an seine aristokratische Abstammung. Umso enttäuschter musste er gewesen sein, dass ausgerechnet sein Sohn die «klassenlose Gesellschaft» herbeiwünschte und alle Kaiser, Könige und Grafen zum Teufel jagen wollte.

Besuche ehemaliger Genossen wurden nach Hitlers Machtergreifung selten. Umso erstaunter war mein Vater, als im Herbst 1933 Knut vor der Tür stand, ein Kamerad und ehemaliger RFB-Aktivist. Es war Knut gewesen, der damals meinen Vater aufgefordert hatte, zum Hansaplatz zu kommen, was dazu geführt hatte, dass Papa von der Polizei ins Bein geschossen worden war.

Jetzt trug Knut eine funkelnagelneue SA-Uniform und schwärmte plötzlich für den Führer. «Hermann, schau dir mal die neuen Stiefel und die prima Uniform an! Hat mich alles keinen Pfennig gekostet. Wenn du dich beeilst, bekommst du auch noch so eine. Der Führer trägt es niemandem nach, früher Kommunist gewesen zu sein. Komm doch auch zu uns. Außerdem gibt es für alle Arbeit, seit Hitler an der Macht ist, das musst du doch zugeben.»

Knut redete sich geradezu in Begeisterung.

«Hmm, ich denk mal drüber nach», brummte mein Vater.

Knut ließ nicht locker: «Und den Sozialismus wollen die Nazis doch auch, nur eben einen anderen, einen für Deutsche. Was soll das ganze Gewäsch von wegen Internationale und so. Als es Deutschland schlechtging, hat sich auch keiner von denen anderen um uns gekümmert. Im Zweifel ist doch jedem das Hemd näher als die Hose ...»

Bei diesen Worten blickte mein Vater geringschätzig auf Knuts braune Hosen und brummte noch so etwas wie: «Hast ja recht ... Aber komm lieber nicht mehr vorbei.»

Er war dann sichtlich froh, als Knut sich verabschiedete. «Brauchst keine Angst haben, Hermann, ich verrate dich nicht! Tschüs und Heil Hitler!»

Zweifel blieben. Wer weiß, vielleicht sollte er ihn im Auftrag seines neuen «Führers» ausspionieren? Jedenfalls stand für meinen Vater fest: Zu den Nazis laufe ich nicht über! Er hatte Knut nur beigestimmt, um sich nicht verdächtig zu machen.

Wir Kinder mochten Knut gern. Er hatte uns früher oft Naschereien mitgebracht, Fruchtbonbons zum Beispiel. Jetzt bewunderte ich seine schöne braune Uniform. «Die gefällt mir gut», sagte ich zu ihm, als er bereits im Treppenhaus war. «Aber noch schöner wäre sie, wenn du an der Mütze einen roten Stern hättest.»

Er lachte schallend: «Na, das wird wohl nix ...», und strich mir über den Kopf.

So sind also Nazis, dachte ich bei mir. Denn er war der erste Braununiformierte, den ich kennenlernte. Davor hatten wir Kinder Nazis immer nur aus der Ferne gesehen und sie gefürchtet, denn sie standen ja für das Böse. Als Knut gegangen war, zweifelte ich, ob die Nazis wirklich alle Teufel waren.

Das rote Hamburg wird braun

Die Straße war jetzt in der Hand der SA, deren Mitglieder als Hilfspolizisten auftraten. Bei uns wurde es immer stiller. Wir Kinder lernten, dass es verschiedene Wahrheiten gab: In der Öffentlichkeit und in der Schule, die mein älterer Bruder Hermann bereits besuchte, herrschte die offizielle NS-Ideologie. Nach einer simplen völkisch-braunen Logik wurde die Welt erklärt; Rasse, Nation, Kampf ums Überleben bildeten fortan die Maximen des Handelns.

Daheim galten nach wie vor unsere sozialistischen Ideale: Alle Menschen sind Brüder, das globale Kapital und seine uniformierten Büttel sind der Feind. Unsere Wohnung sollte als eine rote Insel den Wogen des völkisch-nationalen Einheitsbrauns widerstehen. Eine Insel, die vermutlich zu einem ganzen Archipel roter Inselchen gehörte, die aber bald vom braunen Ozean verschlungen sein würden.

Wir summten weiter die Internationale, wenn auch etwas leiser als früher. Wir behielten unsere roten Papierfähnchen, nahmen sie aber nicht mehr mit auf die Straße. Und wir riefen nach dem Gutenachtkuss immer noch «Ho Front». Doch wir wohnten jetzt in einem bürgerlichen Stadtteil, und ich sah mit einem gewissen Neid, wie die ersten Nachbarskinder in Jungvolk- oder HJ-Uniform und Hakenkreuz-Wimpel tragend in den neuen Jugendorganisationen aktiv sein durften. Manchmal fühlten wir uns ausgeschlossen, mein Bruder und ich, nicht dazugehörig, denn die tieferen politischen Zusammenhänge verstanden wir Kinder noch nicht.

Gerhard, ein RFB-Genosse, besuchte uns und redete heftig auf meinen Vater ein: «Wir müssen gegen diese Faschisten Widerstand leisten. Und zwar im Untergrund. Bist du dabei?»

Mein Vater zögerte, vor allem die vielen übergelaufenen ehemaligen Genossen machten ihn mutlos. Er befürchtete, sie würden sich als Spitzel in die Untergrundgruppen einschleichen und ihre Kampfgefährten von einst verraten. Tatsächlich flogen in den Wochen und Monaten nach Hitlers Machtergreifung viele Untergrundzellen, die sich spontan gebildet hatten, auf. Die noch im April gegründete oder besser aus der Preußischen Geheimpolizei durch Ausgliederung hervorgegangene Geheime Staatspolizei (Gestapo) und die neuen Hilfspolizisten von der SA leisteten ganze Arbeit.

Doch Gerhard blieb beharrlich: «Was ist nur los mit euch? Überall spüre ich Resignation. Denk doch nur zurück an das RFB-Verbot 1929, das haben wir auch überstanden. Mit viel Erfindungsreichtum und Zähigkeit», sagte er.

Dann spielte Gerhard auf die Gründung scheinbar unpolitischer Vereine an wie den «Wanderverein Brüder zur Sonne» in Altona, den «Wanderclub Deutsche Eiche» in Kiel oder den Norddeutschen Arbeiterschutzbund (NASB) – alles Tarnorganisationen der KPD.

«Gerhard, das waren andere Zeiten. Jetzt sind die Nazis an der Macht, und die lassen sich nicht so leicht hinters Licht führen wie die Behörden der Weimarer Republik», entgegnete mein Vater.

Er führte auch persönliche Gründe an, die ihn abhielten, in den Untergrund zu gehen: «Was wird aus meiner Familie, wenn ich auffliege? Ich bin für die beiden Jungen verantwortlich …»

Das verstand auch Gerhard, entnervt winkte er ab und ging. Er war sicher enttäuscht, verübelte meinem Vater aber nicht, dass er sich weigerte, das Hitler-Regime aktiv zu bekämpfen. Viele der Genossen verhielten sich so. Andere, die keine familiären Verpflichtungen hatten, emigrierten in die Nachbarstaaten, vor allem in die Tschechoslowakei, nach Österreich und nach Holland.

Uns Kindern fiel auf, dass die neue Zeit mit einem neuen Ton einherging. Bis zum Machtantritt der Nazis hatte es im Familien- und Bekanntenkreis oft Streit gegeben, es wurde viel gepöbelt und gemotzt. Die Erwachsenen stritten über Politik, warfen sich frank und frei an den Kopf, was sie über eine andere Gesinnung dachten. Man kämpfte politisch mit offenem Visier. Damit war es jetzt vorbei. Seit Ende Januar 1933 wurde getuschelt, man steckte die Köpfe zusammen, wir Kinder bekamen kaum noch etwas mit.

Doch wir spürten, dass ein neues Klima herrschte, dass die Erwachsenen Angst hatten. «Den von Parterre haben sie heute abgeholt. Den kenne ich ja eigentlich als furchtbar netten Menschen. Aber, na ja, irgendwas wird er bestimmt auf dem Kerbholz haben, sonst hätten sie ihn ja nicht ohne weiteres verhaftet, stimmt's, Lieschen?», hörte ich im Treppenhaus eine Nachbarin zu meiner Mutter sagen.

«Ja, hat er vermutlich, Herta», erwiderte meine Mutter darauf leise vor sich hin grummelnd. Sie dachte aber vermutlich: «Dummes Geschwätz.» Denn es bedurfte keiner großen Anlässe, um von den Nazis ins Gefängnis geworfen zu werden, nichtige reichten aus. Wenn Nachbarn oder Freunde meine Mutter mit «Heil Hitler» begrüßten, konnte sie kaum ihren Ärger verbergen. Sie murmelte dann manchmal leise und etwas vulgär vor sich hin: «Ich heil den bestimmt nicht, das Arschloch ist unheilbar.»

Ansichten wie jene von Nachbarin Herta waren weit verbreitet. Die Menschen konnten sich nicht vorstellen, dass der

Rechtsstaat de facto über Nacht abgeschafft worden war. Zwar misstrauten sie den grölenden SA-Schlägerbanden, die sich seit dem 20. März in Hamburg als Hilfspolizei aufspielen durften. Ein Grundvertrauen in die staatlichen Institutionen – Polizei, Justiz, Verwaltung – bestand aber weiter. Auch wenn sich in der Weimarer Republik politisch bis aufs Messer gestritten wurde, so hatte man den Institutionen – Justiz, Polizei, Reichswehr etc. – überwiegend doch vertraut. Wer verschwand, und in diesen Tagen verschwanden viele, musste eben «etwas auf dem Kerbholz» haben. Und weil man sich auf vieles keinen Reim machen konnte, sah man weg. Praktisch über Nacht lernte ein Volk die hohe Kunst der politischen Unauffälligkeit. Und wer es nicht lernte, riskierte großen Ärger.

Die ehemalige rote Hochburg Hamburg ergab sich nicht kampflos den braunen Ideologen. Immer wieder kam es zu gewaltsamen Aktionen Einzelner gegen vermeintliche oder tatsächliche Vertreter der neuen Ordnung. Am 26. Februar war der 17-jährige Hitlerjunge Otto Blöcker an den Falkenried-Terrassen im Hamburger Stadtteil Hoheluft erschossen worden, vermutlich von Kommunisten. Die Nazi-Presse sprach von einem «Mordanschlag der Kommunisten». Doch Augenzeugen berichteten, die SA habe mit einem Aufzug im Arbeiterviertel Hoheluft RFB (in Form der «roten Marine») und Reichsbanner provoziert. Zwei Tage später wurde der Polizei-Hauptwachtmeister Kopka in der Woltmanstraße von Kommunisten erschossen. Am 30. 10. 1933 gab es einen Sprengstoffanschlag, der dem Gauleiter Karl Kaufmann galt. Doch Hamburgs führender Nazi überlebte, der oder die Täter entkamen unerkannt.

Kaufmann war ein im niederrheinischen Krefeld geborener Katholik, der bereits 1922 als Freikorps-Mitglied in die NSDAP eingetreten war. Selbst Goebbels schilderte diesen Berufs-Völkischen, der zeit seines Lebens nie etwas Ordentliches gelernt hatte, als «innerlich zerrissen». Doch er war skrupellos und durchsetzungsfähig, sodass ihm 1929 der tiefrote Gau Hamburg übertragen wurde. Kaufmann war die treibende Kraft bei der Übernahme Hamburgs durch die Nazis.

Allein von März bis Juli 1933 wurden in Hamburg 2600 Menschen aus politischen Gründen verhaftet, zudem gab es 830 Hausdurchsuchungen. Von den 2600 Verhafteten landeten 650 Personen unmittelbar in Schutzhaft. Auch Todesurteile wurden bald gefällt: Am 8. Mai 1933 begann der erste «Blutsonntag-Prozess», die Nazis nahmen individuell Rache an den angeblichen Initiatoren der blutigen Ereignisse in Altona im Jahr zuvor. Am 1. August wurden die Kommunisten Bruno Tesch, August Lütgens, Karl Wolf und Walter Möller im Hof des Altonaer Gerichts in der Max-Brauer-Allee mit dem Handbeil geköpft.

Da mein Vater jetzt etwas Geld verdiente, hätten wir also, trotz der widerlichen politischen Umstände, materiell gesichert in Ruhe unser Dasein fristen können. Doch neue schwere Gewitterwolken zogen auf – und die hingen über der Ehe meiner Eltern. Harmonie und Liebe waren schon lange nicht mehr die bestimmenden Gefühle zwischen beiden gewesen; jetzt kam es zum endgültigen Bruch. Vermutlich spielten auch die schlimmen politischen Veränderungen eine Rolle, die an den Nerven der Erwachsenen zerrten und zu jähen Wutausbrüchen führten. Jedenfalls hatte sich meine Mutter in den damals 22-jährigen Helmut Kruschak verliebt, ein «Haudrauf», einer der schlagkräftigsten RFB-Männer des Hamburger Sturms, allseits bekannt als der «Genosse mit dem Goldzahn». Anfang 1934 verließ sie uns und zog zu Helmut. Kruschak war ein unerschrockener Kommunist, beide waren zwar nicht aktiv im Widerstand, boten den Nazis aber im Rahmen ihrer Möglichkeiten die Stirn –

ohne ihr Leben durch spektakuläre Aktionen auf Spiel zu setzen. In den nächsten Jahren wechselten sie oft die Wohnung: Vom Nagelsweg in Hammerbrook zogen sie noch 1934 zu Kruschaks Eltern nach Kirchdorf auf der Elbinsel Wilhelmsburg, dann in die Bürgerweide im Stadtteil Hamm, dann nach Glinde östlich von Hamburg, dann wieder zurück in den Hammerbrooker Nagelsweg.

Meine Mutter wurde «schuldhaft» geschieden, sodass mein Vater uns Kinder zugesprochen bekam. Darunter litt Mutter sehr. Sie kam oft nach Eilbek und brachte uns stets etwas mit – Rundstücke, wie wir Hamburger die Brötchen nannten, oder Süßigkeiten. Wir selbst besuchten sie zunächst kaum, weil Vater es nicht wollte. Auch weil es für uns schwer war herauszufinden, wo sie und Kruschak gerade lebten. Private Telefonanschlüsse waren nicht sehr verbreitet.

Und so trieben in diesen Tagen meinen Vater eher die finanziellen und organisatorischen Sorgen eines Alleinerziehenden um als die Risiken wegen seiner politischen Überzeugungen. Mit seinem Fahrrad brachte er uns in den Kindergarten und in die Schule. Mein älterer Bruder saß auf dem Gepäckträger, ich hinter dem Lenker auf einem Kindersattel, der auf der Stange angebracht war. So fuhren wir morgens los und wurden abends wieder abgeholt. Erst Monate später, weil es gerichtlich so verfügt wurde, besuchten wir wieder unsere Mutter. Für uns war das eine schwere Zeit, immer wieder fragten wir: «Wo ist Mama?»

Wenn es auch für meinen Vater genug Gründe gab, sich politisch zurückzuhalten, so bedeutete das noch lange nicht, dass er den Kontakt zu den ehemaligen Genossen abreißen ließ. Keine zehn Minuten zu Fuß von unserer Wohnung entfernt in der Wandsbeker Chaussee, parallel zu «unserer» Papenstraße, wohnte Johannes Thälmann, der Vater des verhafteten KPD-

Vorsitzenden. In Arbeiterkreisen wurde er nur «Jan» genannt. In früheren Jahren hatte er zusammen mit seiner Frau ein Gasthaus betrieben, später einen Gemüseladen mit angeschlossenem Fuhrbetrieb. 1892, beide waren Mitte 30, mussten die Thälmanns für zwei Jahre wegen Hehlerei ins Zuchthaus – sie sollen mit gestohlenen Waren gehandelt haben. Der gerade mal sechsjährige Ernst und seine ein Jahr jüngere Schwester Frieda kamen in verschiedenen Familien unter. Später behauptete die orthodoxe kommunistische Geschichtsschreibung, Jan Thälmann sei inhaftiert worden, weil er gegen das wilhelminische Sozialistengesetz verstoßen und in seiner Kellerkneipe SPD-Treffen abgehalten habe. Eine historische Unwahrheit, denn schon 1890 war das Sozialistengesetz gekippt worden, SPD-Treffen waren längst wieder legal. Und Jan Thälmann war zu dieser Zeit ein Mann, den Politik überhaupt nicht interessierte.

Thälmanns Mutter Maria-Magdalena, genannt Magda, eine gottgläubige, unpolitische Frau, war bereits 1927 mit 70 Jahren in einem psychiatrischen Krankenhaus gestorben. Sie stammte aus bürgerlichen Verhältnissen, besaß sogar ein Wohnhaus in der Eilbeker Seumestraße 2 bis 4, das die Familie jedoch verkaufen musste – auch infolge des wirtschaftlichen Abstiegs nach der Inhaftierung. Im März 1933, inzwischen 75-jährig, hatte sich Jan längst zur Ruhe gesetzt und war in großer Sorge um seinen Jungen, den er bislang nicht hatte besuchen dürfen. Jeden Mittwoch, soweit es seine Zeit erlaubte, besuchte mein Vater Jan Thälmann, spielte mit ihm und anderen Freunden Skat.

Der alte Thälmann hatte ursprünglich eine eher kaisertreue, streng bürgerliche Gesinnung gehabt und war erst während der Hyperinflation in den 20er Jahren auf einen kapitalismuskritischen Kurs eingeschwenkt. Als sich abzeichnete, dass sein Sohn in der Kommunistischen Partei Karriere machte und 1921 in

Moskau sogar den russischen Revolutionsführer Lenin kennen-lernen durfte, trat auch der knorrige Jan der KPD bei. Im Herbst 1933 starb der Alte – der Gram über das Schicksal seines Sohnes und die politischen Widrigkeiten hatten sicher ihren Anteil dar-an. Den Kontakt zum inhaftierten Ernst Thälmann hielt dessen Frau Rosa, die ihn zweimal im Monat in Moabit besuchte. Und später seine einzige Tochter Irma, die sich zunächst weigerte, ih-ren Papa, der ihr durch seine ständigen Berlin-Aufenthalte und die lange Haftzeit fremd geworden war, zu besuchen.

Eine der Parallelstraßen zur Papenstraße ist die Hasselbrook-straße. In der Nummer 6 wohnte seit seinem 15. Lebensjahr, seit 1920 also, Max Schmeling, zwischen 1930 und 1932 Schwer-gewichtsweltmeister im Boxen. Als Kind hatte er die Ober-realschule in der Ritterstraße besucht, in die 20 Jahre vor ihm auch Thälmann gegangen war. Schmeling und Thälmann waren nicht die einzigen Eilbeker Prominenten: Auch die als Karen Clementine Danielsen geborene deutsch-amerikanische Psycho-login Karen Horney stammte aus diesem Hamburger Stadtteil. Sie war die Mutter der bekannten Filmschauspielerin Brigitte Horney. Danielsen war zunächst eine große Anhängerin, später eine rein wissenschaftliche Widersacherin von Sigmund Freud, dem Begründer der Psychoanalyse.

Manchmal begleitete ich meinen Vater, denn ich liebte die Spa-ziergänge auf der Wandsbeker Chaussee. Die Straße war belebt, drei Straßenbahnlinien führten hier entlang, zudem gab es viele Geschäfte, drei Kinos, die Eilbeker Bürger-Tanzsäle, die große Bäckerei Krefft, den Eisladen von Angelo di Luca, auch eine Fi-liale von Ivan Budnikowsky – lange bevor aus dem Geschäft eine Drogeriemarktkette wurde, die noch heute jeder Hamburger kennt.

Mein Bruder Hermann, der ja inzwischen die Schule Roßberg besuchte, hatte einen Schulfreund, der hieß Hans-Werner.
Dessen Mutter heiratete nach dem Tod ihres Mannes den Inha-
ber der Bäckerei Krefft. Immer wenn wir drei Jungen ins Grüne
fuhren, mit der Straßenbahn nach Harburg zum Beispiel, gab sie
uns das Fahrgeld – mit Umsteigen kostete das 50 Pfennig für jeden – und dazu eine große Tüte mit Kuchenresten. Damals war
es üblich, dass Bäckereien die Ränder der Butterkuchenplatten
abschnitten und nicht verkauften. Unter Kindern war es beliebt,
in Bäckereien nach Kuchenresten zu fragen.

Die größte Attraktion in der Wandsbeker Chaussee für mich
als Kind war aber das Schuhgeschäft Amles. Der jüdische Ei-
gentümer hielt für uns Kinder immer Geschenke bereit – Papier-
schirmmützen, Comic-Heftchen oder Luftballons. Sein Geschäft
war bekannt für eine technische Spielerei, die alle staunen ließ:
Man stellte sich auf einen Tritt und konnte durch eine Röhre
seine Zehenknochen innerhalb des Schuhs sehen, um auf diese
Weise festzustellen, ob er passte. Dass man sich ganz nebenbei
in diesem Röntgenapparat eine gehörige, vermutlich gesund-
heitsschädliche Portion radioaktiver Strahlung einfing, störte
niemanden. Was wusste man damals schon über Radioaktivität?
Das Geschäft wurde später «arisiert», also zwangsenteignet. Die
Erwachsenen tuschelten danach hämisch, der jüdische Eigentü-
mer «Amles» hätte eigentlich «Selma» geheißen, also umgekehrt
buchstabiert, und sei vermutlich eine Frau gewesen. Es wurde
damals viel dummes Zeug geredet. Den späteren Bombennächten während des Krieges fiel die gesamte Wandsbeker Chaussee
zum Opfer – auch das legendäre Kino «Harmonie», das größte der Stadt. Nur die Filiale des Karstadt-Kaufhauses blieb un-
versehrt. Davor war die Wandsbeker Chaussee für uns Kinder
ein urbanes, quirliges Stück Hamburg. Nicht die City mit ihrer

Lebensader, der Mönckebergstraße, auch nicht St. Georg rund um den Hansaplatz – Eilbek war damals mein großstädtisches «Epizentrum».

Es gab 1934 noch zähen Widerstand gegen die Nazis. Besonders aktiv war die sogenannte RGO, die der KPD nahestehende Revolutionäre Gewerkschafts-Opposition. Bis 1933, schätzt man, betrug ihre Mitgliedsstärke etwa 30 000 Genossen. 1934 waren davon geschätzt noch 7000 Mitglieder im Untergrund tätig. Es wurden weiter Beiträge gezahlt, sogar eine kleine Zeitung erschien. Voller Hochachtung sprach meine Mutter, die wir inzwischen wieder regelmäßig besuchten, von den Aktivitäten der Gruppe um den ehemaligen SPD-Bürgerschaftsabgeordneten Willi Schmedemann und seinen jüngeren Bruder Walter. Beide arbeiteten als Krankenpfleger in der Anstalt Friedrichsberg, in welcher geistig behinderte Menschen betreut wurden. Willi Schmedemann, der bis 1933 Mitglied der Bürgerschaft gewesen war, wurde von den Nazis mehrfach inhaftiert, unter anderem im Konzentrationslager Fuhlsbüttel (KoLaFu), was ihn aber nicht davon abhielt, nach seiner Entlassung weiter im Widerstand tätig zu sein. Walter Schmedemann war ebenfalls Bürgerschaftsabgeordneter gewesen. Nach seiner Inhaftierung in Fuhlsbüttel verfasste er detaillierte Berichte, in denen er die Untaten der Gestapo protokollierte und Hamburger Täter beim Namen nannte – ein erster überlieferter Schreckensbericht aus den Folterkellern des «Dritten Reiches». Zudem rettete Walter Schmedemann die Kasse der Eilbeker SPD, das Geld kam der Untergrundarbeit zugute.

Die Schmedemann-Brüder erledigten Kurierdienste, halfen gefährdeten Genossen bei der Flucht, vor allem ins benachbarte Dänemark. Außerdem unterhielten sie eine illegale Druckerei.

Besser gesagt war das eine zerlegbare Druckmaschine, mit deren Hilfe sie die Untergrundzeitung «Rote Blätter» herausgaben, die auch meine Eltern erreichte. Die Feindschaft zwischen Kommunisten und Sozialdemokraten war angesichts des sich entfaltenden NS-Terrors erloschen, auch bei den Kommunisten hieß nun endlich die Parole: Der Feind steht rechts. Und es gab nicht wenige, die plötzlich zweifelten, ob Ernst Thälmanns These vom «Sozialfaschismus» und der SPD als dem «größeren Übel» wohl richtig gewesen war. Doch es war zu spät.

Damals war Eilbek ein von kleinen Häusern mit Vorgärten geprägter Stadtteil, ganz anders als heute. Zwischen Papenstraße und Wandsbeker Chaussee mäanderte ein kleiner Weg, rechts und links gesäumt von kleinen Häuschen inmitten hübscher Gärten: der vermutlich parallel zur Jungmannstraße, dem heutigen Ruckteschellweg, verlief. Dort, in einem Schrebergartenhäuschen, das später im Krieg zerstört wurde, hatte Schmedemann zeitweise seine Druckerei aufgebaut. Meine Mutter brachte ihm gelegentlich Papiere, auf denen «Manu für Garten» geschrieben stand. Was bedeutete: Manuskript ins Gartenhaus bringen. Auch ich Knirps musste ihm gelegentlich ein Päckchen bringen; ich wusste damals natürlich nicht, um was es sich handelte. Stets wurde mir die «Kurierpost» von einer freundlichen älteren Frau abgenommen.

Noch 1934 musste Willi Schmedemann Hamburg über Nacht verlassen, man hatte ihn vor einer erneuten Verhaftung gewarnt. Er ging ins Exil nach Dänemark, später nach Schweden und kam nach dem Krieg zurück, um in Hamburg die SPD wieder mit aufzubauen. Seinem Bruder Walter indes gelang das nicht; er wurde im November 1934 noch einmal inhaftiert, bis 1945 mehrfach im KZ Sachsenhausen festgehalten und lebte nach seiner Freilassung bis zum Kriegsende mehrere Monate im Untergrund.

Ungeachtet des auch 1934 noch anhaltenden Widerstandes waren die Bemühungen der Nazis, die Arbeiterschaft zu ködern, insgesamt recht erfolgreich. Zum Beispiel mit sozialen Wohltaten: So wurde bereits am 1. Oktober 1933 der «Eintopfsonntag» eingeführt. Eine Propagandaaktion des NS-Regimes, als Zeichen der Solidarisierung in der «Volksgemeinschaft» gedacht. Doch es gab auch handfeste ökonomische Gründe dafür: So konnte die sogenannte «Fettlücke» reduziert werden, die nur durch devisenträchtige Importe ausgeglichen werden konnte. Mit der Fettlücke war der Rohstoffmangel des Deutschen Reiches an Fetten und Ölen gemeint. Die Nazis hatten erklärt, die Abhängigkeit des Deutschen Reiches vom Import technischer Fette und Nahrungsfette beenden zu wollen. Der «Eintopfsonntag» war eine der ergriffenen Maßnahmen: Von Oktober bis März sollte einmal im Monat in allen deutschen Haushalten nur Eintopf gegessen werden. Die Differenz zwischen den Kosten für das sonst übliche Sonntagsessen und dem für Eintopf nötigen Aufwand, generell mit 50 Pfennig veranschlagt, wurde von den von Tür zu Tür gehenden Blockwarten der NSDAP kassiert und dem neugegründeten Winterhilfswerk zugeführt. Allein in Hamburg «spendeten» am 4. Februar 1934 auf diese Weise rund 65 Prozent aller Haushalte (nämlich 231 616 von 354 500), was eine Summe von 104 200 Reichsmark ergab. Im Winter 1935 wurden so 31 Millionen Reichsmark gesammelt. Vollmundig sprachen die Nazis vom «Sozialismus der Tat». Das kam bei vielen Proletariern an.

Viele Arbeiter hatten sich zwar der Nazi-Bewegung angeschlossen, doch wirklich überzeugt von den Ideen einer auf Rasse und Nation basierenden elitären Volksgemeinschaft waren die wenigsten. Vielen waren die Grundsätze der Nazis egal. So mancher hatte aus Angst die Seite gewechselt. Auch im Freundeskreis meiner Eltern gab es ehemalige Genossen, die jetzt der

NSDAP beitraten. Sie besuchten meinen Vater oder meine Mutter gelegentlich, Diskussionen entspannen sich, in denen die «Gewendeten» sich oft hilflos rechtfertigten, aber nicht wirklich überzeugend wirkten. Die Nazis nannten ihre neuen Parteigänger Beefsteaks – außen braun und innen rot.

Im Bücherschrank meines Vater standen immer noch die proletarischen Klassiker – Karl Marx' «Das Kapital», August Bebels «Die Frau und der Sozialismus», Lenins «Was tun?», aber auch zeitgenössische Literatur wie Hans Falladas «Kleiner Mann – was nun?», Kurt Tucholskys «Schloß Gripsholm» oder Heinrich Manns «Der Untertan». Diese Bücher waren aber spätestens seit der Bücherverbrennung im April 1933 verboten, sodass mein Vater sie auszusortieren begann – um sie auf dem Dachboden zu verstecken. Dort nach etwas zu suchen war eine unangenehme Sache, gut verpackt warteten Fallada und Mann unter Staubschichten auf bessere Zeiten. In vielen Haushalten wurden in Verschlägen auf den Dachböden die Kohlenvorräte für den Winter gelagert. Kohlenhändler lieferten die Mengen an Kohlen, die man bezahlen konnte, mit Pferdefuhrwerken. In Zentnersäcken wurden sie dann abgeladen. Die Dächer hatten zumeist eine Luke, über der an einem Haken ein Rad angebracht war. Mit einem Tau konnten so die Kohlensäcke bis unters Dach gehievt werden. Hüsern nannte man dieses Verfahren in Hamburg. Vorbild waren vermutlich die Speicher im Hafen.

Noch 1934 trat eine neue Frau in das Leben meines Vaters: Lizzy von Goedelt war drei Jahre jünger als er und stammte aus einer wohlhabenden hanseatischen Familie. Sie bewohnte im südlichen Stadtgebiet in Hamburg-Hamm eine Mehrzimmerwohnung. Hier, in einer großen Wohnanlage mit typisch norddeutschen Backsteingebäuden, lebten vornehmere Leute des sogenannten Mittelstands. Balkon, große Küche, Badezimmer, Schlafzimmer, Wohnzimmer – insgesamt 5 große Zimmer gab es – und sogar eine Müllschluckanlage. Klappe auf, den Müll hinein, die Klappe zu, und weg war der Müll. Ja, und das Radio: So etwas hatte ich noch nie gesehen. Es war ein sehr großer Kasten mit einer Skala, auf der man viele Sender im In- und Ausland ansteuern konnte. «Rundfunkapparat» nannte das der Stiefonkel. Dagegen sah unser «Volksempfänger» mickrig aus.

Meine Mutter hatte später übrigens auch ein solches imposantes Gerät. Als ich sie gerade am Nagelsweg besuchte, kamen zwei Männer und brachten es ihr. «Keinem davon erzählen», sagte meine Mutter, «wir können jetzt auch Radio Moskau hören.»

«Das haben ihnen bestimmt die illegalen KPD-Genossen gebracht», sagte mein Bruder Hermann. Ich glaubte das auch, aber natürlich wusste ich es nicht genau.

Lizzys Vater war Großhändler und zuletzt als Honorarkonsul in Daressalam in der ehemaligen deutschen Kolonie Ostafrika tätig gewesen, heute Tansania. Lizzys ältere Schwester Käthe war ebenfalls wohlhabend und unterstützte uns später gelegentlich mit kleineren Geldbeträgen. Der alte von Goedelt mochte uns nicht so gern, wir seien «nicht standesgemäß», ließ er beiläufig fallen. Aber sein Auto, ein großer, neuer Opel 6, machte großen Eindruck auf mich – sechs Zylinder, 36 PS, 100 km/h Spitze! Gelegentlich durften wir mitfahren.

Lizzy sah aus wie eine «arische» Vorzeigefrau der NS-Propaganda: hellblond, schlank, hochgewachsen, ein wenig wie später Marilyn Monroe. Und sie verehrte Adolf Hitler! Ich weiß bis heute nicht, wie mein Vater es mit ihr aushalten konnte, beide trennten politisch und gesellschaftlich Welten. Doch offenbar zogen sich diese Gegensätze an. Politisch gerieten sie freilich oft aneinander. Lizzy versuchte, meinen Vater von der NS-Ideologie zu überzeugen, war aber politisch überhaupt nicht geschult. Sie plapperte naiv die offizielle Nazi-Propaganda nach. Ich glaube, er nahm ihre gelegentlichen politischen Exkursionen nicht allzu ernst. Mit uns Kindern gab sich Lizzy anfangs sehr viel Mühe. Doch wir machten es ihr nicht leicht; wir hingen einfach sehr an unserer leiblichen Mutter. Vor allem Hermann verweigerte sich Lizzys Werben stoisch. Nie nannte er sie Mama oder Mutti, was sie sich doch so sehr wünschte. Für ihn blieb sie stets «Tante Lizzy».

Weil sie mit der Situation, plötzlich Mutter eines sechs- und eines achtjährigen Jungen zu sein, schlicht überfordert war, reagierte sie dann oft gereizt und ungeduldig. Mitunter schlug sie uns auch. Sie versprach Hermann, sobald er zehn Jahre alt sei, dürfe er sich in der Hitlerjugend anmelden. Umgehend legte mein Vater sein Veto ein. «Dazu wird es nicht kommen», sagte er, «meine Jungen treten diesem Verein nicht bei.»

Glücklicherweise war die Mitgliedschaft noch freiwillig, und wir waren ohnehin noch zu jung.

Den Tag über wurde ich im «Kinderheim» abgegeben; Hermann war ja bereits ein Schulkind. Hintergrund war, dass «Alleinerziehende» wie mein Vater ihre Kinder tagsüber in eine evangelische «Kinderbewahranstalt» in der Friedenstraße in Eilbek bringen konnten, vorausgesetzt, sie waren bedürftig. Das kostete wenig, oft war es auch vollkommen kostenfrei. Und das Heim in der Friedenstraße war gar nicht so weit weg von unserem Zuhause.

Ich hasste die Tage dort, vor allem der Kommandoton der Schwestern in ihren Trachten passte mir nicht. Als besonders schlimm empfand ich es, dass wir Kinder nach dem Mittagessen in einer großen Halle in Reih und Glied auf Feldbetten liegend Mittagsschlaf halten mussten. Ich war überhaupt nicht müde, so beschimpfte ich die Kindergärtnerinnen. Abends wurde ich zumeist von Lizzy abgeholt. Ich war froh, als ich später alt genug war, um den Schulhort zu besuchen.

Wenn unser neuer Opa Carl von Goedelt mit seinem großen Opel vorfuhr, war das stets eine aufregende Sache. Manchmal ging die Fahrt nur bis zur nächsten Shell-Tankstelle, wo uns dann die braun uniformierten Tankwarte empfingen. Die mussten an den Zapfsäulen befindliche Holzschwengel hin und her bewegen, so funktionierte die Benzinpumpe. Ich sah den Tankwarten in Gedanken versunken zu und träumte davon, später auch einer zu werden.

Eines warmen Spätherbsttages wurde mir die Begeisterung fürs Autofahren gründlich verleidet. Opa von Goedelt hatte uns direkt von «Kinderheim» und Schule abgeholt, im Affenzahn fuhren wir durch die Stadt in Richtung Süden bis in die Lüneburger Heide. Damals waren die Straßen ja noch nahezu verkehrsfrei. Der Opa fuhr so schnell, dass mir schlecht wurde. Lange versuchte ich, das Unvermeidliche aufzuhalten, weil ich nicht wollte, dass es heißt: «Der Junge soll nicht mehr mit Auto fahren, ihm wird dabei schlecht.» Also schluckte ich, hielt die Luft an und unterdrückte das Würgen – bis es aus mir herausbrach. Neben mir saß Tante Käte, die Schwester von Lizzy, in einem schönen geblümten Sommerkleid. Ich kotzte einmal quer über ihren Schoß, die feinen Ledersitze bekamen auch noch etwas ab. Mitleid fand ich nicht, stattdessen schimpfte das ganze Auto auf mich: «Widerliches Gör, dir müsste man gründlich den Arsch versohlen», blaffte mich Käte an.

Und Opa von Goedelt entschied: «Du ungezogenes Kind fährst in meinem Auto nicht wieder mit. Hättest du nicht vorher sagen können, dass dir übel ist?»

Tatsächlich saß ich danach nie wieder auf den feinen Ledersitzen seines schnieken Opel 6. Mir war es recht so, ich wollte gar nicht mehr mitfahren – und ich träumte auch nicht mehr davon, Tankwart zu werden.

Die damals gerade mal 21-jährige Lizzy war das, was man heute ein «Party Girl» nennen würde. Sie liebte das gesellige Leben, sah gut aus, war stets geschminkt und modisch gekleidet. Sie eröffnete meinem Vater eine völlig neue Welt, die er so bislang nicht kennengelernt hatte.

Lizzy liebte es zu tanzen. Mit dem ihr von der Schwester zugesteckten Geld ging sie mit meinem Vater von Zeit zu Zeit «op'n Swutsch», wie man in Norddeutschland sagt, tanzen also. Tanzcafés gab es in den Großen Bleichen, wie eine Straße im Passagenviertel in der Hamburger City heißt. Legendär war auch das Café Siegler am Steindamm oder das Café Heinze am Millerntor. Dort gab es Jahrzehnte vor der Disco-Welle der 70er Jahre eine beleuchtete Tanzfläche mit eingestreuten Goldblättchen. «Tanze auf Gold und Glas», hieß das Motto im Café Heinze. Es war die Swing-Hochburg in Hamburg. Der in der Schweiz geborene «Swing-König» Teddy Stauffer gastierte hier oft mit seinen «Original Teddies»; gespielt wurden Stücke von Benny Goodman – bis die Reichsmusikkammer der Nazis gegen diese «Negermusik», wie sie es nannte, Front machte.

Lizzy und Papa zogen dann stets ihre besten Sachen an – Lizzy ein Kleid, mein Vater Hemd und Hose. Lizzy schlug vor, dass Opa Schill meinem Vater einen Anzug schneiderte, doch Papa wollte das nicht. Er mochte ihn nicht fragen, schämte sich wohl etwas ob dieses Wunsches, weil es sich für einen klassenbewussten Arbeiter nicht ziemte. Doch immerhin hatte Lizzy ihm zwei Krawatten und zwei «Chemisettes» gekauft, das waren die damals sehr populären gestärkten Hemdbrüste an Frack- oder Smoking-Hemden, oft aus Papier. Ganze Oberhemden waren für uns fast unerschwinglich, doch so ein «Stückchen» Hemd reichte ja auch. Dazu gehörte ein ebenfalls weißer Pappkragen, wer darüber eine halbwegs ordentliche Jacke zog, sah wie ein vornehmer Gentleman aus. Papa musste nur aufpassen, dass ihn kein ehemaliger Genosse sah. Dann hieß es schnell: «Dor geit allwedder so'n Heini mit Slips und Krogen.»

Zu besonderen Anlässen und wenn das Geld reichte, gingen die beiden ins Tanzcafé «Haus Vaterland» am Rathausplatz, den die Nazis in Adolf-Hitler-Platz umbenannt hatten. Das «Haus Vaterland» hatte einst einen französischen Namen, der dann aus patriotischen Gründen geändert worden war. Hier spielte die «Crème» der damaligen Tanzkapellen, zum Beispiel die von Juan Llossas, Barnabás von Geczy, Arno Hülphers oder Will Glahé. Die Letzteren spielten auch oft im Warenhaus Hermann Tietz, 1935 umbenannt in Alsterhaus. Als Junge war ich begeistert von Will Glahé, vor allem von seinem unvergesslichen Meisterwerk, dem Akkordeonsolo «Tanzende Finger». Das ist noch heute ein musikalischer Meilenstein auf diesem Instrument.

Anfangs musste Lizzy meinen Vater noch etwas drängen, mit ihr tanzen zu gehen. Irgendwann fand er wohl selbst Gefallen daran. Wir bekamen dann stets Schlüssel um den Hals gehängt, waren aber bereits zu Hause, bevor die beiden losgingen. «Er ist ein toller Tänzer», sagte Lizzy zu uns.

Tango, Walzer, Fox und Quickstep – die damals populären Tänze beherrschte er schnell. Er war ein begehrter Partner, wenn der Kapellmeister «Damenwahl» ausrief. Doch Lizzy ging stets dazwischen, wenn Damen sich ihm nähern wollten – schließlich hatte sie ja das Eintrittsgeld bezahlt.

Bislang hatte sein Daseinszweck ja überwiegend darin bestanden, die bestehenden Verhältnisse zu bekämpfen, von bewaffnetem Umsturz und der Revolution zu träumen. Teil seiner

Ideologie war es gewesen, überall Bestätigungen dafür zu finden, dass das Leben ungerecht und der proletarische Umsturz überfällig sei. Bürgerliche Belustigungen hatten da eigentlich keinen Platz. Auszugehen, zu tanzen und Spaß zu haben – das passte nicht in dieses Weltbild. Zu Zeiten der Weimarer Republik, als es an Amüsiermöglichkeiten nicht mangelte, fehlte ihm das Geld. Und in der Nazi-Zeit wurde das Angebot stark eingeschränkt. Doch komischerweise entdeckte der ehemalige RFB-Straßenkämpfer ausgerechnet jetzt die angenehmen Seiten des Lebens – dank Lizzy.

Er passte sich ihrem Leben an, sie sich aber nicht dem seinen: Seine kommunistischen Freunde mochte sie nicht, schließlich verehrte Lizzy ja den Führer. Ein grundlegendes Problem hatte sie mit Papas Überzeugungen und seinem Freundeskreis aber nicht. Dafür nahm sie Politik zu oberflächlich wahr. Und das war in diesen Zeiten der Nazi-Willkür zumindest eine Möglichkeit, über die Runden zu kommen. Nicht jeder war zum Helden geboren. Hier begann bei meinem Vater eine Entwicklung, die darin mündete, dass er in der Nachkriegszeit, wenn man ihn an seine kommunistischen Ideale erinnerte, nur noch fluchte und abwinkte. Aber dazu später mehr.

Wenn auch Lizzy in ihrem Bestreben, uns für sich zu gewinnen, keine Ausdauer an den Tag legte und obgleich ihre pädagogischen Fähigkeiten begrenzt waren, so gab sie sich doch Mühe. Eines Tages schenkte sie mir ein paar schöne Filzhausschuhe mit neumodischen Stufenschnallen. Sie verlangte aber im Gegenzug, dass ich meine alten, zerfledderten Treter in den Ofen warf. Ich fing an zu weinen und zu schreien, denn ich wollte das nicht. Diese alten Schuhe waren eine Erinnerung an unser altes Familienleben, ich liebte diese ausgelatschten Puschen wie Haustiere. Sie bestand darauf, mich von ihnen trennen – vielleicht ahnte sie, warum ich so an den Dingern hing. Irgendwann warf sie die Schuhe eigenhändig in den Ofen. Ich beschimpfte sie. «Du alter Sozialfaschist», rief ich. Es war das schlimmste Schimpfwort, welches mir einfiel, in Erinnerung an die Auseinandersetzungen meines Vaters mit seinem Bruder, Onkel Walter. Ich nahm das Lizzy lange Zeit übel. In ihrem Werben um unsere Gunst setzte sie auf die Brechstange – und das führte nicht zum Erfolg.

Der verhinderte Hitlerjunge

Ostern 1935 wurde ich in die Schule Roßberg in Eilbek eingeschult. Ungewöhnlich aus heutiger Sicht, aber damals begann
das Schuljahr stets nach den Osterferien, meistens im April. Daher wurde die Schultüte in Hamburg damals auch «Ostertüte»
genannt.

Ich freute mich über eine schöne große Schultüte voll mit
Süßigkeiten, bis sich herausstellte, dass es sich um eine optische
Täuschung handelte. «Mogelpackung» würde man heute sagen:
Sie war bis zur Hälfte mit Papier ausgestopft, nur obenauf lagen
Süßigkeiten. Enttäuscht war ich aber nur einen kurzen Mo-
ment, wir waren damals bescheiden. Es kam vielleicht einmal
im Jahr vor, dass ich mir mit meinem Bruder Hermann eine
Tafel Schokolade teilen durfte. Immerhin: Als Schulanfänger
hatte ich jetzt sogar eine ganze Tafel für mich alleine! In den
Schulpausen kam oft meine Mutter vorbei und brachte mir dick
mit Wurst belegte Rundstücke. Manchmal auch noch saftige
Birnen. Mein Vater sah das nicht so gern, er unterhielt zu seiner
ehemaligen Frau und Genossin nur den nötigsten Kontakt. Er
fühlte sich durch ihren Weggang wohl auch im Stolz verletzt,
sodass er kein gutes Wort über sie verlor und auch vor uns oft
schlecht über sie sprach.

Einige Jungen in unserer Schule erschienen bereits in den
Uniformen des Jungvolks, der NS-Jugendorganisation aller
10- bis 14-Jährigen. Die komplette Uniform bestand aus dem
Braunhemd, dem dazugehörigen Halstuch, dem schwarzen
Koppelzeug mit Schulterriemen, den kurzen schwarzen Hosen

und der Schirmmütze. Erst ab 14, in der Hitlerjugend, trug man dann auch die HJ-Hakenkreuzarmbinde und ein HJ-Gebietsabzeichen über dieser Binde und dazu noch das HJ-Abzeichen, die sogenannte Pastille, weil es eine solche Form hatte.

Obwohl oder auch gerade weil ich von daheim immer wieder hörte, dass diese Organisation übel sei, weil sie die Jugend verderbe, übten die HJ-Uniformen auf mich eine Magie aus, die ich mir heute nicht mehr erklären kann. Es lag sicher auch daran, dass ich Uniformen liebte, sie erschienen mir wie ein Signum des Erwachsenseins. Wer Uniformen trug, war wichtig – und in meiner frühen Kindheit trug fast jeder eine Uniform: der Polizist, die Straßenbahnschaffnerin, die RFB-, SA- und ReichsbannerLeute, sogar die Taxifahrer und Jäger – eine ganz Nation definierte sich über Uniformen.

Und natürlich wollte ich dazugehören, zu dieser breiten Bewegung. Ich wollte kein Außenseiter sein, sondern sehnte mich nach «Normalität». Ich war ein Scheidungskind, kam aus ärmlichen, zudem kommunistischen Verhältnissen. Und ich beneidete die, bei denen scheinbar alles intakt war: das familiäre, das soziale – das ideologische Umfeld. Außerdem, so schien es mir, symbolisierte diese Uniform die Zugehörigkeit zu einer wichtigen, die Welt verändernden Bewegung. Wer eine HJ-Uniform trug, war kein kleines Kind mehr. Die Jungen, die ich in der Schule sah, wirkten auf mich schon beinahe erwachsen. Ich zollte ihnen Respekt. Und ich begann, mich insgeheim danach zu sehnen, eine solche Uniform zu tragen.

Ich war aber noch viel zu jung. Und ich wusste zudem, dass ich das meinem Vater, meiner leiblichen Mutter, Opa Schill nicht antun konnte. «Da gehst du nie hin», sagte Papa, «ich habe mich nicht jahrzehntelang mit den Nazis geprügelt, habe mich fast totschießen lassen, damit du jetzt ihre Uniform anziehst.»

Und dann fügte er etwas ruhiger hinzu: «Außerdem ist eine solche Uniform viel zu teuer.» Denn sie musste selbst bezahlt werden.

Anfang Juni 1935 schrie mein Vater beim Lesen der «Hamburger Nachrichten» auf. «Diese Verbrecher …», stammelte er leise vor sich hin und biss sich auf die Lippen.

Fiete Schulz war am 6. Juni im Hof des Hamburger Untersuchungsgefängnisses hingerichtet worden – enthauptet mit dem Handbeil. Weltweite Proteste – unter anderem von Albert Einstein, Heinrich Mann und Maxim Gorki – hatten nichts bewirkt. «Sie werden sie alle umbringen, du wirst es sehen», sagte meine Mutter.

Sie gestand mir später, es sei für sie wie ein Schlag in den Magen gewesen. Für sie stand von da an fest, dass Etkar André dasselbe Schicksal drohte. Die Nazis kannten keine Gnade mit ihren aktiven Gegnern.

Weihnachten 1935 stand vor der Tür. Im Kinderhort wurden Krippenspiele aufgeführt. Die Kinder wurden verkleidet als Maria und Josef, als Heilige Drei Könige, als Hirten. Einige mussten die Tiere darstellen, die sich in Bethlehems Stall um die Krippe scharten, in der eine Puppe lag – das Jesuskind. Immer zwei Kindern wurden Felle und Tiermasken übergezogen. Die stellten dann Ochse, Esel, Schafe und Ziegen dar. Ich weigerte mich, eines dieser Säugetiere darzustellen, denn ich wollte nicht auf allen vieren laufen. «Was willst du denn dann spielen, Günter?», fragte mich die Erzieherin freundlich. «Die Rollen als Josef und die der Hirten sind ja schon vergeben.»

«Ich will einen Pinguin spielen», gab ich zur Antwort.

Sie lachte und sagte: «Das ist doch Blödsinn, im Heiligen Land gibt es keine Pinguine.»

Ich war aber bockig, zeterte, weinte und nannte sie schließlich sogar «Sozialfaschistin».

Ich hatte es richtig böse gemeint und war überrascht, dass die Erzieherin jetzt immer noch lachte – und schließlich nachgab: «Gut, dann spielt unser Günter einen Pinguin», sagte sie.

Eigens für mich wurde ein Pinguinkostüm angefertigt. Es war vermutlich das weltweit einzige Krippenspiel, in dem neben der Heiligen Familie etwas abseits ein Pinguin mit herunterhängenden Flügeln stand. Als dann am Tag der Aufführung die Erwachsenen eingelassen wurden, mussten sie laut loslachen, als sie mich so da stehen sahen; der Auftritt begann mit kleiner Verspätung.

Aber anscheinend gefiel diese mutige und «moderne» Inszenierung den Zuschauern, sodass im Jahr darauf von den Eltern schon im Vorfeld die ersten Anfragen kamen: «Ist denn auch der lustige Pinguin wieder dabei?»

Der Erzieherin blieb gar nichts anderes übrig, als den Pinguin zur Dauereinrichtung zu machen. Bis zu meinem zehnten Lebensjahr war ich für alle «Günter, der Pinguin».

Dieses Mal gab es zu Hause keinen Streit um den Weihnachtsbaum. Jetzt hatte unser Weihnachtsbaum zusätzlich zu Lametta und Kerzen auch noch Schokokringel und bunte Kugeln. Und im Backofen schmorte eine fette Gans. Mein Vater ließ alles geschehen.

Lizzy hatte auch die Geschenke besorgt. Ich durfte ihr dabei assistieren, wurde aber, während sie bei Karstadt unsere Geschenke kaufte, auf dem nahen Pferdemarkt «zwischengeparkt», dem heutigen Gerhart-Hauptmann-Platz. Und da sah ich «Oskar», eine Hamburger Legende. Ein Original, das eigentlich Fritz Krüger hieß und mit witzigen und sarkastischen Sprüchen seine Waren feilbot. Er war der «König der Straßenhändler», so wurde

«Oskar» vom Pferdemarkt, der «König der Straßenhändler» bei der Arbeit.

er im Volk genannt. Zum Sammelsurium des damals 33-Jährigen gehörten kleine Püppchen, Feuerzeuge, kleine Autos, Feuersteine, Krawatten und Gürtel. Die meisten Leute wollten vor allem seinen Sprüchen lauschen und amüsierten sich köstlich. Er war das, was man heute einen «Stand-up-Comedian» nennt, spontan und schlagfertig reagierte er auf sein «Publikum». Wenn die Leute nichts kauften, sagte er zum Beispiel: «Leute, steht hier nicht nur so rum, sondern kauft etwas, ich habe es nämlich nicht nötig, hier zu stehen …» Nach einer Kunstpause folgte dann: «… ich kann auch da drüben stehen!»

Dazu diese ulkige Figur – Hosenträger über dem Hemd, den Hut keck im Nacken, das wirkte schon komisch. Wir Kinder liebten ihn, die Großen natürlich auch. In Hamburg und Umgebung ist «frech wie Oskar» bis heute ein geflügeltes Wort.

Die Umgangssprache hat diesem Mann ein Denkmal gesetzt.

Manche Quellen behaupten allerdings, diese Phrase beziehe sich auf den Literaturkritiker Oscar Blumenthal oder auf Oscar Seifert, «Seiferts Oscar» genannt, ein Leipziger Pendant zum Hamburger Oskar, der mit sächsischem Wortwitz für sein Karussell auf dem Jahrmarkt warb.

Für uns Jungen gab es zur Bescherung also die große Politik in der Spielvariante: Es wurde aufgerüstet. Ich bekam einen funkensprühenden Blechpanzer der Marke Gama zum Aufziehen. Hermann bekam passend dazu eine Armee von Elastolin-Soldaten. Das waren Figuren, die anders als Blei- oder Zinnsoldaten sehr realistisch aussahen und aus einer Art gehärteter Pappmasse mit einem Drahtkern hergestellt worden waren. Sie waren bunt lackiert, sahen schön aus, durften aber nicht nass werden, denn dann zerfielen sie. Es gab einen, der am Maschinengewehr kniete, es gab Wehrmachtssoldaten mit geschulterten Gewehren im Paradeschritt und sogar einen mit einem Flammenwerfer. Eine Gruppe von Soldaten nahm ich eines Nachts mit ins Bett; bevor ich eindöste, spielte ich mit ihnen. Ein Hauptmann fiel des Nachts aus dem Bett in den darunterstehenden, gefüllten Nachttopf – es war das Todesurteil für den wackeren Krieger! Am nächsten Morgen sah ich das matschige braune Häuflein Elend, in welches sich dieser stolze und farbenfrohe Offizier verwandelt hatte. Ich fischte die Reste der Figur aus dem Nachttopf und zeigte sie meinen Freunden auf dem Hof. Wir begruben den breiigen Haufen mit dem Drahtskelett in einer Ecke und sangen dazu im Chor: «Ich hatt' einen Kameraden …»

Ab Weihnachten 1935 befanden wir Kinder uns also mental bereits im Krieg. Etwas enttäuscht war ich aber schon, denn am liebsten hätte ich eine Jungvolk-Uniform bekommen, auch wenn ich der Organisation noch nicht beitreten durfte. Stattdessen gab es zusätzlich zu meinem Panzer noch einen der damals so populären Matrosenanzüge – mit schwarzem Halsknoten und Mütze mit Schleife. Auf der Schleife stand «Kriegsmarine». Solche Anzüge waren im ganzen Reich sehr beliebt, vor allem natürlich in der Hafenstadt Hamburg. Durch das deutsch-britische Flottenabkommen vom Juni 1935 war es dem Deutschen Reich jetzt erlaubt, entgegen den Bestimmungen des Versailler Vertrages seine Flotte auf 35 Prozent der Stärke der britischen Royal Navy auszubauen. Für die Hamburger Werften bedeutete das volle Auftragsbücher. Überall in den Werften wurden Zerstörer, Kreuzer und Schlachtschiffe gebaut. Und wer an den Landungsbrücken stand, vernahm von der anderen Elbseite ein permanentes Hämmern, Klopfen, Rattern. Es war der Sound der Vorkriegszeit, der Hamburg erfüllte. Er verhieß zunächst einmal Arbeit, und niemand ahnte die Gefahr des heraufziehenden wirklichen Krieges. Und die Hamburger Kinder steckte man aus Dankbarkeit für die Vollbeschäftigung in Matrosenanzüge.

Doch ich mochte diesen Aufzug nicht, ich fand diesen Anzug kitschig und nicht zeitgemäß. So etwas hatten Kinder schon in der Kaiserzeit angezogen. Außerdem war es nicht die Uniform, von der ich träumte. Und vor meinen Kameraden konnte ich mit diesem Kinderkram keinen Eindruck schinden.

Mein Vater schenkte Lizzy eine Flasche Parfüm, Lizzy schenkte meinem Vater ein kleines Päckchen. Als er das Geschenkpapier entfernt hatte, kam ein Buch zum Vorschein: Es war Adolf Hitlers «Mein Kampf» in einer Volksausgabe. Mein Vater hatte viel Geduld gezeigt, hatte gegen sein proletarisches Gewissen Weihnachtskitsch und Baum akzeptiert. Doch als Dank für so viel Großmut jetzt auch noch mit Hitlers Machwerk beschenkt zu werden, das war ihm dann doch zu viel. Mit einem Fluch warf er das Buch in die Küchenecke. Er war stinksauer. Er steckte sich eine Zigarette an und wollte das Fest beenden. Lizzy hatte mit vielem gerechnet, nicht aber mit dieser Reaktion. Sie ging zu ihm, nahm ihn in den Arm und sagte: «Es tut mir leid, Hermann. Ich wusste sonst nicht, was ich dir schenken soll …»

Dann warf sie das Buch eigenhändig in den Ofen: «Ist es gut so?», fragte sie und lächelte dabei versöhnlich.

Mein Vater war wieder versöhnt, zumal Lizzy noch ein weiteres Geschenk hervorzauberte: Für den ersten Weihnachtsfeiertag hatte sie Karten für das «Hansa-Theater» besorgt, der berühmte Clown Charlie Rivel gastierte in der Stadt.

Dann kam unerwarteter Besuch: Irmgard, die Freundin und Genossin meiner Mutter. Mein Vater war skeptisch – was wollte die Freundin seiner «Ex» von uns? Sie überspielte den unterkühlten Empfang, umarmte ihn freundlich, sagte: «Rot Front, Hermann, hier ist ein kleines Geschenk für euch …»

In dem Päckchen waren Nüsse, Marzipanbrote, eine Schachtel Zigaretten und ein Buch. Von Büchern hatte mein Vater an diesem Tag eigentlich die Nase voll. «Ein silberner Engel ist dieses Mal nicht dabei, dafür aber ein Buch von Friedrich Engels und Karl Marx», sagte sie.

Mein Vater lächelte, bedankte sich – der Weihnachtsfrieden war wiederhergestellt. Er las die ersten Zeilen laut vor: «Ein Gespenst geht um in Europa …», dann schlug er es zu, sagte: «Und im Deutschen Reich hat es längst die Macht übernommen.»

Irmgard lachte, richtete Grüße von Lieschen aus und sagte: «Hermann, sei doch nicht mehr so böse. Irgendwie gehören wir doch alle zu einer Familie, weltanschaulich zumindest, oder?»

Das tat ihm sichtlich gut, zufrieden brachte er Irmgard zur Tür.

Auch der Bruder meines Vaters besuchte uns am ersten Weihnachtstag. Dieses Mal stritten mein Vater und Onkel Walter nicht. Sie waren überhaupt recht wortkarg. Beim Abschied sagte

Walter: «Na dann tschüs, Hermann, nimm es nicht so schwer. Unsere Zeit kommt noch!»

Nach der für mich etwas enttäuschenden Weihnachtsbescherung nahm ich mir vor, das neue Jahr mit einer «Mission» zu beginnen. Ich wollte endlich selbst aktiv werden – was die Erfüllung meines Wunsches betraf, ein Pimpf zu werden. An einem kalten Januartag lief ich nach der Schule auf eigene Faust zur nächstgelegenen Dienststelle der NSDAP-Ortsgruppe «Auen» unseres Kreises Eilbek-Hamm in der Papenstraße 11 und fragte den Diensthabenden dort: «Was muss ich tun, um ein Pimpf zu werden? Ich möchte auch gern so eine Uniform haben.»

Neugierig, was dieser Dreikäsehoch da von ihnen wolle, kamen zwei weitere Uniformierte hinzu und fragten mich, wie alt ich denn sei. «Im nächsten Jahr werde ich neun», antwortete ich stolz.

Es gab ein großes Gelächter, und einer der Männer sagte: «Da komm mal in zwei Jahren wieder. Erst mit zehn kannst du Mitglied im Jungvolk werden.»

Ein wenig schämte ich mich, so ausgelacht zu werden. Aber jetzt wusste ich endlich, was zu tun war: geduldig warten, bis ich alt genug war.

Es war eine Zeit wirtschaftlichen Aufschwungs, das war überall spürbar. Viele Menschen, die zuvor arbeitslos gewesen waren, fanden eine neue Beschäftigung. Nur an uns ging dieser Wohlstandsschub der ersten Hitler-Jahre vorbei. Mein Vater versuchte alles, um eine neue, höher qualifizierte Anstellung zu finden. Immerhin war er ja im Besitz eines Kaufmannsgehilfenbriefs. Er wurde aber überall abgewiesen. So musste er sich weiter als Hilfsarbeiter verdingen. Für uns hieß das: sparen und den Gürtel enger schnallen. Das fiel vor allem Lizzy schwer. Hätte uns ihre Schwester nicht gelegentlich unterstützt, dann hätte es wohl noch schlechter ausgesehen. Wenn wir abends vom Spielen bei Freunden nach Hause kamen, kontrollierte unser Vater die Kleidung, besonders die Schuhe. Meistens sahen sie schlimm aus. Papa flickte schadhafte Stellen stets selber. Für die Anschaffung neuer Schuhe hatten wir einfach das Geld nicht. Also zog Vater die löchrigen Dinger über einen eisernen Dreifuß, um die Sohlen zu reparieren. So einen Dreifuß gab es damals in vielen Haushalten, er war so unentbehrlich wie das Stopfei, jener ovale Holzkörper, über den man Socken zog, um Löcher zuzunähen. Der Dreifuß war aus Gusseisen, hatte Rundungen für Damen- und Herrensohlen und ein Formstück für Hacken. Zog man die Schuhe darüber, konnte man leicht kleine Nägel zur Befestigung der losen Sohle einschlagen.

Das Interesse meines Vaters an Politik sank weiter, er zog sich in eine Art innere Emigration zurück. Hitler eilte von einem politischen Triumph zum nächsten. 1935 zog die Wehrmacht ins entmilitarisierte Rheinland ein; die Saar «kehrte heim», wie es hieß, wurde also wieder ein voll integrierter Bestandteil des Deutschen Reiches. Ein Jahr später feierte die Welt in Hitlers gleichgeschalteter Diktatur die Olympischen Sommerspiele, selbst die amerikanischen Sportler marschierten an der Ehrenloge mit gestrecktem rechtem Arm vorbei, grüßten Hitler also mit dem «deutschen Gruß», wie das jetzt hieß. Kurze Zeit arbeitete mein Vater auf einer Baustelle der Reichsautobahn A1, deren Streckenabschnitt von Bremen nach Hamburg im Juli 1936 fertiggestellt wurde.

Helmut Kruschak, der neue Mann meiner Mutter – Stichwort Goldzahn und Haudrauf vom RFB – schuftete am «Westwall» mit. 1936 wurde dieses gigantische Bauwerk begonnen, gepriesen als unüberwindlicher Wall, um das Reich an seiner Westgrenze vor Angriffen zu schützen. Es war paradox, dass die ehemaligen Kommunisten jetzt Hitlers wahnwitzige Aufrüstungspläne ausführen mussten. Die Arbeit war körperlich anstrengend, schlecht bezahlt und schwer. Ein Slogan der damaligen Zeit hieß: «Mit der Schaufel in die Sande!» Der Reichsarbeitsdienst, eine paramilitärisch ausgerichtete Armee von Spatenträgern, musste die großspurigen Pläne umsetzen. Ab Juni 1935 hatte dort jeder junge Mann eine sechsmonatige Dienstzeit zu absolvieren. «Reichsarbeitsführer» Konstantin Hierl, der Chef dieser waffenlosen Armee, beschrieb seinen Spatensoldaten so: «Dieser von uns geschmiedete Typ des Arbeitsmannes ist das Ergebnis einer Verschmelzung von den drei Grundelementen: des Soldatentums, Bauerntums und Arbeitertums.»

Diese uniformierten Männer waren von vornherein als Bereitstellungsreserve für die spätere militärische Ausbildung gedacht. Gezahlt wurden ihnen symbolische 25 Pfennig «Reichsverdienst». Es war also eine Art Sklavenarmee, die zum Beispiel auch zum Trockenlegen von Mooren eingesetzt wurde. Im Emsland wurden so auch Häftlinge aus dem berüchtigten Konzentrationslager Börgermoor unweit der niedersächsischen Stadt Papenburg zur Zwangsarbeit beim Torfstechen eingesetzt. Sie sangen das Lied von den «Moorsoldaten», das später zum Kanon kommunistischen Liedguts gehörte und selbst den SS-Bewachern wegen seiner Schwere und Melancholie Respekt einflößte.

Kurz bevor die Welt in Berlin das Sportfest der Superlative feierte, am 11. Juli 1936, meldete das «Hamburger Fremdenblatt», eine der zwei mittlerweile gleichgeschalteten Tageszeitungen der Hansestadt, dass Etkar André zum Tode verurteilt worden war. Ihm wurden verschiedene Morde an SA-Männern zur Last gelegt, einen Beweis dafür lieferten die Ankläger nie. Vier Monate

Opfer der NS-Willkür: Ernst Thälmann (2. v. l.), daneben Etkar André,
hier bei einem Aufmarsch in Hamburg.

später, am 4. November, wurde er um sechs Uhr morgens mit
einem Handbeil im Untersuchungsgefängnis Holstenglacis unter Leitung des Generalstaatsanwaltes Dr. Drescher hingerichtet.
Für den Scharfrichter Gröpler aus Magdeburg war es die letzte
Hinrichtung auf diese archaische und barbarische Weise, später
nutzten die Nazis die Guillotine. Sie steht heute noch im Krimi-
nalmuseum im Stadthaus am Neuen Wall.

Man hatte Etkar André die Hände gefesselt, band ihn an
ein Brett, welches dann in die Waagerechte gekippt wurde. Vor
ihm stand ein Korb mit Sägespänen. «Ich will keine Gnade, als
Kämpfer habe ich gelebt, und als Kämpfer werde ich sterben.
Es lebe der Kommunismus», sollen seine letzten Worte gewesen
sein, wie es in einer von der Hamburger Landeszentrale für po-

litische Bildung herausgegebenen Biographie von Erika Dragees heißt. Überliefert ist, dass Etkar André niemanden verriet und jedes Angebot einer Kooperation ausgeschlagen hat.

Europaweit gab es viel Anteilnahme für André, der nicht im Ruf stand, ein roter Bonze zu sein, sondern als aufrechter und mutiger Mensch respektiert und verehrt wurde. Die Gestapo ordnete an, ihn «in aller Stille und unter strenger Verschwiegenheit» auf dem Friedhof Ohlsdorf zu bestatten. Seine Lebensgefährtin Martha Berg, die sich längst Berg-André nannte, erfuhr im Pariser Exil von der Hinrichtung ihres Freundes.

Als meine Mutter die kurze Meldung im «Hamburger Fremdenblatt» über Andrés Hinrichtung las, erlitt sie einen Nervenzusammenbruch. «Diese gnadenlosen, bösartigen Mörder», schluchzte sie.

«Ich hasse die Nazis», stammelte sie immer wieder. Zu Opa Schill, ihrem Vater, sagte sie: «Etkar werde ich immer die Treue halten. Er lebt weiter in meinem Herzen.»

Der Prozess gegen Ernst Thälmann ließ lange auf sich warten – und fand am Ende nicht statt. Goebbels hatte davon abgeraten. Die Erfahrungen mit dem bulgarischen Kommunistenführer Georgi Dimitroff, der als Angeklagter im Reichstagsbrand-Prozess die Nazis und namentlich Göring vor Gericht schwer in Bedrängnis gebracht hatte, zeigten Wirkung. Man wollte eine weitere Propagandaniederlage vermeiden. Thälmann war längst kein Untersuchungshäftling mehr, sondern «Schutzhaftbefohlener», was seine Lage nicht verbesserte. Wie bereits erwähnt war es seine 1890 in Bargfeld bei Hamburg geborene Frau Rosa, die ihm während seiner langen Haftzeit die Treue hielt und ihn zwei Mal im Monat besuchte, von 1933 bis 1937 in Berlin-Moabit, bis 1943 in Hannover. Als Thälmann anschließend in die Haftanstalt Bautzen überführt wurde, war es Rosa und ihrer Tochter

Irma bereits verwehrt, ihn zu besuchen. Denn längst waren sie selbst zu Inhaftierten des NS-Regimes geworden. Im August 1944, wenige Wochen nach dem Attentat vom 20. Juli, richteten die Nazis, auf persönlichen Befehl Hitlers, Thälmann hin. Der KPD-Chef war in der Haft vereinsamt, er fühlte sich von seinen Genossen im Stich gelassen, zeigte sich irritiert ob der Wirren um Stalins Schauprozesse, denen viele seiner Freunde zum Opfer fielen, sowie des Hitler-Stalin-Pakts.

Wir machten uns nach Etkar Andrés Tod große Sorgen um unsere Mutter. Sie weinte tagelang und beruhigte sich erst nach geraumer Zeit. Immer wenn wir sie besuchten, rezitierte sie leise vor sich hin: «Haltet festen Schritt, Genossen, mit der Fahne rot ...», ein Lied, das damals oft gesungen wurde. Sie murmelte das vor sich hin wie ein Mantra, einen heiligen Vers. Selbst als ich dann im Jungvolk war, sang auch ich das manchmal still vor mich hin, wenn ich in meiner Uniform von den Nachmittagen nach Haus kam.

Lag es an den schwierigen politischen oder den chaotischen familiären Verhältnissen, dass ich in der Schule akute Probleme bekam? Ich weiß es nicht. Jedenfalls lebte ich in meiner eigenen kleinen Welt, verlor mich oft hoffnungslos in meinen Phantasien und brachte, anders als mein fünfzehn Monate älterer Bruder Hermann, schlechte Noten nach Hause. Ich träumte noch immer davon, zum Jungvolk zu gehören, und bewies im normalen Schulalltag doch keine der vom NS-Nachwuchs geforderten Tugenden. Ich fand es überflüssig, aufstehen zu müssen, wenn der Lehrer die Klasse betrat. Und ebenso dass wir uns nur auf Kommando setzen durften. Das erinnerte mich an das Dressieren von Hunden, hatte aber mit dem von meiner Mutter so ersehnten neuen, freien, sozialistischen Menschen nichts zu tun. Mein

Lehrer war Reserveoffizier, ein ehemaliger Hauptmann, der noch im Weltkrieg gekämpft hatte. Seine Anordnungen teilte er uns im leicht schnarrenden Kasernenton mit. Die Klassenlehrerin meines Bruders war eine pummelige, ältliche Dame, die sich Fräulein nennen ließ. «Was unterscheidet denn ein Fräulein von einer Frau?», fragte ich Lizzy.

Und bekam zur Antwort: «Sie ist nicht verheiratet, da sagt man das eben so ...»

«Ach so», entgegnete ich, «dann ist Onkel Walter ein Herrlein ...»

Ich solle nicht solchen Blödsinn reden, bekam ich zur Antwort, konnte mir aber keinen Reim darauf machen.

Meine Lieblingsfächer waren Musik, Geographie und Geschichte. Meine Rechtschreibfähigkeiten wurden mit «genügend» beurteilt, mein mathematisches Verständnis war lediglich ausreichend. «Wenn man erfolgreich werden will, muss man gut rechnen können», belehrte mich meine Tante Olga, die am Nagelsweg einen Gemüseladen betrieb.

«Ich will aber ein Künstler werden», entgegnete ich, und machte dabei eine ausholende Verbeugung: «Ich bin der große Goschoi.»

Das war ein Name, den ich mir ausgedacht hatte. Unter diesem wollte ich einmal als Künstler auftreten. «Und was hilft es mir da, wenn ich auf der Bühne stehe und ins Publikum rufe: ‹38 plus 38 ist 76›?»

Ganz schlimm fand ich es, wenn uns der Mathelehrer Herr Morike einen Zettel mit Aufgaben gab und dann «Anfangen!» rief. Wir mussten dann die Ergebnisse ausrechnen. Wer fertig war, ging zum Lehrerpult, um sein Heft abzugeben. Ich hasste diese Art von Wettrechnen und machte gar nichts. Dafür bekam ich oft genug einen Tadel mit Eintrag ins Klassenbuch und zudem drei Stockschläge auf den Hintern. «Körperstrafe» war an deutschen Schulen damals verbreitet und sogar bis 1973 in Deutschland noch offiziell erlaubt.

Während ich die Schläge empfing, wir waren reine Jungenklassen, feixten meine Klassenkameraden, was mich zusätzlich wurmte. Ich sann auf Rache. Zwei Tage später, Literatur stand auf dem Stundenplan, kam die Gelegenheit, mich beim Lehrer zu revanchieren. Ich liebte die klassischen Gedichte, Schillers «Bürgschaft» oder Goethes «Erlkönig», die ich problemlos auswendig gelernt hatte. Lehrer Morike, der auch Literatur unterrichtete, fragte uns, wer ein klassisches Gedicht aufsagen könnte. Ich meldete mich, denn ich hatte Ludwig Uhlands «Die schwäbische Kunde» etwas variiert, mit einigen spöttischen Anspielungen auf den Lehrer Morike bereichert. Es begann in etwa so: «Als Kaiser Rotbart lobesam besoffen aus der Kneipe kam, da lief er, nein, er schwankte sehr, die Hamburger Straße hin und her. Und als es ihn in seine Schule zog, ein Stein auf seine Glatze flog ...»

Dem Lehrer gefiel das gar nicht, er verließ pikiert das Klassenzimmer, nicht ohne uns vorher noch ein Thema für einen Aufsatz zu nennen, den wir zu Hause schreiben sollten. Obwohl die ganze Klasse bestraft wurde, gab es großes Gelächter, und ich wurde für den Spaß gefeiert.

Am nächsten Tag ging ich zum Lehrer und entschuldigte mich, was mir mein Vater zu Hause nahegelegt hatte: «Herr Morike, es tut mir leid, dass ich Sie verspottet habe. Es kommt bestimmt nicht wieder vor», rang ich mir mit gesenktem Blick ab.

«Ist gut, mein Junge», sagte er.

Was mein Verhältnis zu Zahlen, Algebra und Geometrie aber nicht nachhaltig verbesserte. Ich beobachtete im Unterricht auch weiterhin lieber die Vögel draußen auf dem Baum als das Geschehen an der Tafel. Irgendwann gegen Ende 1937, ich war in der vierten Klasse, erhielt ich einen «blauen Brief» an meinen Vater, worin stand, meine Leistungen ließen derart zu wünschen übrig, dass die Versetzung ins nächste Schuljahr gefährdet sei – falls keine Besserung eintrete. «So, nun wirst du wohl backenbleiben», sagte mein Vater lediglich.

Wobei mit «backenbleiben» in Hamburg das Sitzenbleiben gemeint war. Das wollte ich auf keinen Fall. Denn es war ein beschämender Vorgang, wenn der Großteil der Mitschüler zum Jahresbeginn in den Klassenraum für die nächsthöhere Klasse wechseln durfte, während man selbst sitzenblieb und das ganze Programm noch einmal absolvieren musste. Ich begann zu büffeln und wurde am Ende des Schuljahres der zweitbeste Schüler der Klasse.

Mich ärgerte, dass einige der Schüler bereits Füllfederhalter benutzten, während ich noch einen Holzfederhalter, auf der eine kleine Metallspitze steckte, in ein Tintenfass tauchen musste, welches in unsere Schulbänke eingearbeitet worden war. Man musste höllisch aufpassen, damit es auf dem Blatt keine Tintenflecken gab. Doch mein Vater hatte für Füllfederhalter, die ziemlich teuer waren, kein Geld. Allein ein Schulranzen, in Hamburg nannten wir ihn Ränzel, kostete viel Geld. Es gab unterschiedliche Modelle, für Mädchen und für Jungen. Sie alle waren aus Leder und wurden geschultert, wie heute auch. Erst ab dem sechsten Schuljahr trug man die «Aktenmappe», eine große Ledertasche mit einem Tragegriff.

Da sich meine Leistungen verbesserten, wurde mir die Oberschulreife attestiert, doch mein Vater lehnte es ab, mich auf eine höhere Schule zu schicken, weil das wiederum mit hohen Kosten verbunden gewesen wäre. «Ich habe auch keine Oberschule besucht», begründete er.

Und ich verkniff mir in diesem Moment den Satz, der mir auf den Lippen lag: «… deshalb ist aus dir auch nichts geworden.»

Ich hätte gern eine höhere Schule besucht, beugte mich aber seinem Wunsch – das Argument mit dem fehlenden Geld leuchtete sogar mir ein.

Hamburg veränderte sich rasant, vor allem seit 1937: Das «Groß-hamburg-Gesetz» trat in Kraft, eine gewaltige Gebietsreform. Die nahe bei Hamburg liegenden Städte Altona, Harburg und Wandsbek wurden eingemeindet. Dafür mussten weiter entfernt liegende Orte und weitab gelegene Landstriche wie zum Beispiel Cuxhaven, Geesthacht, die Walddörfer, Wohldorf-Ohlstedt und Großhansdorf abgegeben werden. Nicht jeder war mit der Neuordnung einverstanden.

Auf den Straßen ging es noch ruhig zu, was den Verkehr betraf. Sie gehörten uns Kindern. Wir spielten «Treibball»: Man warf sich gegenseitig den Ball zu und konnte dann entweder vorwärts- oder zurücklaufen. Nur selten musste einer rufen: «Vorsicht, dahinten kommt ein Auto.»

Das war sogar jedes Mal ein Ereignis, denn nur reiche Leute konnten sich so ein Fahrzeug leisten. Wir wurden zu Experten im Identifizieren der Automarken. Wir kannten die Unterschiede zwischen dem brandneuen Opel Admiral, dem Ford V8 oder dem großen Mercedes-Benz 200 Cabriolet. Und es gab noch die kleinen Motorlieferwagen mit einer Ladefläche der Firma Hanomag aus Hannover oder die Goliath-Dreiräder. Über den Hanomag spottete der Volksmund: «Fünf Kilo Blech, ein Kilo Lack, fertig ist der Hanomag.» In den meisten Fällen wurden Waren aber in Pferdefuhrwerken transportiert.

1938 gab es bei der Elektrischen Stadt- und Vorortbahn, die wir S-Bahn nannten, moderne, schnittige Züge, die an der Front einen Hoheitsadler mit Hakenkreuz trugen. Zur Deutschen Reichsbahn gehörig, wurden sie mit Unterwerken ausgestaltet und auf Gleichstrom umgestellt. Nun hatten die Züge keine elektrischen Stromabnehmer mehr auf dem Dach, sondern nahmen die Energie entlang der Schienen auf. Sie hatten zudem Schiebetüren, die Bahnsteige wurden angehoben, sodass das lästige Stufensteigen in die Bahn wegfiel. Ich freute mich auf dieses Jahr 1938 – nicht der vielen Neuerungen wegen, sondern weil ich endlich ein Pimpf werden konnte, denn im Herbst würde ich zehn Jahre alt werden.

In der Schule und im Hort wurde uns beigebracht, stolz zu sein – stolz auf diese Zeit, stolz auf dieses Land. Natürlich auch stolz auf den «Führer». Und die politische Entwicklung schien den regierenden Nazis recht zu geben. Nach dem das Saar- und das entmilitarisierte Rheinland «heim ins Reich» geholt worden waren, wie es hieß, wurde im März 1938 Österreich, «die Ostmark», annektiert. Einige Monate später das Sudetenland, der überwiegend deutsch besiedelte Teil der Tschechoslowakei sowie das Hultschiner Ländchen. Wir Kinder sangen mit Begeisterung das Sudetenlied und fertigten im Hort Wandkarten an, auf denen die neue Ausdehnung des plötzlich enorm aufgeblähten Deutschen Reiches zu sehen war. Wir sollten mit dem Kartenschneiden gar nicht mehr nachkommen, das Memelgebiet folgte nur Monate später. Und weil das alles ohne Kriege geschah, feierten die Menschen die Nazis – meine Stiefmutter Lizzy immer mittenmang. «Das Memelland ist urdeutsch, denn der Memelländer Dichter Simon Dach hat ‹Ännchen von Tharau› geschrieben», so Lizzy in einem ihrer politischen Exkurse über ein damals sehr bekanntes und verbreitetes Volkslied.

«Es heißt ja auch im Deutschlandlied ‹Von der Maas bis an die Memel›», schob sie noch nach.

Alles schien logisch, gerecht und historisch gerechtfertigt zu sein. «Ach ja, und die Maas in Elsaß-Lothringen gehört auch bald wieder zum Reich», fügte Lizzy hinzu.

Als ich sie, stolz auf meine Geographiekenntnisse, darauf hinwies, dass die Maas Elsaß-Lothringen gar nicht tangiere, warf sie unwirsch ein: «Na ja, die Franzosen nennen den Fluss ja wohl anders, die verhunzen ja sowieso alle deutschen Namen – Schlettstadt heißt jetzt Sélestat».

Und dann signalisierte sie mir, dass sie an keiner weiteren Diskussion über Flüsse oder Städte in Frankreich interessiert sei; das Thema war für sie erledigt.

Auf Hamburgs Straßen veranlassten die Nazis ständig Sammlungen. Uniformierte Parteimitglieder und auch Hitlerjungen, mit Sammelbüchsen ausgestattet, forderten Passanten zum Spenden auf: «Heil Hitler! Einen Groschen für unsere notleidenden Volksgenossen in Eupen und Malmedy», hieß es da zum Beispiel.

Gemeint war der deutschsprachige Teil Belgiens, der nach dem Weltkrieg vom Reich abgetrennt worden war. Wer spendete, erhielt als Gegenleistung ein Schildchen, das man sich mit Sicherheitsnadeln anheften konnte. Darauf stand «Eupen-Malmedy» oder «Memelland» – je nach dem Zweck der Spende. Es war ein nationaler, völkischer Taumel, der unser Land ergriffen hatte.

An einem Herbsttag im November 1938 sahen Hermann und ich auf dem Nachhauseweg, dass sich vor unserem Lieblingsladen, dem Schuhgeschäft Amles in der Wandsbeker Chaussee, eine Menschentraube gebildet hatte. Es war jener Schuhladen, in dem man seine Füße röntgen lassen konnte und in dem immer kleine Geschenke an die Kinder verteilt wurden.

Die Leute standen und redeten. Als wir näher kamen, bemerkten wir, dass die Schaufenster mit dicken Klebestreifen notdürftig geflickt worden waren. Offensichtlich waren sie zu Bruch gegangen. Wir konnten uns keinen Reim darauf machen, dachten zunächst an Einbrecher, aber die waren in dieser Zeit äußerst selten. Und was gab es in einem Schuhgeschäft schon zu holen?

Zu Hause angekommen, gab es für uns kein anderes Thema: «Im Schuhhaus Amles haben Räuber die Scheibe eingeschmissen», berichtete ich aufgeregt Lizzy.

Doch die sagte nur: «Da haben vermutlich Verrückte die Einrichtung zerstört. Der Laden bekommt einen neuen Besitzer, so etwas kommt schon einmal vor.»

Abgesehen von diesem Vorfall bekamen wir von den grausamen antijüdischen Ausschreitungen, der Volksmund taufte diesen 9. November 1938 «Kristallnacht», nichts mit. Im beschaulichen Stadtteil Eilbek blieb es, anders als im Grindelviertel, in der Innenstadt oder im Stadtteil Harburg, vergleichsweise ruhig. Als ich aber meine Mutter besuchte, sah ich auf der Schaufensterscheibe eines Textilgeschäftes mit weißer Farbe geschrieben: «Deutsche, kauft nicht beim Juden». Und ich wunderte mich, dass auch unser Hausarzt, Dr. Meyer in der Jungmannstraße (heute Ruckteschell-Weg), nicht mehr besucht werden konnte. Seine Praxis war geschlossen. Als ich meine Mutter nach dem Grund fragte, meinte sie, dass er ein Jude und wohl «abgeholt» worden sei. Er ist mir als netter, liebenswerter Opa in Erinnerung geblieben, der uns stets das grässliche Impfen versüßte, indem er lachend sagte: «Aber nur einen … wegen der Zähne», während er uns die Bonbondose hinhielt.

Soweit ich mich erinnere, war dieses finstere Kapitel bei uns am heimischen Herd kein großes Thema. Für meine Mutter und meinen Vater reihten sich die Ausschreitungen gegen jüdische

Mitbürger in die Kette von Ungeheuerlichkeiten ein, die während der nunmehr fünfeinhalbjährigen NS-Herrschaft traurige Normalität geworden waren. Das ganze schreckliche Ausmaß der Judenverfolgung überblickten sie vermutlich damals nicht.

Zwischen Anpassung und Widerstand

Ich bekniete, bat, löcherte meinen Vater, mich endlich beim Jungvolk anmelden zu dürfen – immerhin hatten wir das Jahr 1938, und ich war endlich im richtigen Alter. «Alle anderen Jungen meiner Klasse sind bereits dabei. Warum darf ich denn nicht?», bettelte ich.

«Und wenn alle aus dem Fenster springen, dann springst du auch – oder?», erwiderte mein Vater.

Und schob nach, ich solle mich nicht von denen beeinflussen lassen. «Es gibt immer noch genug, die sind nicht in diesem Verein», sagte er. «Und vielleicht kommen ja auch irgendwann wieder andere Zeiten …»

«Sei doch bitte vorsichtig, Hermann», raunte meine Stiefmutter ihm zu. «Es gab schon Fälle, da haben Kinder ihre Eltern angezeigt, weil die auf den Führer geschimpft haben», sagte sie. «Möchtest du das?»

Ich war schwer enttäuscht. Und ich fand es ungerecht. Mein Vater war sein Leben lang Mitglied in paramilitärischen Vereinigungen wie dem Rotfrontkämpferbund gewesen. In meiner Vorstellung war die Hitlerjugend etwas Vergleichbares: der Tummelplatz für die Revolutionäre von morgen, eine Bewegung junger «Veränderer», wenn auch staatlich gelenkt. Warum also versagte er mir das, was ihm in seiner Jugend vergönnt gewesen war? Ich unterstellte meinem Vater, ein schlechter Verlierer zu sein, ein ewig Gestriger, den die politischen Ereignisse ins Abseits gedrängt hatten und der offenbar damit nicht zurechtkam. Und jetzt sollte ich dafür büßen.

Lizzy unterstützte natürlich meinen Wunsch: «Die Hitler-jugend ist doch längst eine Massenbewegung», sagte sie zu meinem Vater. «Aber du lebst noch immer in der ‹alten Zeit› vor 1933, als es katholische, evangelische, sozialistische, jüdische und wer weiß was noch alles für Jugendorganisationen mit Millionen von Mitgliedern gab, während die HJ ein kümmerliches Dasein fristete. Glaub mir, diese Zustände sind vorbei, du musst dich damit abfinden, Hermann», sagte sie.

Und: «Lass doch den Jungen ihre Freude.»

Auch Hermann wollte zum Jungvolk. Wir sahen in Lizzy erstmals, wenn auch nur kurzzeitig, eine Verbündete. Sie genoss das sichtlich. Doch an der emotionalen Distanz, die wir zu ihr hatten, änderte das grundsätzlich nichts. Und mein Vater blieb konsequent: «In diesem Verein melde ich euch nicht an. Basta!»

Da half alles Gequengel nichts.

Hermann und ich fuhren zu unserem Opa, dem Vater unserer Mutter, zum Schneidermeister Adolf Schill. Dort waren wir gern. Wie so oft saß er im Schneidersitz mit gekreuzten Beinen in dem von drei Seiten mit Fenstern versehenen Erker der Wohnung, hatte eine Brille auf der Nase und nähte eifrig an einer Jacke. Wir holten uns Stühle, setzten uns zu ihm und forderten ihn auf: «Opa, erzähl uns etwas Schönes.»

Ohne mit der Arbeit aufzuhören und ohne aufzublicken, erzählte er aus seiner Jugend: dass er gern zu den Sportvereinen gegangen war, um die Wettkämpfe anzuschauen. Da gab es in Hamburg zwei Arbeitersportvereine: «Fichte» und «Eiche», erstgenannter ein Ableger des Berliner Arbeitersportvereins (ASV) «Fichte», des größten roten Sportvereins der Welt, wie die damalige Selbstdarstellung lautete.

Auch erzählte er von den Stationen seiner «Wanderjahre», wie sie damals alle Handwerksburschen absolvierten. In Geesthacht an der Elbe, damals noch ein Teil der Stadt Hamburg, ließ er sich bei einem Bauern nieder, Lehmkuhl hieß er. Angeschwemmte Sedimente sorgten dafür, dass die Qualität der Böden in den Marschlanden, die es von der Nordsee bis zu den norddeutschen Flussniederungen gibt, besonders ertragreich ist. Auf der erhöhten Nordseite indes befindet sich der Geestrücken, der sich etwas westlich von Dömitz über Hamburg bis in die Gegend von Glückstadt hinzieht. Auf der Geest ist der Boden karg und oft sandig. Was bedeutete, dass reiche Marschbauern und ärmere Geestbauern das Bild der Landwirtschaft im Norden prägten.

Bauer Lehmkuhl war also nicht reich, aber er konnte gut für seine Familie sorgen. Er hatte zwei Töchter, Alma und Olga. Für Alma, die Jüngere der beiden, sollte Adolf Schill einen Rock anfertigen, eine der in den Vier- und Marschlanden typischen Frauentrachten – eng anliegende Jacke, weiße Bluse mit Stickereien, Schürze und einen weiten Faltenrock plus Überjacke. Wer in dieser Zeit jung war, es waren die Jahre vor dem Ersten Weltkrieg, hatte selten die Gelegenheit, einem Mädchen sehr nahezukommen, es gar zu berühren. Es ging sittenstreng puritanisch zu. Doch Schneider hatten es da etwas besser, denn sie mussten schließlich zum Maßnehmen oder bei der Anprobe auf Tuchfühlung zur Damenwelt gehen. Und das konnte schnell zu den sprichwörtlich «atemberaubenden» Momenten führen. Jedenfalls war der junge Adolf Schill von der schüchternen Alma schwer begeistert.

Als das Kleid fertig war, betrachtete er nicht nur zufrieden sein Werk, sondern konnte seine Augen auch gar nicht von der feschen Alma lassen, die er soeben eingekleidet hatte. Und auch bei ihr schien die Fingerfertigkeit des jungen Schneiders einen

Eindruck hinterlassen zu haben – zwischen beiden hatte es gefunkt.

Der ursprünglich aus dem anhaltinischen Staßfurt stammende Adolf Schill verließ die Geesthachter Bauern, um in Hamburg seinen Meister zu machen, doch sein Herz hatte er in Geesthacht verloren. Alma konnte er nicht vergessen.

Nachdem er Monate später von der Handwerkskammer zum Schneidermeister geadelt worden war, heiratete er Alma, und beide zogen nach Hamburg. Zu uns sagte er, als er geendet hatte: «Und da sitzt sie nun», und zeigte auf Oma.

Omas Eltern, unsere Urgroßeltern also, starben Anfang der 30er Jahre. An einen der letzten Besuche dort, ich war zwei Jahre alt, habe ich selbst zwar keine Erinnerung mehr. Doch Opa Schill erzählte: «Mit der Dampfeisenbahn ging es bis Bergedorf, von dort dann weiter mit der Geesthachter Eisenbahn bis zur Endstation. Weil es im ländlich geprägten Geesthacht so schön war und euer Vater keine Arbeit hatte, seid ihr den ganzen Januar 1931 geblieben. Es gab da Hühner, Enten und Schweine. Und immer einen reichlich gedeckten Tisch. Doch am 26. Januar war es mit der Idylle vorbei, der berüchtigte SA-Sturm 14 aus Hammerbrook marschierte nach Geesthacht. ‹Die haben mir gerade noch gefehlt›, fluchte euer Vater und meldete sich beim Geesthachter Büro der Kommunistischen Partei. Er verstärkte umgehend die Reihen der Geesthachter RFB-Kämpfer. Vor ‹Petersens Hotel› in der Sielstraße unweit des Hafens kam es dann zu einer blutigen Straßenschlacht, zwei tote SA-Leute blieben zurück, es gab viele Schwerverletzte. Ich habe euch alle mit dem nächsten Zug zurück nach Hamburg gebracht …»

In der Parallelstraße, an der die Wohnung meiner Großeltern lag, wohnte die ältere Schwester meiner Oma, Tante Olga, mit ihrem Mann Fiete. Beide waren Gemüsehändler. Das Verhält-

*Familie Kruschak in Glinde. Stehend mein Stiefvater Helmut; daneben
meine Mutter mit Baby Jürgen und Helma, meinen Halbgeschwistern.*

nis zwischen Olga und Alma, unserer Oma also, war nicht un-
getrübt. Nach dem Tod ihrer Eltern, des alten Lehmkuhl und
seiner Frau, hatte es Streit ums Erbe gegeben, vorrangig um den
Hof in Geesthacht. Olga hatte sich durchgesetzt, behauptete
Oma, und sich den Großteil des Erbes «unter den Nagel gerissen». Von dem Geld kaufte sie das Gemüsegeschäft am Nagelsweg 39, so hieß es.

Auf uns Kinder hatte dieser familiäre Zwist aber keine Auswirkungen, zu uns war Olga stets freundlich, wir verbrachten
auch dort viel Zeit.

Noch ein paar Häuser weiter, am Nagelsweg 49, lebte, meine
Mutter mit ihrem neuen Mann, Helmut Kruschak, dem Goldzahn. Das Paar hatte wieder zwei Kinder, wir hatten also Halb-

geschwister, Helma und Jürgen. Die Kleinen freuten sich immer wahnsinnig, wenn wir kamen und mit ihnen spielten.

Eines Tages, wir waren mal wieder zu Besuch, erzählte uns Mutter eine Episode vom Vortag, das war der 20. April 1939 gewesen, der 50. «Führergeburtstag» also. Wie üblich hatten alle Bewohner des Hauses an diesem Tag ihre Verbundenheit mit Hitler zeigen und die Hakenkreuzfahne aus dem Fenster hängen müssen. Doch meine Mutter dachte gar nicht daran, stattdessen schüttelte sie das damals sehr gebräuchliche rote Federbetten-Inlet aus und ließ es an der frischen Luft ein wenig ausdünsten. Da hing also am Nagelsweg 49 ein gutes Dutzend Hakenkreuz-fahnen aus dem Fenster – nur im dritten Stock ein offensichtlich makellos rotes Stück Stoff. Der NS-Ortsgruppenleiter, ein kleiner regionaler Parteibonze also, lief am Haus vorbei, sah dies und stapfte fluchend die Treppe hinauf. Aufgeregt klingelte er an der Tür. «Seid ihr übergeschnappt, Lieschen», pöbelte der. «Was soll denn der Quatsch mit dem roten Fetzen? Träumst du immer noch von der Weltrevolution? Wenn ich das der Polizei melde, bekommst du Scherereien. Also weg mit dem roten Lappen …»

Da war er aber bei meiner Mutter an die falsche Adresse geraten. Keineswegs auf den Mund gefallen und ohnehin vom «Führerwahn» genervt, pöbelte sie zurück: «Helma und Jürgen haben ins Bett gemacht, das Bettzeug hängt jetzt draußen, damit es trocknet. Außerdem war ich gestern in eurem Parteibüro und habe gefragt, ob ich auch so eine Hakenkreuzfahne bekommen kann. Ich soll mir eine kaufen, haben die gesagt. Ja glaubst du denn, wir haben Störtebekers Schatz ausgegraben? Für so etwas haben wir kein Geld …»

«Aber Lieschen, dass sieht doch wie rote Propaganda aus …», versuchte es der Ortsgruppenleiter ein letztes Mal. «Und gerade ihr mit eurer Vergangenheit.»

Mein Stiefvater saß am Küchentisch und fing während des Streitgespräches schallend an zu lachen, was den Braununiformierten zusätzlich ärgerte. Mama blieb bei ihrer Geschichte: «Lass mich mit deiner ‹roten Propaganda› in Frieden. Am ‹Führergeburtstag› wollen wir glückliche Kinder haben, die in einem trockenen Bett schlafen …» Dann schlug sie die Tür zu. Pikiert stapfte der NSDAP-Funktionär die Treppe hinunter, murmelte so etwas wie «Proletenpack» und gab sich geschlagen.

Meine Mutter und Helmut Kruschak waren, anders als mein Vater, noch immer sehr kämpferisch und hielten ihre Überzeugungen hoch. In vielen Geschäften waren damals Hinweise angebracht, auf denen es hieß: «Kommst du als Deutscher hier herein, dann soll dein Gruß ‹Heil Hitler› sein.» Ich habe meine Mutter nicht einmal in dieser Zeit ‹Heil Hitler› sagen gehört; sie verweigerte das beharrlich. Stets sagte sie halblaut ‹Hein Dittmer›. Es war ihre Art, dem Nazi-System ein klein wenig die Stirn zu bieten. Und sie war ihr Leben lang stolz darauf, das ihr widerliche «Heil Hitler» nie über die Lippen gebracht zu haben. Der Verkäufer im Lebensmittelladen unweit ihrer Wohnung kannte sie und grinste stets, wenn sie auf ihre Art grüßte.

Fünf Minuten Fußweg entfernt vom Nagelsweg in Hammerbrook gab es in Richtung Alster eine Straße, die heute noch die «Lange Reihe» heißt. Dort, in der Nummer 71, befand sich damals die «Schlachterei Albers», in der wir auch schon einkauften, als wir beiden Jungen noch zusammen mit Mutter und Vater unweit von dort in St. Georg wohnten – vorausgesetzt, es war genug Geld übrig, was nicht oft vorkam. Der alte Philipp Albers, aus mir unklaren Gründen «schöner Wilhelm» genannt, hatte einen Sohn, der hieß Hans und war bereits damals als Schauspieler einer von Hamburgs bekanntesten Söhnen, der in Filmen und Liedern Stadtbezirke wie St. Pauli und Straßen wie die Reeperbahn berühmt machte. Im Laden stand Hans Albers manchmal an der Theke und bediente auch uns, vor allem, als er Anfang der 30er Jahre noch eher als Theater- denn als Filmschauspieler bekannt war.

In meiner Schulklasse trugen mittlerweile zwei Drittel aller Jungs die Jungvolk-Uniform. In meiner Wahrnehmung bildeten sie eine Art elitären Kreis, dem ich nicht angehörte. Das tat weh. Ich hätte alles dafür gegeben, eine solche Uniform zu tragen. Ich fühlte mich ausgegrenzt und in meinen Allerweltssachen nicht zeitgemäß gekleidet. Das deprimierte mich, doch glücklicherweise nicht lange.

Denn eines Tages verbot unser Lehrer, Herr Schwing, das Tragen der Uniform. Seine wahren Beweggründe kenne ich bis heute nicht, aber er erklärte es so: «Eure Jungvolk-Uniform ist ein Ehrenkleid. Und die sollte man nur zu besonderen Anlässen und Aufmärschen oder dienstlichen Tätigkeiten außerhalb der Schule tragen. Denn sonst nützt ihr sie nur ab oder befleckt sie mit Tinte oder Schmutz …»

Als dann einige Jungen äußerten, sie hätten noch eine Uniform oder ihre Eltern würden ihnen sowieso eine neue kaufen, da sie aus der alten bald herauswüchsen, bemühte der Lehrer ein weiteres Argument: «Die Parole im heutigen Deutschland heißt doch, wie ihr wisst, ‹Ein Volk, ein Reich, ein Führer›, oder? Übertragen auf unsere Schule bedeutet das: ‹Eine Klasse, ein Lehrer!› Also tragen wir alle diese Uniform oder keiner. Und da aus verschiedenen Gründen nicht alle Jungen eine solche Uniform tragen, trägt sie eben ab sofort keiner mehr. Verstanden?»

Wir hatten verstanden. Ich fühlte mich erleichtert, weil diese Zweiteilung unserer Klasse nun vorüber war, hatte aber gleichzeitig ein ungutes Gefühl. Denn ich befürchtete, dass jetzt die ganze Klasse auf das Tragen der HJ-Uniform verzichten müsse,

Unsere Klasse 1939, alle in Zivil. Oben links unser Lehrer, Herr Schwing.
Ich bin der Zweite von rechts in der oberen Reihe.

nur weil einige andere Schüler und ich bislang keine besaßen. Ich erzählte das meinem Vater, doch der schlug sich triumphierend auf die Schenkel, sagte: «Der Mann ist gut! Im Klartext meint er doch, lasst diese blöden Uniformen zu Hause und geht in die Schule, um etwas zu lernen ...»

Ab sofort waren wir also wieder eine zivile Klasse. Im anderen Teil der Schule, wo die Mädchen unterrichtet wurden, sah es ja auch schön bunt und vielfältig aus. Doch es gab auch Lehrer, die waren sehr linientreu. Das ältliche Fräulein Proschwitz zum Beispiel. Sie unterrichtete Geschichte und liebte es, aus kriegsverherrlichenden Jugendbüchern vorzulesen, zum Beispiel dem damals sehr verbreiteten «Sperrfeuer um Deutschland» des völkisch-nationalen Schriftstellers Werner Beumelburg. In diesem

Buch werden die Taten deutscher Soldaten im Ersten Weltkrieg glorifiziert.

Als Vorleserin lief Fräulein Proschwitz zu darstellerischer Höchstform auf. Während sie mit viel Pathos las, schien ein Teil von ihr im Schützengraben vor Verdun feindlichem Granatbeschuss auszuweichen. Sie warf Handgranaten, duckte sich, legte ihr unsichtbares Gewehr an, dabei gab sie zischende, gurgelnde, pfeifende Laute von sich – je nachdem, ob gerade eine imaginäre Granate die Luft durchschnitt, einschlug oder explodierte. Es war ganz großes Kino! Wenn wir zu Hause mit unseren Soldatenfiguren aus Elastolin spielten, imitierten wir das Proschwitz'sche Geräusche-Inferno – und unser Spiel wurde noch ein bisschen realistischer. Mein Vater saß dabei, lachte und merkte verwundert an: «Da sieht man einmal, wie schnell diese Nazis unsere Kinder manipulieren. Eben warst du noch der liebenswürdige Pinguin oder Goschoi, der große Künstler. Und jetzt schießt du auf einmal reihenweise Franzosen über den Haufen.»

Ich mochte es nicht, wenn er mich an diese peinliche Pinguin-Geschichte beim alljährlichen Krippenspiel erinnerte. Viel lieber wollte ich einer der Soldaten aus der «Gruppe Bosemüller» sein, die bei Verdun die Höhe «Toter Mann» gegen eine Übermacht von Franzosen verteidigte. Lehrer, das NS-System, ja die ganze stramm militärische und nationale Erziehung schafften es, unseren jugendlichen Enthusiasmus, unsere Begeisterungsfähigkeit und unser Feuer so zu kanalisieren, dass wir im Kampf für Volk und Heimat unsere höchste Lebensaufgabe sahen. Doch ich las dieses völkische Zeug eigentlich gar nicht so gern, ich mochte Abenteuer- und Wildwestromane oder Krimis viel lieber. Arthur Conan Doyles Sherlock Holmes oder Bücher von Tom Shark. Wir tauschten sie untereinander aus.

Meine Papierfähnchen mit Hammer und Sichel hatte ich immer noch. Wenn ich die Mutter besuchte und Wildwesthefte dabeihatte, meinte mein Stiefvater: «Das ist doch Schund! Hoffentlich kommst du eines Tages nicht mit NS-Heften, damit hilfst du dem Hitler, der den nächsten Völkerkrieg anzettelt.»

«Nein, nein, Onkel Helmut», sagte ich, «Rotfront …»

Doch der wehrte ab: «Mensch, sei nicht so laut, hier haben die Wände Ohren.»

Helmut und meine Mutter waren viel mutiger als mein Vater, wenn es darum ging, den Nazis Paroli zu bieten. So jedenfalls schien es mir damals. Meine Mutter erzählte mir erst viel später, dass mein Vater erwogen hatte, die illegale KPD zu verlassen und die Kontakte zu Genossen zu kappen – um später als unbelastet zu gelten. So hätte er in der «Zeit danach», an die er fest glaubte, administrative Aufgaben wahrnehmen können.

War das feige oder weitsichtig? Jedenfalls zeigte es, dass selbst damals, als nichts auf ein baldiges Ende der Hitler-Herrschaft hinzudeuten schien, sich die ehemaligen Genossen bereits Gedanken über «das Danach» machten. Vaters bescheidene Aktivitäten gegen das NS-System beschränkten sich offenbar auf das Weitergeben von Adressen – für Hilfesuchende, Verfolgte, Angehörige von Verschwundenen. Er war ein geschickter Netzwerker, einer, der Kontakt herstellen konnte, ohne selbst Teil des illegalen Apparates zu sein. Mitunter kamen unbekannte Leute zu uns, zumeist Frauen, sprachen mit Vater, fragten nach Adressen – stets im trauten Vieraugengespräch in der «guten Stube». Ich wunderte mich, wurde aus diesen Erwachsenenritualen nicht recht schlau.

In der Schule brachte das Jahr 1938 für uns einschneidende Veränderungen. Zum Beispiel ersetzten plötzlich die noch heute gebräuchlichen lateinischen Buchstaben, auch Antiqua genannt, die bis dato verwendete Frakturschrift. Zunächst schrieben wir in beiden Schriften, je nach Anordnung des Lehrers. Doch spätestens ab 1940 war nur noch die lateinische Schrift gebräuchlich. Diese hieß ab sofort «Deutsche Normalschrift». Auch Bücher änderten ihr Druckbild, je nach Verlag früher oder später.

Die zweite Veränderung betraf die Umstellung des schulischen Klassensystems. Die Klassen wurden anders bezeichnet. Ich war in der untersten Klasse eingeschult worden, das war 1934 die achte Klasse. Und ursprünglich hatte sich jedes Kind von der Achten bis zur Ersten hocharbeiten müssen. Die älteren Schüler verspotteten uns immer, sie riefen: «Achte Klasse, Untertasse.» 1938 wurde umgestellt. Ab da starteten die Kinder in der ersten Klasse, so wie es heute noch üblich ist. Und verließen die Schule in einer auch zahlenmäßig höheren Klasse. Ich hatte also in der achten Klasse begonnen und wusste, dass ich die Schule auch wieder in der achten Klasse verlassen würde. Wenn man so wollte, kam ich in meiner achtklassigen Volksschulzeit also keinen Schritt voran. Für uns, als vermutlich einzigen Jahrgang, den das so betraf, war das ein Faszinosum.

An einem schönen Frühjahrstag, dem 30. Mai 1939, bekamen wir schulfrei. «Unsere Kriegshelden» kehrten heim, hieß es in der Schule. Kriegshelden? Es war doch Frieden, und der letzte Krieg lag 21 Jahre zurück. Bald wurden wir informiert, dass die «tapferen Helden» der «Legion Condor» durch Hamburgs Straßen marschieren würden. Seit 1936 half Hitler seinem faschistischen Freund in Spanien, Francisco Franco, dem gegen die legitime spanische Regierung putschenden Armee-Oberbefehlshaber, mit Militär – seiner modernen Luftflotte zum Beispiel, eben der Legion Condor. Die verfügte mit den damals schnellsten Jägern vom Typ Messerschmidt 109 und den Sturzkampfflugzeugen vom Typ Junkers 88 über unschlagbare Todesmaschinen, denen die republikanischen Spanier mit ihren von Stalin gelieferten Tief- und Doppeldeckern vom Typ I-15 und I-16 wenig entgegenzusetzen hatten.

Viele sahen in diesem militärischen Abenteuer Hitlers die Generalprobe für einen kommenden Krieg. Während also Hitler dem spanischen «Caudillo», was zu Deutsch «Führer» heißt, die von ihm so geschätzte und aufwendig ausgerüstete Luftwaffe schickte, kämpften Tausende deutsche Freiwillige in den Reihen der rechtmäßigen spanischen Regierung. Diese bewaffneten Helfer waren in den «Internationalen Brigaden» zusammengeschlossen. Auch Gerhard, der Freund und ehemalige Mitkämpfer meines Vaters aus dem RFB, war nach Spanien gegangen, wie wir später erfuhren. Von dort kam er allerdings nie zurück. Vermutlich starb er in den Kämpfen, fiel den Racheakten der Faschisten oder den «Säuberungen» innerhalb der Internationalen Brigaden zum Opfer, denn sogar hier sorgten Stalins Handlanger für «Linientreue» im bunten Haufen der Antifaschisten. Zwei kommunistische Bataillone trugen die Namen unserer Hamburger «Märtyrer» – Ernst Thälmann und Etkar André.

Und ich, der Sohn der größten Etkar-André-Anhängerin, stand jetzt da und bejubelte jene «Helden», die nicht nur das Etkar-André-Bataillon, sondern gleichzeitig auch spanische Städte wie Guernica zerbombt hatten. In spanischen Uniformen marschierten die Heimkehrer der Legion Condor durch Hamburg. Besonders in Erinnerung blieben mir die «Troddel-Quasten» vorn am Käppi der Soldaten, kleine, baumelnde Fransen-Verzierungen. «Die Roten, die wurden geschlagen, im Angriff bei Tag und bei Nacht», hieß es in dem Lied, welches sie sangen. Und: «Wir jagten sie wie eine Herde, der Teufel, der lacht noch dazu …»

«So sehen also Helden aus», dachte ich, als ich diese jungen, braun gebrannten Männer in ihren exotisch wirkenden Uniformen unweit des Dammtorbahnhofs marschieren sah. Sie trafen am Holstenwall ein, marschierten weiter bis zur Moorweide, wo sie von Hermann Göring empfangen wurden. Es waren ein paar hundert Soldaten, eine Kapelle spielte. Wir Kinder waren begeistert und schwenkten Hakenkreuzfähnchen. Ganze Schulklassen standen Spalier, wir Jungen fachsimpelten – und versuchten die spanischen Orden zu identifizieren. «Guck mal, der hat das Spanienkreuz ohne Schwerter in Bronze und das Verwundetenabzeichen für deutsche Freiwillige in Gold», klugscheißerte der kleine Fritz Wünsche, der neben mir stand und ein geradezu lexikalisches Wissen über Auszeichnungen besaß, als ein hochdekorierter junger Offizier mit verbundenem und ruhiggestelltem Arm vorbeimarschierte. Ich marschierte ein Stück des Weges nebenher, wurde aber abgedrängt, als in einem Mercedes und streng bewacht der Reichsmarschall vorfuhr. Göring hielt eine Rede, von der mir nur noch ein Satz in Erinnerung ist: «Wir sind dem Feind wieder gewachsen …»

Die Soldaten lachten, sie waren glänzend gelaunt und hatten doch dem Tod ins Gesicht gesehen. Krieg ist etwas Heiteres, Schönes, Ästhetisches – so lautete die Botschaft, die uns erreichte. Es waren dennoch Wochen und Monate, denen etwas Ernstes, etwas Entscheidendes anhaftete, das wurde uns Jungen deutlich klargemacht.

Die Welt veränderte sich rasend schnell, es ging um Frieden oder Krieg. Und neidisch sah ich auf die anderen Jungen, die mit ihren Jungvolk-Uniformen irgendwie ein Teil dieser ganzen Entwicklung waren – das zumindest bildete ich mir ein. Mein Bruder Hermann war seit März beim Jungvolk, ich durfte immer noch nicht. Teil dieser Bewegung zu sein erfüllte uns

mit Ehrfurcht, mit Stolz – und war doch auch etwas unheim-
lich.

Im Sommer 1939 gelang Lizzy, unserer Stiefmutter, ein weiterer
Fortschritt bei unserer «Reinigung vom kommunistischen Un-
geist». Mein Bruder und ich wurden getauft. Wir waren bereits
elf beziehungsweise zehn Jahre, als uns der weißbärtige Pastor
Wehrmann in der Eilbeker Friedenskirche das heilige Nass auf
das Haupt tröpfelte. Meine Reaktion war wenig andächtig – und
ziemlich proletarisch: «Iii, du Arsch …», entfuhr es mir leise.
Lizzy kniff mich in den Arm und zischte: «Halt den Mund!»
    Der damals 62-jährige Wehrmann war als Ex-Bürgerschafts-
abgeordneter der Deutschnationalen Volkspartei (DNVP) und
Mitglied von ihrem uniformierten Verband, dem «Stahlhelm»
Hamburg, weit bekannt. Er war ein erzreaktionärer Antisemit.
Mit bösem Blick strafte er mich. Daheim gab es dann noch eine
Ohrfeige als Dreingabe. Dass wir in der Friedenskirche zu Chris-
ten wurden, stand im krassen Kontrast zur politischen Großwetterlage.
    Die «Krisen», die, wie wir heute wissen, von Hitler und seinen
Verbündeten inszeniert und instrumentalisiert wurden, trugen
immer neue Namen: Nach der «Sudeten-Krise» und der «Ab-
bessinien-Krise» ging es Mitte 1939 in den Diskussionen der Erwachsenen immer öfter um die «Freie Stadt Danzig», die von
den landhungrigen Polen bedroht werde – so die offizielle Les-
art. Und es ging um den «polnischen Korridor», den Zugang
zu Ostpreußen, tatsächlich eine von den Weltkriegssiegern 1918
dem Reich hinterlassene Zumutung, denn ein nicht unbeacht-
licher Teil des Landes war nur auf dem Transitweg durch Polen
zu erreichen. Der NS-Führung war an keiner einvernehmlichen
Lösung gelegen, letztlich ging es ihr um einen finalen Kriegs-

anlass. «Der Krieg ist vorprogrammiert», kommentierte mein Vater resignierend die politischen Ereignisse.

Dazu passte, dass Ende August angekündigt wurde, in Deutschland würden demnächst die Lebensmittel rationiert. Eine Maßnahme, die in einem Land, das sich im tiefsten Frieden wähnte, Staunen hervorrief. Ab 28. August wurden dann tatsächlich Lebensmittel nur noch gegen Karten verteilt, die man bei den Ortsämtern erhielt. Kurz vor Ausgabe der Lebensmittelkarten bat mein Vater mich, unsere Gegend zu durchstreifen, die Taschen voller 50-Pfennig-Stücke. In vielen Automaten waren noch Zigarettenpackungen, Schokoladentafeln oder Bonbons vorrätig. Ich sollte von den rationierten Waren, vor allem Zigaretten, so viele herausziehen wie nur möglich. Als ich dann zurückkam, war er ganz enttäuscht: Ich brachte nur zwei Päckchen Zigaretten, aber Unmengen von Bonbons.

In der letzten Augustwoche besuchten Hermann und ich mal wieder unsere Mutter im Nagelsweg in Hammerbrook. Die Wohnung der vierköpfigen Familie war größer als die meines Vaters in Eilbek. Es gab zwei kleine Kammern mehr, dazu einen breiten Korridor, in dem eine Schaukel für meine beiden kleinen Halbgeschwister hing. Im Bad gab es einen großen Gasboiler für das Warmwasser. Da sich die Wohnung in der zweiten Etage befand, konnte man die Fahrgäste in der Hochbahn beobachten, denn die fuhr direkt am Fenster vorbei. Der Blick zur anderen Seite verlor sich allerdings in einem der tristen grauen Hinterhöfe «Jammerbrooks».

Während wir mit den Kleinen spielten, läutete es an der Tür. Fünf Kollegen meines Stiefvaters kamen auf eine Tasse Kaffee zu Besuch. Alle trugen am Revers das Abzeichen der «Deutschen Arbeitsfront», des Einheitsverbandes von Arbeitnehmern und Arbeitgebern, einer Art «NS-Einheitsgewerkschaft»: ein Hakenkreuz im Zahnrad. Zusammen mit Helmut Kruschak, meinem Stiefvater, zogen sie sich in die gute Stube zurück und schlossen die Tür. Ich war neugierig, wollte wissen, was da so geheimnisvoll besprochen wurde. Vorsichtig schlich ich zur Tür, um zu lauschen. Zuerst vernahm ich nur Gemurmel, doch dann wurden die Gespräche hitziger und lauter. «So ein Mist! Was sollen wir nur machen?», hörte ich.

Ein anderer sagte: «Nicht mit mir, das dürfen wir nicht mitmachen, was sollen wir da bloß publizieren?»

Mit dem Wort konnte ich nichts anfangen, ich fragte meine Mutter: «Was bedeutet denn publizieren?»

Doch meine Mutter zog mich weg von der Tür. Ihr war das unangenehm. «Ihr dürft heute etwas früher nach Hause gehen», sagte sie zu uns. «Ich erkläre euch später, was los ist.»

Beim nächsten Treffen nahm mich meine Mutter zur Seite: «Erinnerst du dich an die fünf Männer vergangene Woche? Das waren unsere Genossen. Günter, sag bitte niemandem etwas davon, verstehst du?»

«Aber wieso hatten die denn Abzeichen der Arbeitsfront?», wollte ich wissen.

«Alle Arbeiter müssen der Deutschen Arbeitsfront beitreten, das ist eine Art Nachfolgeorganisation der Gewerkschaften», sagte sie mir. Und ergänzte: «Sag bitte auch Hermann nichts darüber, er ist immer so still. Und ich weiß nicht, wie er darüber denkt …»

Offenbar misstraute sie ihrem eigenen Sohn. Die Deutsche Arbeitsfront (DAF) unter Führung des wegen seiner Alkoholsucht «Reichs-Trunkenbold» genannten Reichsorganisationsleiters Robert Ley war zu einer Art Auffangbecken untergetauchter Linker geworden – Kommunisten, Sozialdemokraten, Gewerkschafter. Viele glaubten, mit dem zahnradumkränzten Hakenkreuz am Revers die ideale Tarnung gefunden zu haben, um im Schutz dieser NS-Organisation weiter oppositionell aktiv sein zu können.

Was die Genossen, die an diesem Tag Helmut Kruschak besucht hatten, so wütend und ratlos gemacht hatte, war die Bekanntgabe des sogenannten «Hitler-Stalin-Paktes». Die deutsche Nazi-Regierung und Stalin, der «Vater» und Behüter der kommunistischen Weltbewegung, hatten sich verbündet. Für gläubige deutsche Kommunisten brach eine Welt zusammen – wie konnte das geschehen? Die sowjetische Führung hatte den Henkern Tausender Kommunisten die Hand gereicht! Meldungen, dass auch in Moskau von Stalins Schergen reihenweise deutsche Antifaschisten verschleppt und ermordet wurden, wurden von linientreuen Kommunisten als Nazi-Propaganda bezweifelt.

Trotz des Misstrauens meiner Mutter diskutierte ich am Abend lange mit Hermann über «die politische Großwetterlage». Trotzig wiederholte ich mein «Ho Front» aus Kleinkindertagen und sagte ihm, dass das, was damals galt, nicht über Nacht alles falsch sein könne. Doch Hermann hatte davon längst Abstand genommen: «Lass mich in Ruhe mit diesem Blödsinn. Ich bin stolz, ein Pimpf zu sein. Und ich liebe mein Vaterland. Heil Hitler!»

Dann drehte er sich weg und schlief ein. Am nächsten Morgen erzählte er mir stolz: «Bald werde ich zum Jungenschaftsführer befördert. Dann hören 25 Jungen auf mein Kommando, und ich trage eine rot-weiße Schnur.»

Und dann fuhr er mich barsch an: «Papa, Onkel Helmut und wohl auch du, ihr seid ja wohl noch Kommunisten, also Verräter. Schämt euch was! Aber Ehrenwort, ich verrate euch nie …»

Während er das sagte, dachte ich, dass ich auch unbedingt ein Mitglied der Hitlerjugend werden müsse. Einerseits war Helmut mein Vorbild, was er sagte, hatte Gewicht. Andererseits wollte ich nicht als Kommunist aufseiten der Verlierer bleiben. Auch ich wollte zu den Siegern gehören. Und in diesen Tagen gab es nur eine Bewegung, die unaufhaltsam von Sieg zu Sieg eilte: die der Nazis.

Krieg – und endlich beim Jungvolk

Der 1. September 1939 hat sich ins Gedächtnis der Welt einge-
brannt – mit dem deutschen Überfall auf Polen begann der
Zweite Weltkrieg. Für mich hatte der Tag damals auch noch
eine andere Bedeutung. Mein langgehegter Wunsch ging in Erfüllung: Ich durfte endlich dem Jungvolk beitreten, ein Pimpf
werden. Ich hatte unerwartet mächtige Unterstützung erhalten:
Am Abend des Vortags hatte ein HJ-Fähnleinführer an unserer
Tür geklingelt, er wollte meinen Vater unter vier Augen sprechen.
Ich lauschte, bekam aber nur Wortfetzen zu hören. «Volksgenos-
se Lucks, Sie wissen, dass die Mitgliedschaft in der Hitlerjugend
für alle deutschen Jungen seit März Pflicht ist ...», sagte er sinngemäß.

Mein Vater druckste noch etwas herum, hatte nun aber keine
stichhaltigen Argumente mehr, sich meiner HJ-Mitgliedschaft
zu widersetzen. Mein Bruder Hermann hatte bereits an seinem
Geburtstag im Juli eine komplette Ausrüstung geschenkt bekommen – mit Fahrtenmesser, Feldflasche, Koppel und Schulterriemen. Nur der Tornister fehlte, den sollte es erst Weihnachten geben. Am 1. September, einem Freitag, gingen Vater
und ich also zum neugebauten HJ-Heim nahe dem S-Bahnhof
Hasselbrook. Papa war missgelaunt, es schmeckte ihm nicht,
mich «der Gehirnwäsche dieses Vereins» zu übergeben, wie er
sagte.

Ich erhielt meinen gelben Mitgliedsausweis aus Pappe und
gehörte fortan zum Bann 282 Hamburg-Ost. Mir wurde gesagt,
wann und wo ich mich zum «Dienstantritt» melden sollte. Auf

dem Rückweg summte ich leise vor mich hin: «Unsere Fahne flattert uns voran ...», die HJ-Hymne. Der Tag hielt noch mehr Überraschungen bereit. Lizzy gratulierte mir, eilte zum Wohnzimmerschrank und packte eine komplette HJ-Uniform in meiner Größe aus. Ich zog sie an, schnallte Koppel und Schulterriemen um und marschierte in der Wohnung umher. Und sang jetzt lauthals: «Unsere Fahne flattert uns voran.»

Mein Vater schüttelte nur den Kopf. «Na ja, die Klamotten hat er auch schon, da kann ja nichts mehr schiefgehen», zischte er verschnupft.

Lizzy war total aufgedreht, und das lag nicht nur an meinem HJ-Beitritt. «Kommt schnell in die Küche, etwas Wichtiges ist passiert. Der Führer spricht gleich im Radio ...»

Wir hörten dann Hitlers zynische Kriegsbegründung vom Überfall und dass seit «4.45 Uhr zurückgeschossen» werde. «Wir haben es ja immer gewusst, wer Hindenburg wählt, wählt Hitler, wer Hitler wählt, wählt den Krieg. Es musste ja so kommen», sagte mein Vater traurig.

Als ich Tage später Opa Lucks besuchte, saß Lina, unsere Oma, weinend in der Küche. Ich fragte den Opa, was denn los sei. Er hob die Schultern etwas und sagte leise: «Na ja, es ist keine leichte Zeit für uns alle.»

Als die Oma uns sah, umarmte sie uns und sagte: «Ach, dieser schreckliche Krieg. Warum können sich denn die Deutschen und die Polen nicht vertragen? Daheim in Masuren gab es doch auch nie Ärger.»

Geboren als Lina Drazba im masurischen Lyck, war sie zweisprachig aufgewachsen. Sie empfand sich selbst mehr als Polin denn als Deutsche. Vor allem im masurischen Teil Ostpreußens gab es Gebiete, in denen bis zu 60 Prozent der Bevölkerung polnische Wurzeln hatten.

Für mich zählte an jenem 1. September vor allem, ein Pimpf geworden zu sein, endlich dazuzugehören. Ich fühlte mich groß, stark und wichtig. Lizzy freute sich, mein Vater nicht. Er schob sich eine «Schwarz-Weiß Privat» in den Mund, das waren die billigen Zigaretten, die er liebte – und die er besonders gern allein in der Küche rauchte, wenn ihm etwas gehörig auf die Nerven ging. Er schimpfte vor sich hin, es klang wie «Nazi-Hirnwäsche», «faschistischer Spuk in meinen eigenen vier Wänden» oder so. «Sei vorsichtig, Hermann, die Jungs könnten sich mal verplaudern, und dann kommen wir in Teufels Küche», redete Lizzy auf ihn ein.

Tage später besuchte ich in der neuen Uniform erstmals meine Mutter. Stolz wie ein Gockel stand ich in der HJ-Kluft vor ihr und war auf ihre Reaktion gespannt. Als ich ihr Gesicht sah, das wenig Begeisterung ausdrückte, entschuldigte ich mich sogar: «Bist du jetzt böse, Mama?», fragte ich. Doch sie lachte nur und umarmte mich.

«Schon gut, meiner kleiner ‹roter Hitlerjunge›. Irgendwann wirst auch du es satthaben zu marschieren», sagte sie. Und dann ganz freundlich: «Es kommt gar nicht darauf an, was du anziehst. Wichtig ist, dass du auch weiterhin unser lieber Goschoi bleibst. Dass du nicht alles glaubst, was die dir erzählen, dass du vielmehr selbst erkennst, was richtig und was falsch ist.»

Wenn das so einfach wäre, dachte ich bei mir. Kann denn falsch sein, was alle für richtig halten? Nie wieder gehe ich in diesem Aufzug zu ihr, nahm ich mir vor. Und dann musste ich an Etkar André denken: Jetzt hätte mich sein Schäferhund ganz sicher gebissen, schoss es mir in den Kopf, denn jetzt war ich ja ein Nazi – wenn auch ein kleiner.

Meine Karriere als Pimpf begann mit einem Treffen auf einem Sportplatz ganz in der Nähe unserer Wohnung. Sobald ich

Ich in meiner HJ-Uniform

die Uniform angezogen und mich mit «Heil Hitler» zu Hause verabschiedet hatte, spürte ich die Veränderung in mir: Ich lief nicht mehr, ich marschierte die Treppe hinunter. In dieser Uniform konnte man nur marschieren, so empfand ich das, mit stolzgeschwellter Brust. Ein älterer Junge begrüßte uns, er trug an seiner rechten Schulter eine grüne Kordelschnur, die an der Brusttasche befestigt war. «Mein Name ist Robert, ich bin euer Jungzugführer», erklärte er.

Ich blickte ehrfurchtsvoll zu ihm auf. So ein Anführer will ich auch werden! stand für mich in diesem Moment fest. Auf sein Kommando mussten wir uns in Reih und Glied aufstellen, mal den Kopf nach links, mal nach rechts drehen, dann hieß es wieder: «Augen geradeaus!» Je nach seiner Lust und Laune hatten wir uns hinzulegen, aufzustehen, mussten einmal rund um den Platz marschieren, dann wieder strammstehen. «Jede

Anweisung, die ich gebe, ist strikt zu befolgen. Habt ihr verstanden?», schnarrte er – «Befehl ist Befehl!»

Ich fühlte mich wie einer meiner Elastolinsoldaten. Oder wie Werner Beumelburgs Romanheld aus der «Gruppe Bosemüller», der vor Verdun die Höhe «Toter Mann» erobert.

«Am nächsten Mittwoch findet ein Heimabend statt, dann werdet ihr über alles rund um die Pflichten des Jungvolkes informiert», gab uns Robert mit auf den Nachhauseweg. Jeder von uns bekam noch ein kleines Heftchen überreicht, darin stand das «theoretische Grundrüstzeug» eines Pimpfes, es gab auch eine Eidesformel. «Das habt ihr bis zum nächsten Treffen auswendig zu lernen. Kameraden, weggetreten!», befahl er – dann war mein erster Tag beim Jungvolk vorbei.

«Wie war es denn?», wollte Lizzy zu Hause wissen.

«Ganz gut», sagte ich knapp. «Doch warum muss uns der Jungzugführer immer so anbrüllen? Er kann uns doch auch alles in einem freundlichen Ton sagen …»

Lizzy antwortete: «Es gibt ein wichtiges Prinzip, das wird dir immer wieder begegnen: Wer befehlen will, muss zunächst gehorchen lernen. Irgendwann wirst du auch ein Unterführer sein», sagte sie. «Und dann darfst du anderen Befehle erteilen.»

Das wird dann wohl so sein, dachte ich, aber toll finden muss ich das ja nicht. Vielleicht will ich ja gar nicht Befehle erteilen? Mich quälte ein schlechtes Gewissen, wenn ich an meine Mutter dachte. Als ich noch klein war, hatte sie mir immer gesagt, dass sie mich im Kommunistischen Jugendverband Deutschlands (KVDJ) anmeldet, wenn ich mal größer bin. Doch den gab es ja schon lange nicht mehr. Was war ich jetzt? Ein kommunistischer Hitlerjunge – durfte es so etwas überhaupt geben? Ich legte mir meine Wahrheit so zurecht: Später, wenn es den kommunistischen Jugendverband einmal wieder geben würde, könnte ich ja aus der HJ austreten. Irgendwann kommen wieder andere Zeiten, sagte mein Vater ja stets. Und so lange wollte ich erst mal in der HJ bleiben. Beim Jungsturm könnte ich mit meinen HJ-Erfahrungen sicher Eindruck schinden. So groß waren die Unterschiede zwischen beiden Organisationen ja nun auch nicht …

Vom eigentlichen Kriegsgeschehen bekamen wir aber nichts mit. Nur selten drangen britische Flugzeuge in den deutschen Luftraum ein. Und wenn es dazu kam, dann waren es nur vereinzelte Maschinen. Ihre Bomben richteten auch nur geringe Schäden an. In unserer Straße hatte ein Blindgänger – eine Bombe also, die nicht explodiert war – einen Balkon aus einer Hauswand gerissen. Und vor dem Café Baur am Steindamm/ Ecke Pulverteich hatte eine kleine Bombe den Eingangsbereich beschädigt. Doch die Leute sprachen darüber, besichtigten die Schäden neugierig, denn abgesehen davon erschien ihnen dieser große Krieg unendlich weit weg. Es gab zu dieser Zeit noch keine öffentlichen Bunker, und an verschiedenen Häusern war mit weißer Farbe ein Pfeil aufgemalt, der anzeigte, wo es zum nächstgelegenen Schutzkeller ging. Neben dem Pfeil standen die drei Buchstaben «LSR», Luftschutzraum also.

Kurz nach Kriegsausbruch sah ich zum ersten Mal einen einbeinigen Soldaten. Die Menschen schauten ihn ehrfurchtsvoll an, wie er auf zwei Krücken durch die Straßen humpelte. An der Uniform trug er das Bändchen zum Eisernen Kreuz Zweiter Klasse. Wir grüßten ihn respektvoll und sahen noch lange hinter ihm her. Kriegsversehrte waren zu diesem Zeitpunkt ein seltener Anblick. In den Zeitungen – es gab damals das konservative «Hamburger Fremdenblatt», den «Hamburger Anzeiger» und das NS-Organ «Hamburger Tageblatt» – tauchten die ersten Gefallenenmeldungen auf. «Gefallen für Führer, Volk und Vaterland».

«Glaub mir, mein Junge, das ist erst der Anfang. Es werden immer mehr …», sagte Opa Schill zu mir, «je länger dieser verdammte Krieg dauert.»

Und sie seien auch nicht für «Führer, Volk und Vaterland» gefallen, sagte er, sondern für den völkermordenden Imperialismus. Zu Hause angekommen, schaute ich umgehend im «Volks-Brockhaus» nach, dem Lexikon. Was bedeutete überhaupt Imperialismus? Und las da etwas von einem «nicht in völkischen Notwendigkeiten begründeten Macht- und Ausdehnungsbestreben», das «friedensgefährdend» wirkt. Ich begriff nichts.

Eine Nachbarin klingelte bei uns und weinte, Lizzy nahm sich ihrer an. «Rudolf wird vermisst», sagte sie unter Tränen.

Lizzy versuchte sie zu trösten: «Der Krieg gegen Polen ist doch so gut wie zu Ende. Er wird in polnische Gefangenschaft geraten sein und bald heimkommen. Bestimmt bekommst du bald Nachricht von ihm – immerhin schreiben sie ja nicht, dass er gefallen ist.»

Sie tranken eine Tasse Ersatzkaffee zusammen, und dann ging die Frau etwas hoffnungsvoller wieder nach Hause. Doch sie sollte nie wieder etwas von ihrem Rudolf hören. Der als «Feldzug der 18 Tage» verniedlichte Krieg gegen Polen, der in Wahrheit zwei Monate dauern sollte, kostete über 17 000 deutsche Soldaten das Leben, auf polnischer Seite starben viermal so viele Menschen. Ein bitterböser Vorgeschmack auf das Kommende. Irgendwann erklangen im Radio die Siegesfanfaren, und pathetisch wurde der Sieg vermeldet.

Wir waren getauft, wir waren im Jungvolk – und nun fiel Lizzy noch ein, dass wir alt genug seien, um selbständiger zu werden und einer regelmäßigen Tätigkeit nachzugehen. Sie meinte damit, wir sollten ein paar Groschen in der Woche dazuverdienen. «Laufstellen» sollten wir annehmen, Botendienste. Hermann wurde in einem Herrenkonfektionsgeschäft untergebracht, ich in einer Apotheke. Zweimal die Woche nach Schulschluss meldete ich mich dort, je vier Stunden Arbeit erwarteten mich. Ich bekam ein Dienstfahrrad, an dessen Lenker ein kleiner Kasten für Päckchen angebracht war. Zudem erhielt ich eine lederne Geldtasche mit 20 Mark Wechselgeld und ein Abrechnungsheft, in das ich die Ausgaben und Einnahmen zu schreiben hatte. Mein erster Botengang bestand darin, ein Päckchen in ein etwa ein Kilometer entferntes Postamt zu bringen.

Eine meiner typischen Aufgaben war es fortan, Rezepte von Ärzten abzuholen, die ich dann zur Zusammenstellung der Mixturen im Labor abgeben musste. Manchmal wurde ich dann sogar als «Hilfsapotheker» aktiv. Nach genauen Anweisungen hatte ich Kräutermischungen abzuwiegen und in spezielle Beutel zu füllen. «Mein» Apotheker, Otto Willecke, hatte abgesehen von seinem Geschäft in der Wandsbeker Chaussee noch weitere Filialen in Rissen und Wedel, also weit entfernt im mir kaum bekannten Westen der Stadt. Willecke war spezialisiert auf Homöopathie und Naturheilverfahren.

Gern machte ich die Tour zu einem Krankenhaus in der Johnsallee nahe der Universität. Die Ärzte und Schwestern dort, denen ich meine Medikamente brachte, waren stets sehr nett und schenkten mir etwas zu naschen oder ein paar Münzen. Irgendwann bemerkte ich, dass es ein Israelitisches Krankenhaus war, alle Mitarbeiter waren Juden. Ich bekam einen Schreck. Das sind sie also, die Volksfeinde, Parasiten, unser größtes Unglück?, dachte ich. Ich konnte es nicht glauben. Die Erwachsenen erzählten, dass die Juden allmählich alle abgeholt und in Lager gebracht würden, auch das Wort Konzentrationslager fiel. Manche Leute flachsten auch: «Wenn du nicht artig bist, kommst du ins Konzentrationslager.» Wieder schaute ich zu Hause im «Volks-

Brockhaus» nach: «Polizeilich bewachtes Unterkunftslager für Volksschädlinge aller Art, die hier zu nutzbringender Arbeit angehalten werden», las ich da. Niemand konnte sich vorstellen, was dort passierte. Dennoch glaube ich, dass derjenige, der damals darüber mehr erfahren wollte, auch mehr erfahren hätte.

Viele Menschen hörten heimlich die Feindsender, um sich ein realistisches Bild von der Situation an der Front zu machen, um zu erfahren, wie es wirklich um die Angehörigen stand, die an der Front kämpften. Dort wurden auch früh schon die Verbrechen der Nazis benannt. Aber ich glaube, die Mehrzahl der Deutschen interessierte das Schicksal ihrer jüdischen Landsleute nicht. Man war mit sich selbst beschäftigt, empfand zudem wenig Empathie für die Juden, da hatte die NS-Propaganda schon gewirkt. Zumal es ohnehin tiefsitzende Vorurteile gab.

Mich hatten diese Begegnungen mit den Angestellten des Krankenhauses in der Johnsallee sehr nachdenklich gemacht. Als ich später ziemlich niedergeschlagen in einem Nebenraum der Apotheke saß und darüber nachdachte, wie es sich vertrug, dass diese freundlichen, spendablen Menschen die Feinde unseres Volkes sein sollten, kam Herr Willecke zu mir. Er strich mir über den Kopf und fragte mich: «Willst du nicht wieder in das Israelitische Krankenhaus fahren?» Den Tag darauf schwänzte ich meinen Dienst beim Jungvolk.

Vor allem Willeckes Teemischungen waren sehr begehrt, ich hatte viel zu tun. Diese Fahrten einmal quer durch Hamburg empfand ich als überaus mühsam, mitunter waren sie 30 Kilometer lang. Bepackt mit den schweren Biomalz-Dosen und den Teepäckchen, strampelte ich mich ordentlich ab. Die Fahrräder damals hatten keine Gangschaltung und technische Raffinessen, sie waren insgesamt viel schwerer als heute. Völlig erschöpft kam ich nach so einer Tour in der Apotheke wieder an, musste das

Geld abrechnen und ausfegen, das war es dann vorerst. Zu Hause warteten nach dem Abendessen dann noch die Hausaufgaben auf mich.

Das war also die Selbständigkeit, die Lizzy von einem Zehnjährigen erwartete. Für diese Schufterei erhielt ich acht Mark die Woche. Fünf Mark wurden auf ein Sparbuch einbezahlt, sagte man mir, doch davon sah ich auch später nicht einen Pfennig. Zwei Mark musste ich «zum Haushalt» beisteuern, die waren also unwiederbringlich futsch. Eine Mark durfte ich behalten. Diese eine Mark, sauer verdient, war für mich dennoch ein großer Schatz. Für dreißig Pfennig konnte ich ins Kino gehen, vom Rest kaufte ich mir Eis. Im Schaufenster eines Eisladens in der Wandsbeker Chaussee rotierte eine Scheibe, deren rotweiß abgesetzte Farbfelder während des Drehens zu einem Rosa verschmolzen. Allein das Eisausgeben glich einem Ritual: Der Verkäufer nahm eine Waffelhälfte in die eine Hand, schabte mit einem Holzbrettchen Eis aus dem Kessel und klappte dann die zweite Waffelhälfte auf die Portion.

Ich achtete stets sehr darauf, dass von meinem Verdienst noch etwas übrig blieb. Denn wenn ich meine Mutter oder Opa Schill besuchen wollte, brauchte ich Fahrgeld für die Straßenbahn – wiederum dreißig Pfennige für die Hin- und Rückfahrt. Hatte ich mein Geld vernascht, lief ich zu Fuß die zehn Kilometer hin und zurück – ich war ja in der Übung. Haushalten musste ich auch mit meiner Freizeit. Die Besuche bei meinen Lieben musste ich mir «stehlen»: Manchmal schwänzte ich die Schule, manchmal auch den allmittwöchlichen Dienst beim Jungvolk, der längst schon seinen Zauber verloren hatte. Nur die großen Aufmärsche des Jungbanns, über tausend Jungen umfassend, faszinierten mich. Das hatte etwas von Festival-Atmosphäre. Musikzüge formierten sich, Trommler und Fanfarenbläser, es hatte etwas Überwältigendes. Man hörte schon etliche Straßen weit entfernt das Musizieren, Marschieren und Raunen.

Auf dem Weg zum Sammelplatz eines solchen Spektakels hielt mich eines Tages ein HJ-Führer an und schnarrte in unfreundlichem Ton: «Welche Einheit?»

Ich musste strammstehen, Hände an der Hosennaht und meine «Maßgaben» herunterspulen: «Jungzug 2, Fähnlein 8, Bann 282, Stammführer!»

Dass es sich bei ihm um einen Stammführer handelte, sah ich an der weißen Schulterschnur. Meine Großeinheit war das Fähnlein 8, das wiederum zum Jungbann Hamburg-Ost gehörte, der die Nummer 282 hatte. Heute würde man das unseren Strichcode nennen. Das gesamte Jungvolk wie auch die Hitlerjugend waren streng hierarchisch organisiert. Unser Jungbann war einem Gebiet zugeordnet, geleitet von einem Gebietsführer, über dem nur noch der Reichsjugendführer thronte, Baldur von Schirach. Im Nürnberger Prozess wurde dieser Verführer der Jugend später zu 25 Jahren Gefängnis verurteilt, die er in Berlin-Spandau absaß. Im weiteren Kriegsverlauf wurde von Schirach Gauleiter von Wien, Nachfolger als Jugendführer wurde Arthur Axmann. Axmann wiederum war für die Einführung der sogenannten Reichsausbildungslager verantwortlich, in denen Deutschlands Jugend das Kriegshandwerk lernen sollte. Für mich sollte ein solches Reichsausbildungslager noch eine zentrale Bedeutung haben.

Wieder einmal war ich bei meinem Opa Schill, der als Schneider allmählich «Stoffbeschaffungsprobleme» bekam. Zwar konnte er bis weit in den Krieg hinein bei Karstadt guten Stoff kaufen – aber das Angebot schrumpfte dahin. Also bediente er sich bei der «Nationalsozialistischen Volksfürsorge», die auch

Altkleidersammlungen durchführte. Da er fast nur noch mit Ausbesserungsarbeiten beschäftigt war, also Löcher flickte und Hosen änderte, reichten die dort erhältlichen Stoffreste. Damals wurden viele Kleider mit Flicken versehen, denn neue Kleidung gab es nur auf Bezugsscheine, die von Fall zu Fall von den Ortsämtern ausgegeben wurden.

Wenn der Opa Stoff kaufen ging, durfte ich manchmal mit. Er hatte seine eigene Holzmaßleiste in Ellenlänge mitgebracht, begutachtete die Ballen und maß mit flinken Griffen die nötigen Meter selbst ab. Die Verkäuferinnen merkten sofort, dass hier ein Fachmann am Werke war.

Während ich bei ihm saß, hockte er wieder mal auf seinem Arbeitstisch und nähte. Als ich erzählte, dass ich nun getauft und ein Christ sei, brummte er vor sich hin: «Dann musst du ja jetzt auch die sogenannte Heilige Schrift lesen …»

Ich sagte: «Ja, aber das langweilt mich. Und ich verstehe vieles davon gar nicht.»

Daraufhin er: «Du musst dir nur die interessanten Stellen heraussuchen.»

Und dann erzählte er, bevor er Marx und Engels gelesen hätte, habe er sich auch intensiv mit der Bibel beschäftigt. «Glaubst du mir das nicht? Dann pass mal auf, min Jong», meinte er und zwinkerte mir dabei zu. «Schon zu Zeiten der Altvorderen muss es Fahrzeuge und Chauffeure gegeben haben, denn in einem Bibelvers heißt es: ‹Leid soll dich nicht wieder fahren …›»

Ich musste lachen.

Weil ich an diesem Tag meinen Matrosenanzug trug, dazu die Mütze, auf der «Kriegsmarine» stand, erzählte mir Opa Schill die Geschichte des russischen Panzerkreuzers «Potemkin», dessen Matrosen im Russisch-Japanischen Krieg gegen den Zaren gemeutert hatten.

«Und wenn Günter groß ist, dann kämpft er auch für die Menschenrechte und hilft, die da oben davonzujagen … nä, Adolf?», rief die Oma und suchte Bestätigung bei ihrem Mann.

«Typisch Oma», lächelte der Opa.

Und dann stand das Mittagessen auf dem Tisch, Bohnensuppe. Nach dem Essen steckte er mir 20 Pfennige Fahrgeld zu und sagte: «Es ist Zeit zu gehen. Tschüs, mein kleiner roter Matrose.» Und ich fuhr zurück nach Eilbek.

Die früheren Genossen besuchten meinen Vater kaum noch, dafür aber sein Bruder. Wie stets zog sich Onkel Walter dann mit meinem Vater in die gute Stube zurück. Wir hatten ja, wie übrigens unsere Nachbarn auch, sonst nur ein Schlafzimmer und eine Küche, zudem ein Kinderzimmer. In der Küche wurde gekocht, gegessen, man hielt sich auch tagsüber dort auf. In der Küche gab es, wie überall in Hamburg, einen «Handstein», das war ein Becken mit einem Messingwasserhahn darüber. Hände und Gesicht wusch man sich hier auch, und natürlich nur mit Kaltwasser. Wenn am Wochenende «gebadet» wurde, stand man in einer großen Zinkwanne in der Küche, die zum Teil auch mit warmem Wasser gefüllt wurde, das vorher in mehreren Töpfen auf dem Küchenherd erhitzt worden war. Es ging der Reihe nach, und man hatte nur Kernseife. Auf diese Weise, meistens im selben Wasser, fand also die Ganzkörperreinigung statt.

Furchtbar war für uns Kinder der monatliche Waschtag, die Reinigung der Wäsche also. Die war meist wirklich verdreckt. In einem großen Zinkkessel wurde die Schmutzwäsche über Nacht eingeweicht und dann in heißer Persillauge gekocht. Danach tat man die Wäsche in die schon erwähnte Bade-Zinkwanne, ein Waschbrett kam hinein, und dann ging das Ruffeln los. Das mussten Hermann und ich machen, und wir lösten uns gegenseitig ab. Noch schlimmer für uns aber war, wenn wir auf dem Dachboden die großen Bettbezüge und Laken zum Trocknen aufhängen mussten, die vorher noch ordentlich kraftaufwendig gestreckt werden mussten.

Unsere gute Stube war mit einem Kanapee, zwei Polstersesseln, einem großen Tisch, vier Stühlen und einem gewaltigen Bücherschrank an der Wand ausgestattet. Wenn es mir mal gelang, einen Blick in diesen für uns schwer erreichbaren Raum zu werfen, dann bewunderte ich die vielen schönen Bücher mit den aufwendigen Buchrücken, die hinter dem Glas standen. Mein Vater sagte stets, die seien noch nichts für mich – ich solle in die öffentliche Bibliothek gehen, wenn ich in Büchern blättern wolle. Dort fand ich dann auch meinen Lesestoff: von Karl May bis Daniel Defoes «Robinson Crusoe». Wenn ich die Bücher zurückbrachte, schnarrte mich die Bibliotheksaufsicht stets an: «Zeig mal deine Hände!»

Hatte ich schmutzige Hände, zog sie daraus Rückschlüsse auf die Behandlung der Bücher. Also bemühte ich mich, stets mit sauberen Händen in die Bücherei zu gehen.

Jetzt saßen also Onkel Walter und mein Vater in der «guten Stube». Walter hatte nach der Zerschlagung der sozialdemokratischen Zeitung «Hamburger Echo», für die er als Setzer gearbeitet hatte, eine neue Anstellung gefunden. Es ging ihm also gut, und er war freigebig. Er gab mir etwas Geld, und ich musste in die Gaststätte «Zauberflöte» am Roßberg gehen, um für ihn und meinen Vater einen Krug Bier zu holen. Der Krug, den man damals leihweise bekam, fasste fünf Liter, es war ein bauchiges grünes Glasgefäß mit einem Porzellanverschluss.

Der Kneipenwirt begrüßte mich freundlich: «Na, Günter, bist du wieder mal der Bierkutscher?»

Hinter dem Schanktisch war ein Schild angebracht, auf dem stand: «Sub di dun un freet di dick un hol dat Mul von Politik!» Sauf dich voll und fress dich dick und halt das Maul von Politik. Das war übrigens eine Weisheit, die unter den Nationalsozialisten überlebenswichtig sein konnte, denn die von Alkohol gelösten Zungen sprachen bisweilen leichtfertig Dinge aus, die einen in Konflikt mit der Geheimen Staatspolizei bringen konnten. Und jeder Wirt wollte vermeiden, sich solche Scherereien aufzuhalsen.

Ich erledigte diesen Botendienst gerne, denn die Leute in der «Zauberflöte» waren stets lustig, was sicher auch am bereits erhöhten Alkoholpegel lag. Sie schwärmten dieses Mal nicht singend von «Twee scheune Karbonaden», sondern von «Snuten und Poten» – Hamburger Kneipenlieder drehen sich oft ums Essen. «Dat sünd de Snuten un Poten, dat is'n fein Gericht, Arven un Bohnen, wat scheun'res gifft dat nicht», hieß es da. Was bedeutet: Schnauzen und Pfoten, das ist ein feines Gericht, Erbsen und Bohnen, was Besseres gibt es nicht. Ich bekam einen Lolli spendiert, während ich auf den gefüllten Bierkrug wartete. Ein Pferdefuhrwerk beladen mit Stangeneis hielt vor der Kneipe. Der Kutscher nahm die Eisblöcke auf seine mit einer Lederklappe geschützte Schulter und trug sie in den Keller, wo damit die Bierfässer gekühlt wurden.

Mit dem Fünflitergefäß zu Hause angekommen, hörte ich meinen Vater und Walter tatsächlich zivilisiert und leise sprechen – politische Themen vermieden auch sie. Resignation machte sich breit.

Mein Bruder Hermann und ich liebten es, mit unseren Elastolinsoldaten Krieg zu spielen. Damit wir ein möglichst großes Heer zusammenbekamen, trafen wir uns mit unserem Freund Hans Werner. Der war so alt wie mein Bruder. Sein Vater war ein kriegsversehrter ehemaliger Hauptmann, der zumeist daheim auf seinem Sofa lag und über Schmerzen klagte. Hans Werner und Hermann befehligten das deutsche Heer. Ich, weil ich der Kleine und nicht der Klügste war, wie sie meinten, musste die englisch-französische Streitmacht mit ihren Hilfssoldaten aus den Kolonien übernehmen. Hans Werner hatte das größte Kontingent, besaß sogar Kanonen und Tanks, Offiziere und Generäle.

Mit Hans Werner tauschten wir die Figuren auch. Eines Tages brachten Hermann und ich eine Gruppe SA-Männer und einen Hermann Göring mit nach Hause. Papa wurde wütend und wollte sich Göring greifen, doch Hermann ging dazwischen und warf Göring in die Zimmerecke. Papa gab ihm dafür eine Backpfeife, schnappte sich die Figur, entriegelte die gusseiserne Ofentür und übergab Göring den Flammen. «Schleppt mir nicht wieder diese faschistischen Hampelmänner ins Haus!», sagte er zu uns mit drohendem Zeigefinger.

Als Oberbefehlshaber der Alliierten konnte ich mir beim Spielen noch so viel Mühe geben, am Ende erlebte ich immer mein «Dünkirchen» und verlor – darüber herrschte bei den beiden Großen Einigkeit. Ich musste stets um Waffenstillstand bitten und meine Überlebenden in die Gefangenschaft überführen. Nach einiger Zeit hatte ich die Nase voll und spielte nicht mehr mit.

In der guten Stube meiner Mutter ging es anders zu. Oft wenn ich meine Mutter und ihren Mann im Arbeiterstadtteil Hammerbrook besuchte, bekam Helmut Kruschak Besuch von «Arbeitskollegen». Nebenan wurde stets hitzig debattiert, während ich mit meinen kleinen Halbgeschwistern spielte. Immer wieder lauschte ich, weil ich so neugierig war – so hatte ich ja bereits im Sommer ihre Irritation über den Hitler-Stalin-Pakt mitbekommen. Erst später wurde mir klar, dass es sich bei den Besuchern nicht um Kollegen, sondern um Genossen handelte.

Hier trafen sich Kommunisten, die ihrer Gesinnung treu geblieben waren. Ich hörte von Flugblättern, dass man von diesem oder jenem Kollegen nichts mehr gehört hatte, von Beiträgen die es zu zahlen galt. Sie alle waren der Pseudogewerkschaft Deutsche Arbeitsfront (DAF) beigetreten, was ihrer Tarnung guttat. Ob man das bereits als «Widerstandszelle» bezeichnen konnte, weiß ich nicht – aber es war ein Kreis von NS-Gegnern, die hitzig diskutierten und auch aktiv wurden, indem sie illegale Zeitungen und Flugblätter transportierten und verteilten.

«Heil Hitler, haben Sie Knochen?»

Am 22. Juni 1940 feierten Rundfunk und Zeitungen den Sieg Deutschlands über Frankreich, nachdem zuvor Norwegen, Holland und Belgien besiegt worden waren. Euphorie löste das in meiner Familie nicht aus. Doch immerhin hatten alle die Hoffnung, dass der Krieg nun bald zu Ende sei. Es gab ja kaum noch unbesiegte Feinde, mal abgesehen von England. Hitler hielt eine Rede und forderte sinngemäß die Engländer auf einzulenken – man könne den Krieg jetzt beenden. Aber der neue britische Premier Winston Churchill dachte gar nicht daran, vor Hitler zu Kreuze zu kriechen. In unserem Alltag wurde, trotz der verkündeten Triumphe, der Krieg präsenter.

Es gab öfter Fliegeralarm. Im Jungvolk lernten wir in diesen Tagen eines der Propagandalieder von Wilhelm Stöppler: «Hört ihr die Motoren singen: Ran an den Feind! Hört ihr's in den Ohren klingen: Ran an den Feind! Bomben! Bomben! Bomben auf Engelland!»

Das war naiv und dumm; gerade wir Großstadtkinder sollten noch bitter erfahren, wie verheerend dieser Bombenkrieg war. Genau auf unsere Hausnummer in der Papenstraße zu stieß die Straße Roßberg. Hier befand sich meine Schule, und nebenan gab es eine Fabrik mit Namen Mühlmeister und Johler. Auf deren Dach hatte man eine der ersten Luftschutzalarmsirenen montiert. Schon wenn sie zur Probe aufheulte, erschraken wir immer heftig. 1940 gab es überall schwarzes Papier zu kaufen: Damit mussten die Fenster verklebt werden. Auch die Scheinwerfer der Fahrzeuge und sogar die Fahrradlichter bekamen schwarze Blenden. Nur ein fingerbreiter Streifen Licht blieb frei. Wenn es dunkel wurde, liefen die NS-Obleute, die Luftschutz- warte, durch die Straßen. «Licht aus!», riefen sie monoton und maßregelten Verstöße. Überall sah man Plakate mit dem Auf- ruf: «Denk an die Verdunkelung!» Und auch im Kino wurde der Spruch jeweils am Ende eines Filmes eingeblendet. Deutschland wurde dunkler, und das passte zum politischen Klima. Die Men- schen trugen kleine phosphoreszierende Abzeichen, in Hamburg waren das oft kleine Möwen. Daran sollte erkannt werden, dass in der Dunkelheit jemand entgegenkam.

Wegen der zunehmenden Luftangriffe auf deutsche Städte und weil die Bevölkerung in den Kellern vor den Bomben nicht mehr sicher war, wurden ab 1940 überall im Stadtgebiet Luft- schutzbunker gebaut. Zunächst gab es runde, turmartige Bunker mit spitzen Dächern, gebaut aus Ziegelsteinen. Da diese aber nur wenigen Menschen Schutz boten, begann man große, mehr- stöckige Hochbunker zu bauen. Einige waren gewaltig wie Fes- tungen und hatten auf dem Dach ganze Flugabwehrbatterien. Bekannt sind die Anlagen nahe dem Zoologischen Garten und am Humboldtshain in Berlin sowie auf dem Heiligengeistfeld in Hamburg. Wer in der Nähe solcher Anlagen wohnte, hatte im Falle eines Fliegerarms Glück und konnte sich schnell in Sicher- heit bringen.

Wer im Schutz der Verdunkelung oder bei Fliegerangriffen auf Diebestour ging, wurde hart bestraft. So berichtete eine Hamburger Zeitung von einem Prozess gegen «G. Dahlhaus und Genossen». Sie hatten einen Betrunkenen im Schutze der Dun- kelheit beraubt und wurden zu hohen Gefängnisstrafen verurteilt. Etwas später hätten sie dafür vermutlich mit ihrem Leben bezahlt.

Alles wurde rationiert. Schokolade, Kaffee und Tabakwaren konnte man in kleinen Mengen auf Bezugsschein bekommen.

Südfrüchte wie Apfelsinen oder Bananen waren komplett aus den Läden verschwunden. Mitunter kündigten die Zeitungen die Ausgabe von selten gewordenen Waren an: zum Beispiel, dass auf Abschnitt G der Lebensmittelkarte im August ein Hühnerei zu erstehen war. Wer körperlich schwer arbeitete, erhielt eine «Schwerarbeiterkarte». Bei den vielen Lebensmittelkarten und Monatsbezugsscheinen war es schwer, den Überblick zu behalten. Sie gingen, wenn sie einmal abgetrennt waren, auch schnell verloren, dann gab es zu Hause großen Ärger. Es wurden auch Karten gefälscht, darauf stand ebenfalls eine hohe Zuchthausstrafe.

In großen Städten wie Hamburg gab es gelegentlich «Sonderzuteilungen». Wenn Schokoladenfabriken die Fabrikation umstellten oder die Maschinen dort gereinigt wurden, standen zumeist Frauen oder Kinder in langen Schlangen an, um die Schokoladenreste zu ergattern. Innereien und Restfleisch bezog man gelegentlich in sogenannten «Freibank»-Geschäften. Die Menschen nahmen es stoisch hin – und machten ihre Witzchen. Ein Lied der damals im Reich sehr beliebten ungarischen Sängerin Marika Rökk lautete: «Es geht alles vorüber, es geht alles vorbei, doch zwei, die sich lieben, die bleiben sich treu …» Daraus machte der Volksmund: «Es geht alles kopfüber, es ist alles vorbei, doch dann im Dezember gibt's wieder ein Ei.»

Alles war knapp, auch Seifen von guter Qualität wie die beliebte «Sunlicht» zum Beispiel. Dafür gab es eine Einheitsseife, so wie es auch Einheitsmargarine, Ersatzkaffee etc. gab. Diese Seife war hart und erzeugte kaum Schaum. «RIF» stand mit Großbuchstaben auf der Verpackung. Dass diese Abkürzung «Reichsstelle für Industrielle Fette und Waschmittel» bedeutete, wussten wir damals natürlich nicht. Die stets aktive Gerüchteküche hatte eine schreckliche andere Erklärung für dieses Kürzel: «Rein israelitisches Fett» soll das bedeuten, so munkelten die Leute, denn die Seife werde aus menschlichen Knochen und Fett erzeugt, das vor allem von den verschwundenen Juden stammen solle.

In den ersten Kriegsjahren kam es noch vor, dass deutsche U-Boote aufgebrachte feindliche oder neutrale Frachtschiffe wegen ihrer wertvollen Ladung nicht versenkten, sondern mit einem sogenannten «Prisenkommando» an Bord in deutsche Häfen einlaufen ließen – zum Beispiel nach Hamburg. Leicht verderbliche Waren wurden dann schnell in Hamburger Verteilstellen verkauft. Lizzy reagierte darauf, indem sie zu Hause stets etwas Geld bereitlegte, um im Ernstfall «flüssig» zu sein. Einmal gelang es mir so, zehn Dosen portugiesische Ölsardinen zu ergattern. «Sardinhas Portuguesas» stand auf den Dosen. Für uns grenzte das an ein Wunder. Als es dann einmal Bananen gab, erbeutete ich davon drei Stück. Die wurden zu Hause wie Schätze bewundert. Jeder von uns bekam eine – nur mein Vater verzichtete großherzig. Er rauchte lieber eine seiner Zigaretten. Während wir langsam die Bananen im Mund zergehen ließen, sagte er aber: «Solche exotischen Früchte habe ich ja seit Jahren nicht mehr gesehen.»

An allem wurde gespart. Hermann Göring als Bevollmächtigter für die Durchführung des sogenannten Vierjahresplanes zerbrach sich offensichtlich über den Nachschub an Eisen für die Waffenproduktion den Kopf. Und er kam auf die glorreiche Idee, im großen Umfang gusseiserne Zäune und Fenstergitter zu demontieren. Also verschwanden diese oft hübsch verzierten Gartenzäune allmählich aus dem Stadtbild, vor allem aus Hamburgs bürgerlichen Stadtteilen. Die deutsche Boxlegende Max Schmeling, durch den weltweiten Erfolg zu Wohlstand gelangt, besaß ein sehr schönes Landgut, Ponickel bei Rummelsburg in Pommern, wo er zusammen mit seiner Frau lebte, der Schauspielerin Anny Ondra. Weil er jüdische Freunde schützte und wohl während der Pogromnacht im November 1938 vom Mob bedrohten Juden in seinem Hamburger Hotelzimmer Schutz geboten hatte, war er bei den herrschenden Nazis in Ungnade gefallen. Um zu demonstrieren, dass es keinen «Prominenten-bonus» gebe, ließ Göring auch die gusseiserne Umzäunung von Schmelings Rittergut beschlagnahmen. Der Hamburger Volks-mund dichtete: «Schmeling het een Rittergut, und Göring rit de Gitter ut!» (Schmeling hat ein Rittergut, und Göring reißt die Gitter raus.)

Wir Kinder hatten zwar keine gusseisernen Gitter herauszurei-ßen, mussten aber nach Schulschluss ausschwärmen, um Roh-stoffe zu sammeln – Knochen zum Beispiel. Die wurden unter anderem zur Seifenproduktion gebraucht. Unser Lehrer erklärte uns, dass Knochen ein wertvoller Rohstoff seien, der der Indus-trie zugeführt werden sollte. Wir sollten uns also am Nachmittag als Knochensammler verdingen. Dazu bekamen wir einen Plan, auf dem die Hausnummern unserer Umgebung eingetragen waren. So etwas wie einen Datenschutz gab es damals nicht, in den amtlichen Adressbüchern konnte die Anschrift eines jeden «Volksgenossen» eingesehen werden.

Ekel vor stinkenden, abgenagten Knochen? – Hatten wir nicht! Wir sahen das eher als Abwechslung. Diese Sammelaktionen fan-den einmal pro Woche statt, dafür fielen die HJ-Nachmittage aus, die ich allmählich als lästig empfand. Denn anders als für die Kinder auf dem Land, die in den Genuss von Geländespielen, Lagerfeuerabenden oder Zeltlagern kamen, hieß es bei uns stets: Im Gleichschritt Marsch! Ewig mussten wir marschieren, bis uns die Lust verging. Das hatte ich mir alles ganz anders vorgestellt. Ich vermisste das Abenteuer, den versprochenen Erlebnisfaktor während der Jungvolk-Aktivitäten. Ich wollte raus aus der Stadt in die Natur, wollte wie Huckleberry Finn im Busch leben, doch wir verließen nicht einmal unseren Stadtteil. Vielleicht brachten ja die Sammelaktionen etwas mehr Abwechslung.

Die ersten Male schwärmten wir in kleinen Gruppen aus – jeweils fanden sich Freunde zusammen. Einer hatte stets einen Bollerwagen dabei, bei uns hießen sie «Blockwagen». Der wurde aber nicht einmal annähernd voll, sodass irgendwann Mutterns Einkaufsnetze zum Einbringen der Beute reichten. Bei den ersten Touren waren wir nicht sehr erfolgreich, weil die Leute natürlich nicht auf unsere Besuche vorbereitet waren und nach dem sonntäglichen Mahl die Knochen den Mülltonnen, ihren Hunden oder Katzen überlassen hatten, statt sie aufzubewahren, bis wir kamen.

«Heil Hitler, haben Sie Knochen?», lautete mein Standard-spruch. Nicht gerechnet hatte ich damit, dass es darauf zumeist sarkastische, teilweise sogar bösartige Antworten gab.

«Ja, aber die brauche ich selber noch, für den Endsieg», lautete eine der Antworten.

Oder: «Ja, und die tun mir weh …»

Oder: «Mit denen könnt ihr auch nichts mehr anfangen, denn meine Knochen zittern und sind morsch», in Anspielung an das damals bekannte Lied «Es zittern die morschen Knochen».

«Sag dem Lehrer, ich habe nicht einmal Fleisch, woher soll ich also die Knochen nehmen?» – so eine eher harmlose Antwort.

Einer meinte: «Für was braucht ihr denn Knochen?» Aus dem Hintergrund seiner Wohnung rief ihm eine Frau die Antwort zu: «Sie wollen daraus den neuen Menschen bauen …»

Manche Leute wurden richtiggehend gemein, scheuchten uns davon oder beschimpften uns. In der Papenstraße gab es einen boshaften alten Mann, vermutlich war er bereits etwas senil. Er wartete stets schon auf uns. Sah er uns, humpelte er auf uns zu und drohte mit seinem Gehstock, dabei schimpfend wie ein Rohrspatz. «Ick war ju helpen, wenn ich ju nomol säh, denn war ick ju» – «Ich werde euch helfen, wenn ich euch noch mal sehe, dann werde ich euch …»

Ich habe keine Ahnung, was der Mann von uns wollte. Vielleicht vermutete er, wir hätten etwas ausgefressen. Wir liefen vor ihm weg, mein Freund Hans-Peter rief ihm dabei stets zu: «Dabbelju …» Was so ähnlich wie der letzte Halbsatz klang, mit dem er uns stets drohte. Wir überlegten, ob wir ihn unserem Lehrer melden sollten. Doch der hätte bestimmt die Behörden alarmiert, und die hätten ihn abgeholt. Also ließen wir ihn schreien, warnten uns aber immer gegenseitig: «Achtung, da kommt Dabbelju …»

Die Stimmung im Volk war nicht gut. Und weil wir in unseren Jungvolk-Uniformen als «Botschafter» der NS-Herrschaft wahrgenommen wurden, uns Kindern aber nicht zugetraut wurde, Beleidigungen umgehend unseren Lehrern zu melden, bekamen wir den Unmut der Deutschen mit den Verhältnissen zu spüren. Die Leute fühlten sich ermutigt, uns ihren tiefsitzenden Frust über die Verhältnisse mitzuteilen, während sie vor den NS-Behörden kuschten.

Obwohl mich diese Reaktionen mutlos machten, gab ich nicht auf, getreu dem «Führerspruch» «Zäh wie Leder, hart wie Kruppstahl …». Einige versprachen mir, Knochen aufzubewahren, wenn sie das nächste Mal Fleisch äßen. Und allmählich fand ich heraus, bei welchen Leuten ich klingeln musste, um Erfolg zu haben. Es gab sehr freundliche Familien, die obendrein regelmäßig Fleischgerichte auftischten und die Knochen eigens für mich aufbewahrten. Dorthin ging ich dann immer wieder, sodass ich ein recht guter «Knochensammler» wurde. Schweineknochen, Koteletts, also Karbonaden, waren ein verbreitetes

Sonntagsgericht. Rind kam so gut wie nie auf den Tisch. Einerseits waren Schlachtrinder in Deutschland nicht so verbreitet. Kühe gaben Milch, Ochsen halfen als Zugtiere, wurden aber nicht geschlachtet. Zudem sorgte der Krieg dafür, dass die Kühe und Rinder in der Landwirtschaft zunehmend die Aufgaben der Pferde übernehmen mussten, die von der Wehrmacht einkassiert worden waren. Auch Geflügelfleisch war damals die Ausnahme, denn die Aufzucht war für die Bauern ineffizient, Hähnchenmassentierhaltung gab es noch nicht.

Dann gab es die «Freibank», wo Reste oder auch notgeschlachtete Tiere ohne Lebensmittelkarten angeboten wurden. Wir Kinder mussten oft bereits am frühen Morgen dorthin, um zu fragen, ob heute etwas angeboten werde – und falls ja, hieß es dann Schlange stehen. Das konnte Stunden dauern. Mit den so ergatterten Knochen konnte man einen guten Erbsen- oder Bohneneintopf kochen. Je länger der Krieg dauerte, desto weniger Erfolg hatten wir Knochensammler mit unseren Touren. Fleisch war in einer Großstadt wie Hamburg zu einem Luxusartikel geworden.

Ein großes Risiko war es jedoch, die Knochen am Morgen nach der Sammlung zur Schule zu befördern. Oft standen größere Jungs vor der Schule und knöpften uns Kleinen die so mühsam gesammelten Knochen einfach ab. Heute würde man das «abziehen» nennen. Meldeten wir den Diebstahl dem Lehrer, drohten uns die Beschuldigten «Kloppe» an.

Froh konnten wir sein, wenn uns die Rüpel, die zu faul waren, selbst zu sammeln, dann einen kleinen Teil unserer Ausbeute ließen. Auf dem Schulhof waren Tonnen aufgestellt, in die wir das Sammelgut hineinschütteten. Die Lehrer standen dabei und notierten unsere Namen und wie viele Knochen jeder gesammelt hatte. Es gab drei Quantitätsstufen: keine, wenige oder viele

Knochen. Dafür gab es später vom Lehrer Belobigungen oder Tadel – mehr nicht. Händler zahlten den Schulen für jedes Kilo gesammelte Knochen 2,5 Pfennige. Zu Hause schimpfte mein Vater: «Erst singen die Nazis ‹Es zittern die morschen Knochen›, jetzt schicken sie euch los, welche einzusammeln. Und bald wollen sie eure Knochen auch noch haben …»

Lizzy zischte: «Du redest dich um Kopf und Kragen, Hermann.»

Und noch im Bett murmelte ich nachts: «Heil Hitler, haben Sie Knochen?»

Tatsächlich betraf die Knappheit allmählich jeden Lebensbereich. Die bereits mit dem Machtantritt der Nazis eingeführten «Eintopfsonntage» hießen seit Kriegsbeginn «Opfersonntage» – und wurden am jeweils zweiten Sonntag der Monate Januar bis März und Oktober bis Dezember veranstaltet. Gelegentlich wurde auch zu «Pfundspenden» aufgerufen. In geeigneten Räumen, Turnhallen zum Beispiel, wurden Sammelstellen eingerichtet, an denen die Menschen kleine Mengen an Lebensmitteln wie Zucker, Mehl oder Margarine abliefern konnten. Das sollte dann hilfsbedürftigen «Volksgenossen» zugutekommen, Hinterbliebenen von Gefallenen zum Beispiel. Gedacht war es aber nur für Hilfsbedürftige, die den Nazis genehm waren – also «Arier». Volksdeutsche aus Ost- oder Südosteuropa zum Beispiel, Juden oder Sinti hatten weiter zu frieren und zu hungern. Als auch das Heizungsmaterial allmählich knapp wurde, wandelte der Volksmund den ehemaligen NS-Wahlslogan «Keiner soll hungern oder frieren» um in «Keiner soll hungern, ohne zu frieren!».

In Rundfunk, Kino und Zeitungen riefen die Nazis ständig zur Sparsamkeit auf. Dazu wurden lustige Figuren kreiert – nicht nur die Kampagnen, auch ihre medienwirksame Umsetzung waren sehr modern, geradezu eine Vorwegnahme des Grundsatzes der Nachhaltigkeit sowie des Medienzeitalters. Natürlich wissen wir heute, dass es nicht um Nachhaltigkeit oder einen vernünftigen Umgang mit knappen Ressourcen ging, sondern lediglich um die Verlängerung des Krieges.

Doch diese lustigen Figuren mochten wir Kinder sehr. Zum Beispiel rief «Pelle, der Kartoffeldetektiv» im Outfit eines Sherlock Holmes dazu auf, Kartoffeln nicht mehr zu schälen, sondern zu pellen. Slogan: «Pelle, den man rief, als Kartoffeldetektiv!» Denn beim Pellen der gekochten Kartoffel wurde tatsächlich nur die hauchdünne Schale abgezogen, während beim Schälen auch stets eine dicke Schicht des ungekochten Gemüses verloren ging.

Dann gab es da noch eine dickliche Figur, die man das «Groschengrab» nannte. Dieser üble Typ symbolisierte das «Prinzip Ressourcen-Verschwendung», denn er manipulierte an Stromzählern und Gasuhren herum, sodass diese sich schneller drehten. Irgendwann sprangen dann Zehnpfennigstücke (Groschen) heraus, die er begierig auffraß. Die Botschaft: Durch defekte Technik, undichte Gasleitungen, Kurzschlüsse etc. geht Volksvermögen verloren.

Und am Ende einer Kinovorstellung wurde gern noch ein Typ mit Schirmmütze, Augenklappe und einem Sack auf dem Rücken gezeigt – die Botschaft hieß: «Hütet euch vor dem Kohlenklau!» Die auf unverschlossenen Dachböden lagernden Vorräte an Briketts waren eine leichte Beute für Diebe. Vor dem Krieg dachte niemand daran, sackweise das preiswerte und obendrein schwere Heizmaterial zu stehlen. Doch die Not vergrößerte die Zahl der Langfinger, Kohlen und Briketts waren plötzlich ein wertvolles Gut.

Im Comicstil wurde vor Kohlendieben gewarnt.

Bunte Heftchen im Comicstil riefen die Kinder zur Kartoffelkäfersuche auf. Unterstellt wurde, Briten und Amerikaner würden Kartoffelkäfer über deutschen Feldern abwerfen. «Denkt euch nur, ein Käferpaar hat in einem einz'gen Jahr Nachgeborne viel Millionen», hieß es in dem Heft.

Die Rohstoffnot schien vor nichts haltzumachen – nicht einmal vor unserem Fußball. Weil Leder begehrt und selten war, gab es keine Fußbälle mehr. Selbst die ledernen Schulterriemen unserer HJ-Uniform mussten wir abgeben, wir bekamen dafür welche aus schwarzer Presspappe.

In unserer Freizeit sammelten wir Zigarettenbilder, so wie die Kinder heute Fußballbildchen von Panini. Wir spielten eifrig das «Steckbuchspiel». Die Seiten eines Schreibheftes wurden von der Mitte aus umgeknickt. In einige dieser geknickten Seiten wurden Zigarettenbilder eingelegt. Wenn ein anderer auch so ein

Steckbuch hatte, musste man seines hinhalten. Das Spiel ging so: Der andere steckte ein Zigarettenbild in eine beliebige Seite. Fand sich darin noch ein Bild, gehörte es ihm.

Allerdings war es nicht leicht, an diese Bilder zu gelangen. Sie waren nur in den Schachteln der besten Sorten zu finden: Eckstein, Juno oder Attika. Und die gab es seit Kriegsbeginn kaum noch.

Mein Vater rauchte aber nur die billigen Sorten, «Schwarzweiß» oder «Halbe fünf» zum Beispiel. Wenn wir also jemanden eine Zigarettenschachtel öffnen sahen, liefen wir hin und fragten, ob wir das Bild bekommen konnten. Auch in den Papierkörben an den Hochbahnstationen fanden wir schon mal Schachteln mit den begehrten Bildchen. Es gab Zigarettenbilder verschiedener Serien – der Erste Weltkrieg, die deutsche Wehrmacht, die ehemaligen Kolonien. Aber am liebsten mochte ich die Serie mit bekannten Filmschauspielern. Irgendwann im Laufe des Krieges verschwanden die Zigarettenbilder dann vollständig aus den Schachteln, auch hier wurde gespart.

Wir passten uns den Verhältnissen an und sammelten andere Dinge: Granatsplitter von den Geschossen der Fliegerabwehrkanonen zum Beispiel. Noch 1941 sahen wir in den Luftangriffen auf Hamburg eine Art Abenteuer, sie boten uns Unterhaltung, so makaber das klingt, vergleichbar mit Fernsehen oder den heute so populären Computerspielen. Auch wenn es unglaublich klingt: Wir empfanden das so, denn die tödliche Gefahr, die von diesen Angriffen ausging, war uns anfangs noch nicht bewusst. In klaren Nächten standen wir draußen und sahen die Scheinwerferbündel unser Flugabwehr am Himmel, auf der Suche nach englischen Fliegern, die sie mitunter erfassten. Hatten die hellen Leuchtbalken erst mal einen feindlichen Flieger fixiert, gab es für ihn in den meisten Fällen kein Entrinnen mehr, trotz all der fliegerischen Kapriolen, zu denen er ansetzte. Gebannt blickten wir zum Himmel, beobachteten das Duell und sahen, wie die kleinen Explosionswölkchen der Flakgeschosse die Flugbahn des Bombers säumten.

Alle deutschen Städte waren eingebettet in einen Ring aus Flakstellungen, in denen ab 1943 Jugendliche, die sogenannten Flakhelfer, die Geschütze bedienten. Wurde der Flieger von einem Geschoss getroffen, freuten sich meine Freunde stets, jubelten, wie man sich heute während einer Fußball-Live-Übertragung über ein Tor seines Lieblingsvereins freut. So richtig begeistert war ich von dieser Jagd da am Himmel nie. Eigentlich freute ich mich nur, wenn ich am Himmel kleine Fallschirme sah. Was bedeutete, dass sich die Besatzung hatte retten können.

Am folgenden Tag gingen wir Kinder dann die Straßen entlang und suchten Granatsplitter von den Geschossen der Fliegerabwehrkanonen. Wir tauschten sie untereinander. Wenn einer der Splitter noch ein Stück des Führungsringes aufwies, war er so wertvoll wie fünf andere Stücke. Am begehrtesten waren Bombensplitter aus Leichtmetall, dafür gab es beim Tausch unter uns Jungens zehn andere. In der ersten Zeit waren Leichtmetallsplitter für uns sogar so wertvoll wie eine seltene Briefmarke.

Doch das Angebot an Fundstücken wurde im Verlauf des Krieges immer größer, der Umtauschkurs sank, Folge des forcierten Bombenkrieges der Alliierten gegen das Reich, das die Lufthoheit verlor und den Himmel über den Städten nicht mehr wirksam zu schützen vermochte. Immer mehr Bomben fielen und begruben so manchen der kleinen Sammler unter sich.

Um die Kinder vor den Bombennächten besser zu schützen, wurde ab Oktober 1940 die Kinderlandverschickung (KLV) eingeführt. Vorrangig Kinder aus Großstädten reisten, oft klassenweise, zusammen mit ihren Lehrern in vermeintlich sichere Gebiete in ländlich geprägten Regionen oder in besetzten Territorien – nach Böhmen und Mähren, ins polnische Wartheland, nach Bayern oder in die «Ostmark», nach Österreich also.

Landluft

Am 22. Juni 1941 marschierte die Wehrmacht in die Sowjetunion ein – für alle überraschend hatte das Bündnis Hitlers mit Stalin nicht einmal zwei Jahre gehalten. Schon vorher hatte es in den deutschen Zeitungen viele Berichte gegeben, die behaupteten, dass sich an der deutsch-russischen Demarkationslinie massiv sowjetische Truppen konzentrierten, die nur darauf warteten, Deutschland zu überfallen. Als der Rundfunk dann am 22. Juni meldete, der Führer sei «in seiner Weitsicht» der russischen Heimtücke zuvorgekommen, saß mein Vater Zigarette rauchend in der Küche und murmelte vor sich hin: «Endlich …»

Ich fragte nach: «Was meinst du denn damit?»

Und er erklärte mir: «Jetzt hat das Großmaul den Krieg verloren. Die Sowjetunion ist unbesiegbar. Glaub mir das, mein Junge, bald ist der Krieg vorbei …»

Mich beruhigte das keineswegs. Im Treppenhaus hörte ich ihn später mit den Nachbarn diskutieren. Vater gab aber nicht zu erkennen, dass er die Niederlage herbeisehnte, sondern mimte den Besorgten: «Das geht schief, denkt doch mal an Napoleon, der stand bereits im brennenden Moskau und hat den Krieg trotzdem verloren. Wenn das mal gutgeht …»

Trotz Sondermeldungen, die in den nächsten Wochen Sieg auf Sieg vermeldeten, waren die Menschen nicht mehr zuversichtlich, sondern bedrückt: Jeder hatte Angehörige, die jetzt in die Weiten Russlands marschierten, an eine sichere Heimkehr glaubten die wenigsten. Zu unbekannt war dieses riesige Land, zu heimtückisch seine geographischen und klimatischen Besonderheiten. Das war nicht Polen, Dänemark oder Frankreich – hier ging es rund um den halben Globus.

Tags darauf besuchte uns Onkel Walter. Wieder einmal belauschte ich die beiden Brüder, es gab ja sonst nicht viel Ablenkung. Sie waren endlich einmal einer Meinung. «Jetzt ist der Scheißkerl am Ende», hörte ich meinen Vater sagen. «Die Sowjetunion kann er nicht besiegen.»

Walter stimmte ihm zu.

«Es war dumm von dir, mich immer als ‹Sozialfaschist› beschimpft zu haben. Wir haben damals sehr viel riskiert. Als Setzer habe ich in der Redaktion des ‹Hamburger Echos› des Öfteren den ‹Stoßtrupp› bearbeitet. Und einmal traf ich sogar Blumenberg», erzählte er.

Werner Blumenberg war in Hamburg der «Cheforganisator» der SPD-Untergrundtätigkeit während der Nazi-Herrschaft, ein sehr mutiger Mann, der sich noch vor dem Machtantritt Hitlers mit strategischen Fragen des Widerstandes in der Illegalität beschäftigt hatte. Ab Ende 1933 hieß diese Gruppe «Sozialistische Front», SF. Der «Rote Stoßtrupp», kurz vor der NS-Machtergreifung gegründet, zielte auf eine Zusammenarbeit mit Kommunisten, Trotzkisten, Anarchisten – kurzum mit allen linken Kräften gegen die Nazis. Die gleichnamige Zeitschrift wurde illegal vertrieben. Mein Vater wusste offenbar nichts von der zumindest zeitweise illegalen Tätigkeit seines Bruders und gab sich beeindruckt. «Ja, das ist schon alles dumm gelaufen, dass wir uns gegenseitig die Köppe eingehauen haben und nicht den wahren Feind erkannt haben.»

Bruno, ein Schulfreund, erzählte mir im Sommer 1941: «Meine Schwester trifft sich immer in der Hasselbrookstraße zum Seilspringen und Kippelkappel-Stockspielen, wollen wir auch hin?»

Wir verabredeten uns mit zwei weiteren Freunden und planten, die Mädchengruppe zu «überrollen», ein gängiger Ausdruck der damaligen Zeit. Es ging um «Eroberung», wir wollten die Mädchen ein bisschen ärgern und erschrecken. Wir trafen sie auch, und jeder schnappte sich eine. Mein «Opfer» war so hübsch, dass es mir schlicht die Sprache verschlug. Sie hatte kastanienbraune, offene Haare, ihre Augen strahlten leuchtend wie Sterne, sie trug ein geblümtes Kleid – und nicht diese langweilige BDM-Uniform wie die meisten ihrer Altergenossinnen. Ich rang mit ihr, und schon diese unschuldige Berührung war großartig, wir waren mitten in der Pubertät und ziemlich hilflos, was unsere Gefühle betraf. Da lagen wir plötzlich nebeneinander, und sie fragte herausfordernd: «Und nu, Lütter?»

Das wusste ich leider nicht. Gern hätte sich sie geküsst, aber unter uns Jungen ging das Gerücht um, das dürfe man nicht, denn sonst bekämen die Mädchen umgehend ein Baby. Ich war 13 und sexuell weitgehend unaufgeklärt. Sie war vier Jahre älter und schon beinahe eine Frau. Tagelang träumte ich von ihr.

Sie wohnte in der Hasselbrookstraße, die ich bereits im Zusammenhang mit Max Schmeling erwähnt habe. Wir wohnten fast gegenüber in der Papenstraße 130. Ich war unsterblich verliebt, das Mädchen erinnerte mich an die US-Schauspielerin Maureen O'Hara. Sie war wirklich eine Augenweide, wir unterhielten uns oft oder besser: Ich versuchte es, doch in Wahrheit schenkte sie mir keine große Beachtung. Ich war in ihren Augen ein kleiner Wicht, ihr Interesse galt den älteren Jungen. Was ich damals nicht wusste: Sie hatte sich geweigert, dem «Bund Deutscher Mädel» beizutreten, dem weiblichen Pendant zur Hitlerjugend. Offenbar wurde sie aus diesem Grund zur Zwangsarbeit in die Landwirtschaft abkommandiert, wie ich einer amerikanischen Kurzbiographie über sie später entnahm.

Nach dem Krieg sah ich sie wieder – in Illustrierten, in der Wochenschau, sogar im Film. Sie hieß Ursula Schmidt und wurde nach dem Krieg unter ihrem neuen Namen Ursula Thiess als Fotomodell und Schauspielerin weltbekannt. Auf einem Illustriertentitel war sie in einem zweiteiligen Badeanzug abgebildet, einem Vorläufer des Bikinis. Das sah sehr sexy aus. Sie heiratete den amerikanischen Schauspieler Robert Taylor, eines der begehrtesten Frauenidole, und zog nach Amerika, wo sie 1951 vom LIFE-Magazin zur «schönsten Frau der Welt» erklärt wurde. Sie war wohl im Wortsinn einige Nummern zu groß für mich gewesen. Doch mir blieb der kleine Triumph, ihre wahre Größe, ihre Ausstrahlung, die Magie, die von ihr ausging, schon sehr früh erkannt zu haben.

Im Herbst 1941 traf die bereits erwähnte Kinderlandverschickung auch meinen Bruder Hermann und mich. Hamburg, der zweitgrößten Stadt des Deutschen Reiches, galten immer öfter alliierte Bomberattacken, gegen die sich die mittlerweile auf ganz Europa verteilte Luftwaffe nur noch mühsam zur Wehr setzen konnte.

Wir bekamen ein Formular und eine Fahrkarte ausgehändigt – und ab ging es zum Hamburger Hauptbahnhof. In Begleitung unserer Lehrer fuhren wir mit der Bahn ins oberfränkische Coburg. Es war unsere erste wirkliche Reise überhaupt. Das Erste, was wir sahen, war eine große, schöne Burg, die Veste Coburg mit ihren Zwiebeltürmen und Spitzdächern. Nahe der Stadt Coburg kamen wir in einem schönen, neugebauten HJ-Heim unter. Malerisch gelegen, befand es sich direkt am Flüsschen Itz, gegenüber der Veste. Uns wurde erzählt, dass dies der Stammsitz der Herzöge von Sachsen-Coburg und Gotha und auch des englischen Königshauses sei. Auch Martin Luther soll für kurze Zeit hier Schutz gefunden haben.

Auf Grund unseres Altersunterschiedes wurden mein Bruder und ich auf zwei verschiedene Jungzüge verteilt. Jeder kam in eine andere Klasse. Einheimische HJ-Führer leiteten unsere Züge. Sie zeigten uns, was wir von dieser Gegend und von den hier üblichen Gebräuchen nicht kannten. Der Dienst in der Hitlerjugend war hier wesentlich autoritärer und strenger hierarchisch geordnet, es ging beinahe militärisch zu.

So mussten wir ranghöhere HJ-Führer stets zuerst grüßen. In Hamburg war das nicht üblich. Wir beteiligten uns pflichtgemäß an Straßensammlungen für die NSV (Nationalsozialistische Volksfürsorge), in Hamburg war das alles freiwillig. Überall galt der «deutsche Gruß», «Heil Hitler» also, in Hamburg grüßte man noch oft, wie einem der Schnabel gewachsen war. Ich spürte erstmals, dass es in Hamburg trotz der nationalsozialistischen Gleichschaltung in vielen Lebensbereichen noch immer etwas liberaler zuging. Später erzählte ich meiner Mutter, was ich in Coburg gelernt hatte. Zum Beispiel den Spruch «Der deutsche Gruß gilt überall» – woraufhin sie den Satz vollendete: «… sogar im Schweinestall.»

Schnell stellte ich fest, dass es sich in Coburg aushalten ließ. Vor allem gab es keinen Fliegeralarm, wir konnten nachts durchschlafen. Als es dann Winter wurde, bekamen wir sogar Skier. Die Region war bergig und bis zu 400 Meter hoch, zudem im Winter ziemlich schneesicher, sodass wir eine bleibende Lektion in Sachen Skisport erhielten. Und hier fanden auch endlich die Geländespiele statt, für die die HJ bekannt war und die ich in Hamburg so vermisst hatte. Wir kämpften gegen zwei örtliche Fähnlein des Jungvolkes. Meist verloren wir, vor allem in den Zweikämpfen Mann gegen Mann. Gegen diese Dorfrabauken hatten wir Großstadtjungen einfach keine Chance. Sie waren kräftiger, der guten Ernährung in der landwirtschaftlich gepräg-

*Mein Bruder Hermann mit 14
in Coburg. Im Hintergrund das
HJ-Heim.*

ten Region wegen. Außerdem waren es Naturburschen, die sich
von kleinen Wehwehchen nicht abschrecken ließen.

Unser Zugführer, auch ein Franke, trug die Niederlagen, die
wir einsteckten, tapfer mit. Jeder bekam um ein Handgelenk eine
kleine Schnur und der «Feind», die Gegenpartei, musste sie abreißen oder mit dem Fahrtenmesser abschneiden und so erbeu-
ten. Das Messer war im Normalzustand völlig stumpf, eher ein
Symbol, Zierrat. Doch wir, froh, endlich eine richtige Waffe zu
besitzen, schliffen die Schneiden an Steinen rasierklingenscharf.

Trafen wir gegnerischen Züge aufeinander, wurde sofort geschlagen – wir waren auf solche Prügeleien gar nicht eingestellt,
auch fehlte uns die Aggressivität. Doch die Frankenburschen, sie
nannten sich «Kernbuben», waren erbarmungslos. Ohne An-
kündigung hagelte es Fausthiebe, manchmal auch Tritte. Schon
bei einem der ersten Gefechte trug ich ein blaues Auge davon,

das dann eine Woche lang blühte und schmerzte. Ich zog meine Lehre daraus. Beim nächsten Gefecht riss ich mir selbst das Bändchen ab und überreichte es einem der Raufbolde – der war überrascht und vergaß darüber sogar das Zuschlagen. Und ich hatte meine Ruhe. Ich galt als gefallen, brauchte mich am Kampf nicht mehr zu beteiligen. Nur unser Zugführer durfte das nicht sehen, denn das grenzte an «Wehrkraftzersetzung».

An jedem Wochenende waren wir zur Betreuung einer Coburger Gastfamilie zugeteilt. Dort wurden wir dann durchgefüttert, die Menschen waren sehr mitfühlend mit uns «Bombenkindern». Noch war die Not nicht ganz so groß, und innerhalb Deutschlands gab es so etwas wie eine solidarische Grundstimmung. Anders als nach dem Krieg, als den Vertriebenen oft blanker Hass entgegenschlug.

Die Familie, in der ich unterkam, hieß Kräußlich. Der Vater war ein Polizeihauptwachtmeister und gehörte einer Feldpolizeieinheit an der Ostfront an. Jetzt hatte er für ein paar Tage Urlaub – und mich aus der «Hamburger Gruppe» ausgesucht. Er war ein linientreuer Nazi, der aber zu mir sehr freundlich war. Ich sah ihn nur ein paar Tage, schon nach einer Woche musste er zurück an die Front.

Später erfuhr ich, dass er in der Sowjetunion gefallen ist. Ich habe die Familie in den 60er Jahren einmal besucht. Die Mutter begrüßte mich wie einen verlorenen Sohn – und erzählte mir, dass ihr Mann in Russland verschollen sei.

Ich genoss das Mittagessen bei meinen Pflegeeltern. Zum ersten Mal aß ich Taubenbraten mit Klößen. Die Klöße verweigerte ich zunächst, weil ich sie nicht kannte; es waren Kartoffelklöße nach Thüringer Art. Doch als ich auf den Geschmack gekommen war, konnte ich davon gar nicht genug bekommen. Zur Familie gehörten die Mutter und ihr Sohn Benno, der in meinem

Alter war. Er verschwand immer, wenn ich kam. Er mochte mich offensichtlich nicht, empfand mich als «Eindringling».

Wenn wir auch mit den «feindlichen Coburgern» so manche brutale Schlacht ausfochten, so gab es doch auch viele Freundschaften mit den Einheimischen. Der Gastwirtssohn, der wie der Sohn meiner Gasteltern Benno hieß (ein offensichtlich in der Region verbreiteter Name), machte mich mit «Seppl» bekannt, der im normalen Leben Stefan hieß. Seppl konnte gut Ski laufen und mühte sich redlich, es mir beizubringen. Als ich mit ihm etwas vertrauter war, fragte ich ihn: «Was ist eigentlich das ‹rote Coburg›, von dem uns die Lehrer erzählt haben und das Hitler im Sturm erobert hätte?»

Seppl erzählte mir, sein Vater, ein Schreiner, sei selbst früher Sozialdemokrat gewesen.

«Was ist denn ein Schreiner?», wollte ich wissen.

«Ein Schreiner baut Möbel», erklärte mir Seppl, «gibt es die bei euch nicht?»

«Doch, die heißen bei uns Tischler», antwortete ich.

Seppls Vater sei jetzt in Frankreich, liege im Lazarett, und man habe seit Wochen keine Post mehr bekommen.

«Gab es im ‹roten Coburg› auch Kommunisten?», fragte ich.

«Freilich», sagte er, «da gab es einige von. Und meine Eltern taten sich mit denen immer raufen …»

Seppl erzählte mir auch, dass Coburg bis in die 20er Jahre zu Thüringen gehört hatte und erst dann im Zuge einer Gebietsreform dem bayerischen Franken zugeschlagen worden war, wohin es ja ursprünglich auch gehörte. Seither ist Franken ein Teil Bayerns. Was auch dazu führte, dass Coburg nach 1945 den Westzonen zugeschlagen wurde, ein Teil Oberfrankens aber dem Osten.

Doch lange dauerte diese friedliche und schöne Zeit nicht, im

Frühjahr 1942 hatte mein Bruder das 8. Schuljahr beendet und bekam in Hamburg eine Lehrstelle. Er musste schleunigst nach Hause fahren. Ich sollte zwar noch in Coburg bleiben, wollte aber ohne Hermann nicht – das Heimweh hatte mich gepackt. Ich überlegte also, wie ich es anstellen könnte, mit ihm zu gehen. Aufgrund der seelischen Belastungen – erst Bombennächte und dann Heimweh – gab es unter uns Kindern ein paar Bettnässer. Diese wurden umgehend nach Hause zu ihren Eltern geschickt, das hatte ich mitbekommen. Also pinkelte ich mehrere Male hintereinander willkürlich ins Bett. Und prompt erklärte mir der Lehrer, dass ich nach Hause müsse.

Im März wurde ein Heimtransport mit älteren Jungen zusammengestellt – sie alle standen wie Hermann vor ihrem Eintritt ins Berufsleben. Ich, der «Bettnässer», sollte mit ihnen fahren. Glücklich saß ich neben meinem großen Bruder, der sich gar nicht erklären konnte, wie aus mir über Nacht ein Bettnässer geworden war. «Bist du unter die Säufer gegangen, Goschoi?», fuhr er mich im Zug rüde an. Auch von den anderen wurde ich ein bisschen veräppelt, aber das war mir die Sache wert. Jetzt gestand ich ihm leise: «Ich habe das mit Absicht gemacht. Ich wollte dort nicht allein bleiben, ich will zurück nach Hamburg …»

Er lachte: «Du bist aber durchtrieben.»

In Hamburg holte uns das alte Leben schnell wieder ein. Immer öfter gab es Fliegeralarm, und wir mussten nachts in den Keller laufen. Beim Aufräumen von Trümmern sah man jetzt die ersten russischen Kriegsgefangenen, die mit den weißen Buchstaben SU auf ihrer Kleidung am Oberschenkel der Hose sowie auf dem Rücken gezeichnet waren, wahrhaft schuften mussten und oft einen verwahrlosten, ausgezehrten Eindruck machten. Ihr Anblick erschütterte mich.

Gelegentlich half ich bei Tante Olga in ihrem Gemüseladen aus. Sie schob die Schottsche Handkarre zum Gemüsemarkt an der Markthalle südlich des Hauptbahnhofs. Ich musste mitschieben sowie ein- und ausladen. Eines Tages, Tante Olga organisierte gerade frisches Gemüse, stand ich vor einem Pferdefuhrwerk, von dem Vierländer Bauern gerade Kartoffeln abluden. Auf einem dieser Wagen stand ein russischer Kriegsgefangener, etwa 40 Jahre alt. Das war nichts Besonderes, doch dieser sprach mich auf Plattdeutsch an: «Na min Jung, wuveel Sack wullt du denn hebben?» Na mein Junge, wie viel Sack willst du denn haben?

Ich war überrascht, traute mich aber nicht, ihn zu fragen, woher er denn Plattdeutsch sprechen konnte. Bis mir später Tante Olga die Geschichte erzählte. Der Mann war 18-jährig im Ersten Weltkrieg in deutsche Gefangenschaft geraten. In Norddeutschland war er bei einem Bauern untergekommen und dort zehn Jahre lang geblieben. Dabei lernte er Plattdeutsch sprechen. In den späten 20er Jahren fuhr er dann von Heimweh getrieben zurück. Im Zweiten Weltkrieg war er zwar kein aktiver Soldat, wurde aber als «kämpfender Werkschutz» eingesetzt. Er lief umgehend zu den Deutschen über und schaffte es, zurück zu seinem Vierländer Bauern zu kommen. Offensichtlich ersparte ihm sein Plattdeutsch ein schlimmeres Schicksal. Kurz nach dem Krieg soll er in Lüneburg gestorben sein.

Ein anderer sowjetischer Kriegsgefangener ist mir ebenfalls in Erinnerung geblieben. Weil ihr altes Gemüsegeschäft infolge der Bombardierungen Hamburgs, auf die ich später noch komme, zerstört worden war, hatte sich Tante Olga in ihrem Schrebergarten in Billbrook aus Lehm und Ziegeln ein neues Verkaufsgebäude erbaut. Im Garten, etwa 1000 Quadratmeter groß, baute sie Kartoffeln und verschiedene Gemüsesorten an. Dort gab es auch einen Stall mit einem Mutterschaf namens Micki sowie einem Lamm. Dahinter befanden sich Kaninchenställe. Wenn ich nach Hause kam, half ich dort stets, denn Onkel Fiete war beim Zoll dienstverpflichtet worden.

Weil die Tante die Arbeit nicht mehr allein schaffte, «organisierte» sie sich bei den nahen Fabrikhallen in der Werner-Siemens-Straße einen sowjetischen Kriegsgefangenen, der ihr aber nur übers Wochenende zugeteilt wurde. Immer am Freitagabend brachte uns dann ein mürrischer, älterer deutscher Wachsoldat den Russen. In Erinnerung sind mir noch seine leicht asiatischen Gesichtszüge, die stoppelig kurzen Haare, seine hagerere Erscheinung, sicher Folge der Unterernährung.

Er saß auf einer Bank, zeigte mit dem Finger auf seinen Mund. «Er hat wohl Zahnschmerzen», sagte Tante Olga. Doch dieser Mann hatte in Wahrheit Hunger, ich gab ihm Brot und ein Stück Knackwurst, das er umgehend verschlang. Dann griff er zur Schaufel. «Er will arbeiten», sagte ich zu Tante Olga. Wir führten ihn in den Stall zum Ausmisten. Er zeigte auf Mickis Euter und machte eine Trinkbewegung. Ich gab ihm ein Gefäß, er melkte das Schaf mit geübten Griffen und trank die Milch auch sofort. Endlich taute er etwas auf, klopfte mir auf die Schulter, sagte: «Gut, wo arbeiten …?»

Von da an kam er jede Woche. «Unser Iwan», wie wir ihn nannten, wurde uns immer vertrauter. Ich war wahnsinnig neugierig, von ihm etwas zu erfahren. Ich fragte ihn nach den Rangabzeichen der Roten Armee aus, und er malte sie mit einem Stock in den Sand. Er blickte aber ängstlich umher und wischte sie sofort wieder weg – es hätte ja sonst wie «Feindpropaganda» ausgesehen. Olga achtete stets auf Distanz und ließ ihn im Schafstall essen. Weil ich ihn aber so interessant fand, setzte ich mich stets zu ihm und aß also auch im Stall. Bis die Tante eines

Tages rief: «Nun kommt schon an den Tisch, ihr beiden, das kann man ja gar nicht mit ansehen.»

Nach einem der weniger verheerenden Bombenangriffe, der dem Hafen galt, war der Himmel über Hamburg schwarz – obwohl es gerade mal zehn Uhr morgens war. Und plötzlich hörte ich unseren Iwan sagen: «Oho, Öl verbrannt, nachher viel schwarz …» Von da an wusste ich, dass er ganz leidlich Deutsch verstand und wir uns ganz gut unterhalten konnten. Er wurde mein Freund.

Ich sang ihm eines Tages das «rote Fliegerlied» (Samaljatnaja Armija) vor, und er stutzte: «Woher du kennen?» Ich verriet ihm, dass meine Eltern Kommunisten waren und ich ihn nicht als Feind betrachtete. Das fand er sicher gut, bedeutete mir aber, ich solle leise sein. Sonst bekämen wir beide Ärger.

Eines Tages, als er zurückgebracht wurde, folgte ich dem mürrischen Wachsoldaten, der auch von anderen Geschäften oder Familienbetrieben die Gefangenen einsammelte. Am Ende war ‹unsere› Gruppe zwölf Gefangene stark. Mit geschultertem Karabiner trottete der Soldat hinter ihr her, ich an seiner Seite. Wir brachten sie zurück in die Lagerhalle an der Siemensstraße, wo sie untergebracht waren. Der Soldat ließ mich gewähren, sprach aber kaum mit mir. Als wir am Ziel angekommen waren, gelang es mir noch, einen kurzen Blick in den Fabrikhof zu erheischen. Dort saßen und dösten Dutzende ausgehungerte, elend aussehende Gestalten. Doch schon jagte mich der Wachsoldat weg: «Mach, dass du nach Hause kommst!»

Es war ein deprimierendes Erlebnis. Irgendwann, nach Monaten, die er Tante Olga geholfen hatte, wurde Iwan nicht mehr gebraucht. Ich habe nie erfahren, was aus ihm geworden ist.

Lizzy, die mit uns pubertierenden Jungen nach wie vor enorme Probleme hatte, meldete mich in ihrer Not erneut zur Kinderlandverschickung an; ich sollte das zweite Mal auf Reisen gehen – ob ich wollte oder nicht. Dieses Mal war das oberbayerische Freising nördlich von München das Ziel. Untergebracht wurden wir im Schloss Hohenkammer in der Nähe von Freising. Wir machten Ausflüge nach Innsbruck und nach Garmisch-Partenkirchen. Nie zuvor hatte ich so hohe Berge gesehen, ich war wie verzaubert. Mit der Drahtseilbahn fuhren wir auf die Zugspitze, den höchsten Berg Deutschlands, wie man uns dort stolz versicherte – was natürlich durch die Angliederung Österreichs, der «Ostmark», längst nicht mehr stimmte. Gut war, dass es hier in Oberbayern kaum Dienst in der Hitlerjugend gab. Es war eher gelebte Heimatkunde. Und es wurde viel Sport unterrichtet. Ich konnte das Bronzeabzeichen der DLRG, der Deutschen Lebensrettungsgesellschaft, erwerben. Meine schulischen Leistungen verbesserten sich schlagartig, was wohl hauptsächlich daran lag, dass wir Ruhe hatten. Kein Fliegeralarm, nichts störte unsere Konzentration, mal höchstens das Gebimmel der Kuhglocken. Dass sich um uns herum eine Welt im Krieg befand – wir bekamen es in Oberbayern nicht mit.

Die Jungen hier waren nicht nur tiefreligiös, sondern hatten auch überwiegend eine nationalsozialistische Grundüberzeugung. Anders als in Coburg wagte ich nicht, meine kommunistische Herkunft preiszugeben. Einmal kam ein NS-Propagandist zu uns ins HJ-Heim und erzählte, dass die Bergbauern in den 20er Jahren ins rote München eingerückt seien und dem roten Spuk dort den Garaus gemacht hätten. Da erinnerte ich mich, dass auch Opa Schill mal etwas von der Münchner Räterepublik und Kurt Eisner erzählt hatte – verstanden hatte ich es aber nicht. Wir Hamburger Jungens waren weniger «völkisch» und braun, dafür aber stramme Lokalpatrioten. Um den Bayern Paroli zu bieten, stimmten wir oft das Lied «Blaue Jungs, blaue Jungs von der Woterkant» an.

Zum Rahmenprogramm gehörte auch ein Besuch in München, der «Hauptstadt der Bewegung», wie die Nazis sagten. Wir bestaunten die Feldherrnhalle und unser Lehrer erklärte uns den «Marsch» des Häufleins Putschisten um Adolf Hitler vom November 1923. Für die bei dem anschließenden Schusswechsel mit der bayerischen Polizei umgekommenen «Helden der Bewegung» war eine Gedenkstätte eingerichtet worden. Im Inneren dieses Gebäudes standen steinerne Särge, auf welchen die Namen der erschossenen Marschteilnehmer eingraviert waren. Links und rechts vor der Halle standen in schwarzen SS-Uniformen, mit geschultertem Gewehr und mit Stahlhelm zwei Wachposten, unbeweglich wie zu Salzsäulen erstarrt. Mich beeindruckte die ganze Szenerie sehr.

Dann wurden wir ins «Haus der deutschen Kunst» geschleust. Hier wurde demonstriert, was die Nazis unter Kunst verstanden – die Verherrlichung einer zweifelhaften Ästhetik, eines völkischen Größenwahns. Mich beeindruckten diese muskelstrotzenden Athleten und die barbusigen Amazonen aus dem Atelier von Arno Breker, dem Lieblingsbildhauer der Nazis. Aber wir hatten ja auch keine Ahnung von Kunst, von Kunst als Provokation, als Rätsel, als Spiel mit dem Entschlüsseln von Botschaften. Diese Werke waren einfach nur gigantisch, erschlagend, strahlten Perfektion aus. Und waren daher gut geeignet, 13-Jährige in ihren Bann zu ziehen. Pflichtschuldig nickten wir zu den Erklärungen.

In der letzten Woche vor der Rückkehr fuhren wir nach Innsbruck; mit der Bahn passierten wir atemberaubende Bergpanoramen. Wieder gab es Lehrstunden in Geschichte. Unser Lehrer erzählte von Andreas Hofer und dem Aufstand der Tiroler

Bauern gegen die Fremdherrschaft der napoleonischen Truppen. Vom Sieg der Tiroler Freiheitskämpfer am Berg Isel – und vom schändlichen Verrat, dem Hofer zum Opfer fiel, der später von den Franzosen erschossen wurde. Wir lernten und sangen «Zu Mantua in Banden». Und ich musste innerlich lachen, denn die Melodie dieses Liedes kannte ich: Es war dieselbe, die unsere Kommunisten zum Text «Dem Morgenrot entgegen» sangen. Ich machte mir einen Spaß und sang den Text, den ich kannte, leise vor mich hin.

Ende April 1942 kam ich aus dem Lager im oberbayrischen Hohenkammer zurück nach Hamburg. Gleich am nächsten Tag besuchte ich meine Mutter. Sie wirkte entmutigt und niedergeschlagen. «Überall jubeln die Nazis», schimpfte mein Stiefvater. «Sie haben in Polen, in Frankreich, in Norwegen, Dänemark und Jugoslawien gesiegt und überrennen jetzt die halbe Sowjetunion. Wer ist denn noch da, um Hitler zu stoppen? Wenn sich nichts ändert, können wir die Flugblätter auch gleich in den Ascheimer werfen!» Womit in Hamburg stets die Mülltonne gemeint war. Sie verzweifelten daran, dass der «Endsieg» zum Greifen nahe schien, dass sich alle in einer Art Siegestaumel zeigten. Und dass sich die wenigen Kommunisten, die noch zur Sache standen, in einer ausweglosen Lage befanden.

In unendlichen Reihen sah man in der Wochenschau sowjetische Kriegsgefangene dahintrotten. Ich war mir über meine Gefühle nicht ganz im Klaren: Einerseits freute ich mich über die Siege, über die Aussicht, dass bald wieder Normalität einkehrte, über die sich breitmachende Zuversicht. Andererseits erinnerten mich meine Mutter und ihr Mann, mein Opa sowie mein Vater stets daran, dass wir mit dem Herzen nicht zu jenen gehörten, die sich aufschwangen, als «Herrenmenschen» die

Welt zu beherrschen. Ich versuchte meine Mutter zu trösten und wiederholte ihr gegenüber, was mir Papa gesagt hatte, dass nämlich «der Scheißkerl Hitler am Ende sei, weil er die Sowjetunion, das größte Land der Erde, nie im Leben besiegen kann». Meine Mutter umarmte mich und meinte: «Ja, min Lütten, hoffentlich behalten wir am Ende recht, aber es sieht gerade nicht gut aus.»

Stumm nickte ich und dachte bei mir: Jetzt bin ich ein Hitlerjunge. Und wenn Deutschland siegt, beschütze ich meine Mutter. Und falls Deutschland nicht siegt, kann ich ja immer noch Jungkommunist werden. Und wenn das nicht geht, dann eben «Sozialfaschist»... So schlimm scheinen die ja gar nicht zu sein, haben Onkel Walter und Papa nicht längst Frieden geschlossen? Oft wenn ich in der HJ-Uniform vor ihr stand, sagte meine Mutter zu mir: «Mein kleiner roter Hitlerjunge ...», und nahm mich in den Arm. Angesichts solch komischer Gedanken musste ich still vor mich hin lächeln und dachte: So schlecht sind die Aussichten für mich eigentlich nicht.

Als Angestellter bei der Norddeutschen Affinerie verdiente mein Vater jetzt einigermaßen ordentlich, sodass wir ganz gut leben konnten. Er machte auf mich schon lange nicht mehr den Eindruck eines «Rotfrontkämpfers», eines ungebrochenen Kommunisten. Meine Stiefmutter hatte sein «Rotfrontkämpferherz» gebrochen, zumindest abkühlen lassen. Eines Tages, ich war allein zu Haus, weil die Erwachsenen auf der Geburtstagsfeier eines Arbeitskollegen weilten, stieg ich auf den Dachboden – für mich stets eine Art Abenteuer-Trip. Ich stieg über altes Gerümpel, über Säcke mit Kohlen, die zu dem Kohlevorrat gehörten, der hier als Vorsorge für den Winter lag. Es roch muffig nach altem Holz und nach Altpapier. Hinter all dem Krempel fand ich, was ich suchte: Unter Brettern versteckt lagen drei alte Koffer. Sie waren nicht einmal verschlossen. Darin befanden sich Bücher, Illustrierte, Filmprospekte. Neugierig blätterte ich in den Büchern, die meisten Titel sagten mir etwas, interessierten mich aber nicht sonderlich: «Das Kapital» und das «Kommunistische Manifest» lagen hier, im Sprachgebrauch der Nazis also «bolschewistisches Propagandamaterial». In meinen Augen furchtbar langweiliges Zeug. Die Zeitschriften interessierten mich mehr. Besonders die reich illustrierten, braun bebilderten Ausgaben der AIZ, der «Arbeiterillustrierten Zeitung». Vergleichbar mit dem heutigen «Stern», nur eben ideologisch rot eingefärbt.

Auf einem Titel waren athletische, offenbar sporttreibende Männer abgebildet. Auf einem anderen Titel sprühte und funkelte flüssiges Eisen, es sah aus wie der Ausbruch eines Vulkans, davor war die dunkle Silhouette eines behelmten Arbeiters zu sehen. Auf einer weiteren Ausgabe marschierte der Rotfrontkämpferbund. Stunden blätterte ich und las mich fest. Da gab es Bilder des sowjetischen Heldenepos und Kultfilms «Panzerkreuzer Potemkin», von dem mir Opa Schill erzählt hatte. Und welche vom Streifen «Turksib», ein filmisches Denkmal, das den Erbauern der Turkestan-Sibirischen Eisenbahn gewidmet war. Die Namen der Regisseure und Buchautoren, Sergej Eisenstein oder Karl Kautsky, sagten mir nichts.

Hier, zwischen Kohlen und Gerümpel, hatte mein Vater also seine Vergangenheit und damit seine proletarisch-kommunistische Überzeugung «zwischengelagert». Er hatte sie nicht weggeworfen, sondern in den Koffern fein säuberlich verpackt aufbewahrt – für bessere Zeiten. Allein der Besitz der verbotenen Bücher konnte ein Grund für Inhaftierung sein, erschienen sie den NS-Machthabern doch geeignet, «den Volkskörper zu infiltrieren und die Wehrkraft zu zersetzen». Nach Stunden des Schmökerns nahm ich mir ein Buch mit, Willi Bredels «Maschinenfabrik N&K». In dem Roman beschrieb der in Hamburg geborene Arbeiterschriftsteller eine Fabrik im Stadtteil Barmbek, die heute als «Kulturzentrum Kampnagel» allen Hamburgern ein Begriff ist. Auch einige Filmmagazine nahm ich mit. Ich verstaute die Schätze in meinem kleinen Schrank – mein Bruder und ich hatten jenseits unserer Betten im Kinderzimmer jeder ein kleines Schränkchen, darin zu stöbern war für den jeweils anderen von uns beiden streng untersagt. Wir hatten uns sogar in bester «Winnetou-Manier» geschworen, gegenseitige Schnüffeleien zu unterlassen.

Immer vor dem Einschlafen las ich in dem Buch, das ich zur Tarnung mit dem Schutzumschlag des Romans «Robinson Crusoe» umgeben hatte. Immer wenn Hermann fragte, was ich gerade las, zeigte ich den Umschlag. Die Fotos in der AIZ oder die Prospekte über die beiden sowjetischen Filme standen im scharfen Kontrast zu den Wochenschauberichten von den Fronten, die ich sah, wenn ich im Kino war. Und ich liebte es, ins Kino zu gehen – sofern ich Geld dafür übrig hatte.

Eines meiner liebsten Kinos war die «Schauburg» in Wandsbek. Dort nahm man es nicht so genau mit der Altersfreigabe, das heißt, es wurde nicht unbedingt immer nach dem Alter gefragt. Denn wir Kinder hatten ja noch keinen Ausweis. In der Schauburg hatte man bis 1939 noch amerikanische Wildwestfilme sehen können und auch Streifen mit den Komikern Laurel und Hardy und der süßen Shirley Temple. Jahre später, im Sommer 1943, wollte ich dort unbedingt die Komödie «Das Bad auf der Tenne» sehen, in dem die Schauspielerin Heli Finkenzeller freizügig in einer Holzwanne badete. Mein Bruder riet mir dringend ab. Er hatte erfahren, dass gerade diese Aufführungen streng von den HJ-Streifen kontrolliert wurden. 17-jährige Fähnlein- oder Gefolgschaftsführer gingen in die Kinos und holten die Jugendlichen heraus, was nicht ohne Folgen blieb.

Hermann kannte sich aus, denn er wurde schon 1942 selbst dazu aufgefordert, sich im Jahr darauf zu den Streifendiensten zu melden. Er musste annehmen oder mit Begründung ablehnen. Meine Mutter riet ihm abzulehnen und sagte, er solle Arbeitsüberlastung angeben, weil er als Lehrling zum Exportkaufmann höheren Belastungen ausgesetzt sei und bei der HJ ohnehin schon sehr aktiv sei. Hermann machte es also nicht; es wäre ihm ohnehin schwergefallen, seine ehemaligen und seine neuen Freunde und Kameraden zu drangsalieren. Übrigens erfuhr ich dann, dass «Das Bad auf der Tenne» tatsächlich kontrolliert worden war, allerdings erst nach der «berühmten» Badeszene.

Einmal, wir sind wieder im Jahr 1942, wurden im Kino schrecklich aussehende sowjetische Kriegsgefangene gezeigt, vom Sprecher höhnisch als asiatische Untermenschen bezeichnet. Sinngemäß hieß es da: «Stalin hat sie geschickt. So sehen sie aus, diese Untermenschen, die sollen Deutschland kommunistisch unterdrücken …»

Verstört verließ ich nach dem Film das Kino und fragte Onkel Walter, der bei uns zu Besuch war, was das mit diesen wirklich erbärmlich aussehenden Menschen auf sich hätte. Er sagte zu mir: «Glaube nicht alles, was dir da gezeigt wird. Wenn deutsche Soldaten in Gefangenschaft geraten, sehen die auch nicht wie Helden aus. In Todesangst haben alle Menschen verzerrte Gesichtszüge. Und außerdem werden die Filmemacher darauf geachtet haben, dass nur schlechte Aufnahmen der Gefangenen in der Wochenschau gezeigt werden.»

Dann erklärte er mir: «Dass ein großer Teil der Sowjetunion in Asien liegt, ist doch bekannt. Asiatische Menschen sehen nun einmal anders aus, sind deshalb aber keine schlechteren Menschen.»

Onkel Walter zeigte mir anschließend ein Bild des Chores der

Donkosaken. Das waren wunderbar aussehende Menschen in malerischen Kostümen. «Schau, das sind auch Russen. Glaub mir, dort leben keine schlechteren Menschen als hier.»

Es tat mir gut, in meinem Umfeld Menschen zu haben, die keine rassistischen Vorurteile hegten. Ich war dankbar für diese Belehrung und zog meine eigenen Lehren daraus. Auch später, in meiner kurzen Zeit als Soldat, empfand ich nie das Gefühl einer «Überlegenheit» gegenüber anderen Völkern. Beim besten Willen fiel mir auch kein Grund ein, warum ich es hätte haben sollen.

Mit seinen 34 Jahren wurde auch mein Vater im September 1942 zum Militär eingezogen. Mit dem sogenannten «Gestellungs-befehl» rief man ihn zu einer neuen, eher seltenen Waffengat-tung: zur Ausbildung in einer Granatwerferbatterie, auch «Ne-belwerfer»-Truppe genannt. Dieser Nebelwerfer hatte mit dem Wetterphänomen nichts zu tun, der Name war dem Erfinder dieser Waffe entliehen, Rudolf Nebel. Der Nebelwerfer war das Gegenstück zu den gefürchteten Katjuscha-Raketen der Roten Armee, auch Stalinorgeln genannt. Aufgrund der verheerenden Verluste durch die Stalinorgeln verbesserte die deutsche Seite den bisherigen «Werfer 42», die Standardwaffe der Raketenwer-ferbatterien, erheblich: Die Raketenwerfer wurden auf Halbket-tenfahrzeuge montiert – fortan wurden sie «Himmler-Orgeln» genannt.

Nach der kurzen Ausbildung wurde er nach Frankreich ver-setzt, später, 1943, an die Kanalküste. Hermann Lucks wurde ei-ner Nachschubabteilung im Verband der 716. Infanteriedivision zugeteilt. Seine Kompanie befand sich etwas westlich von Bayeux in der Normandie. Als Beifahrer fuhr er oft ins nahe Caen und manchmal nach Paris.

In Caen freundete er sich mit einem Kameraden an, und nach einigen Gläschen Calvados stellten beide fest, dass sie etwas gemeinsam hatten: Sie waren Kommunisten und ehemalige KPD-Mitglieder. «Es gibt auch hier in Frankreich viele Kommunisten», sagte Gustav; so hieß der Kamerad.

«Weiß ich doch», sagte Hermann. «Die Kommunistische Partei Frankreichs war einst die mitgliederstärkste KP Europas.»

Nach einigen weiteren Schnäpsen erzählte Gustav: «Ich habe hier ganz in der Nähe Freunde, eine französische Familie, die besuche ich oft. Der Mann heißt Jean, er arbeitet als Betonschütter. Zuletzt war er am Betonunterbau der schweren deutschen Batterie Marcoux beschäftigt. Komm doch mal mit, Hermann.»

Gustav empfahl meinem Vater, einmal den Soldatensender Calais zu hören. Doch mein Vater antwortete: «Lass man gut sein, mir reicht der Quatsch, den der Soldatensender Belgrad so jeden Tag verzapft.»

Es war der offizielle Propaganda- und Motivationskanal der Wehrmacht, der die zwischen Tobruk in Nordafrika, der Kanalküste, dem norwegischen Narvik und dem Kaukasus verstreuten deutschen Soldaten beschallte. «Der Sender Calais ist anders», sagte Gustav grinsend, «der sendet von London aus. Zum Beispiel auch für die französische Résistance.»

Mein Vater wurde hellhörig: «Die Résistance, was ist das denn für ein Verein?»

Gustav klärte auf: «Das ist eine Widerstandsgruppe, in der viele, aber nicht ausschließlich Kommunisten aktiv sind. Glaub mir, die funken auf unserer Wellenlänge», sagte Gustav.

Sie besuchten dann tatsächlich immer mal wieder Jean und seine Familie. Aktiv für den französischen Widerstand wurde mein Vater aber nur ein einziges Mal, als er einen Brief von Caen nach Paris transportierte. Er hatte ihn persönlich einem deutschen Soldaten zu übergeben, der Hans Eitel oder Heitel hieß, offensichtlich Elsässer war und als Funker bei einem Führungsstab arbeitete. Später erfuhr ich, dass sein Name tatsächlich Heisel war, ein Deserteur, der sich der Résistance angeschlossen hatte und dort bekannt und beliebt war.

Mein Vater traf den Empfänger aber nicht an, sodass er den Brief wieder mit zurücknahm. Der Brief war offen und enthielt eine verdeckte Mitteilung, durch unscheinbare Grußfloskeln getarnt. Als die Alliierten in der Normandie landeten, hatte mein Vater gerade dienstlich in Caen zu tun und konnte nicht zurück zu seiner Einheit nach Bayeux. Er wurde in eine Alarmeinheit versetzt und geriet Mitte August 1944 in englische Kriegsgefangenschaft, als die Schlacht von Caen endete.

Die Einberufung meines Vaters ließ die Situation daheim mit Lizzy eskalieren. Immer häufiger wusste sie sich nicht anders zu helfen als durch Schläge. Ich nahm das stoisch hin, doch Hermann nicht mehr. Er war bereits 15 und ein kräftiger Kerl. Manchmal hielt er ihre Hand fest und schubste sie zurück. Ein Machtvakuum war entstanden, er respektierte Lizzy als Autorität nicht. So konnte es nicht weitergehen.

Eines Tages kam Hermann von der Arbeit zurück, er war ja mittlerweile in der Ausbildung als kaufmännischer Angestellter bei der Großeinkaufsgenossenschaft (GEG). Als er zur Tür hereinkam, sah er, wie Lizzy mich schlug. Was genau vorgefallen war, kann ich nicht mehr sagen, vermutlich hatte ich etwas ausgefressen. Hermann, der sich längst in der Rolle des Familienoberhauptes wähnte und vor Selbstbewusstsein strotzte, ging dazwischen und drängte Lizzy ab. Lizzy tobte, doch er ignorierte sie. Ganz ruhig begann er, unsere Sachen zu packen. Und sagte entschlossen: «Ich gehe zu Muttern, kommst du mit, Goschoi?» Seine Frage hätte er sich sparen können. Ich vertraute Hermann blind, er hatte für mich die Rolle des Vaters übernommen. Seine Entscheidungen waren für mich unverrückbar. Und er sprach mir aus der Seele. «Ja, ich komme mit», sagte ich, «lass uns schnell gehen.»

Lizzy verschwand in der Küche, sie hielt uns nicht auf. Vermutlich war sie ganz froh, die nervigen Bälger endlich los zu sein. Es war eine Trennung für immer. Ich sah sie nie wieder.

Zurück zu Muttern

Mit der S-Bahn fuhren wir also in den Stadtteil Hammerbrook, in den Nagelsweg. Helmut Kruschak, der neue Mann meiner Mutter, empfing uns ein wenig verlegen grinsend. Natürlich kamen wir nicht gelegen, schließlich hatte das Paar zwei «eigene» Kinder, aber es gab in dieser Situation keine andere Lösung: «Na ja, das bin ich meinem ehemaligen Genossen schuldig, kommt schon rein, Jungens», sagte er.

Von nun an war Onkel Helmut unser Stiefvater. Helmut Kruschaks Vorfahren stammten aus Polen. Weil er nach der Volksschule keinen Beruf gelernt hatte, streunte er zunächst ohne Job durch die Gegend und begann dabei, sich für die Ideen der Kommunisten zu interessieren. Das verwundert kaum, denn die Ideen von Marx und Engels verhießen jenen, die aus proletarischen Verhältnissen stammten und zudem einen «Migrationshintergrund» hatten, wie man das heute nennen würde, Hoffnung auf gesellschaftliche Teilhabe und Aufstieg.

Kruschak bekam in der Zeit der schweren politischen Auseinandersetzungen der 20er Jahre einen Polizeischlagstock ins Gesicht, sodass ihm ein Vorderzahn fehlte. Den ließ er später, als er Geld verdiente, durch den bereits erwähnten goldenen ersetzen. Zunächst hatte er als Hilfsarbeiter bei den Hamburger Glöckner-Motorenwerken gearbeitet. Als ein Schleifer krank wurde, sprang er ein und stellte sich offenbar so geschickt an, dass er vom Vorarbeiter umgehend eingestellt wurde. Obgleich er kaum Bildung hatte, war er ein schlauer, vor allem ein vorausblickender Mensch. Früh hatte er die Machtübernahme der

Nazis vorausgeahnt, früh auch ging er davon aus, dass es Krieg geben würde. «Ick lot mi doch nicht för de Nazis dootscheeten», lautete einer seiner Grundsätze. Ich lasse mich doch nicht für die Nazis totschießen. Also machte er sich unersetzlich, indem er sich immer weiterqualifizierte, und stellte sich zudem sehr geschickt an. Bald war er ein gesuchter und hochqualifizierter Spezialist für Flugzeugmotoren, sodass er als «UK» eingestuft wurde – unabkömmlich. Was ihm dauerhaft den Kriegsdienst ersparte.

Ihn wurmte aber, dass er den Nazis half, ihre so tödlich wirkungsvollen Kriegsmaschinen herzustellen. Uns erzählte er, dass er zumindest gelegentlich bei der Funktionskontrolle absichtlich technische Fehler übersah, was aber letztlich kaum Auswirkungen hatte. Denn es gab viele Qualitätskontrollen. So wurde dieser Schaden vermutlich vom nächsten Kontrolleur gesehen.

Ihre Wohnung war nicht sehr groß, etwa 80 Quadratmeter. Sie gehörte einem Tischlermeister, der im Hinterhof eine Tischlerei unterhielt. Da dieser Handwerker recht wohlhabend war, hatte er die Wohnung etwas modernisiert, sodass wir sogar eine Badekabine mit einem großen, gasbeheizten Boiler hatten. Der Hausbesitzer war nach Blankenese gezogen, sodass die Wohnung frei geworden war. Hermann und ich teilten uns fortan eine kleine Kammer. Unsere Halbgeschwister Helma und Jürgen, damals sieben und fünf Jahre jung, schliefen im Schlafzimmer der Eltern.

Sorgerecht, Meldebestätigung – alles wurde behördlich genehmigt, es gab keinerlei Probleme. Für Hermann hatte der Umzug den Vorteil, dass er seine Lehrstelle von nun an zu Fuß erreichen konnte. Dafür war ich für meinen Schulweg ab sofort auf die S-Bahn angewiesen. Es war wie eine Heimkehr. Wir waren jetzt wieder im «roten Hamburg», in einem Stadtteil, in dem zumindest früher die Kommunisten dominiert hatten. Die Kleinen freuten sich, dass wir da waren und bleiben konnten. Ich spielte

Im Nagelsweg im Juni 1943: links vorne Jürgen (6), Helma (9), links von der Mutter Günter (14), hinten rechts Hermann (15).

viel mit ihnen. Und von nun an sagten Hermann und ich immer «Mutti» zu unserer Mutter, weil die Kleinen das auch sagten.

Jetzt hingen auch hier viele Hakenkreuzfahnen. Und an Gedenktagen, an Hitlers Geburtstag am 20. April zum Beispiel, waren die Blockwarte eifrig unterwegs, um die Menschen zum «flaggen» aufzufordern. Meine Mutter verweigerte das immer wieder aufs Neue.

Einmal, als ihre Freundin Irmgard zu Besuch kam, sprachen sie darüber: «Segg doch to em, wi flaggt nicht bin, wi flaggt nicht buten, wi liggen in Bett un moken Rekruten.» (Sag ihm doch, wir flaggen nicht drinnen, wir flaggen nicht draußen, wir liegen im Bett und machen Rekruten.)

Beide lachten darüber schallend. Meine Mutter hatte auch die Annahme des «Mutterkreuzes» verweigert. Sie wolle von den Nazis nichts geschenkt haben, schon gar nicht eine Auszeichnung mit einem Hakenkreuz darauf. Zudem empfand sie es als aufrechte Kommunistin erniedrigend, als «Gebärmaschine» gewürdigt zu werden. Als Mutter von vier Kindern sollte ihr das «Mutterkreuz dritter Stufe» überreicht werden. In diesem von Organisationen, Symbolen und Orden überfrachteten Alltag im NS-Staat wurden kinderreiche Mütter seit 1938 «als sichtbares Zeichen des Dankes des Deutschen Volkes» mit diesem Kreuz ausgezeichnet – vorausgesetzt, sie hatten mindestens vier «deutschblütige» und «erbtüchtige» Kinder. Allein das empfand Mutti als eine «unverschämte Anmaßung» – denn in ihren Augen waren alle Kinder dieser Welt gleich.

Das Jahr 1942 ging zu Ende. Wir waren im vierten Kriegsjahr. Viele Familien hatten an den Fronten Väter und Söhne verloren. Und immer mehr verstümmelte Kriegsversehrte, im Rollstuhl oder auf Krücken, prägten das Straßenbild. Sie waren in Uniformen und trugen Orden, aber was hatten sie schon davon? In Stalingrad tobten, bei Eis und Schnee, schwere, verlustreiche Kämpfe. Über 200 000 Soldaten waren eingekesselt, ihnen drohte die Vernichtung.

Es war Mitte Dezember, ich saß am Fenster, draußen fuhren die Hochbahnzüge auf der anderen Straßenseite auf dem Viadukt vorbei. Was sollte ich bloß zu Weihnachten schenken? Mein großer Bruder und ich – wir wollten uns gegenseitig nichts schenken. Aber für meinen Stiefvater und die Mutter sowie die kleinen Geschwister müsste ich wohl doch etwas haben, nur was? In dieser Zeit hatte man nicht viel Auswahl, alles war knapp. Am nächsten Tag ging ich ins Kaufhaus Karstadt in der Mönckebergstraße. Hier hatten wir Kinder immer viel Spaß. Wir flitzten die rumpelnden und polternden Holzrolltreppen rauf und runter, gern auch entgegen der Fahrtrichtung. Man konnte auch im Treppenhaus herumtoben. Das machte ich aber nicht so gern, denn in den Ecken der Etagen standen Spucknäpfe gefüllt mit Sägespänen, die waren ekelhaft. Und in die rannte, wer nicht aufpasste. Ich dachte an die Schilder im Treppenhaus des Kaufhauses, die es auch in den Straßenbahnen gab und auf denen stand: «Beim Husten, Niesen, Spucken bediene dich des Taschentuches!»

Auch den Personenaufzug im Kaufhaus benutzte ich gern. Besonders beeindruckte mich der imposante, uniformierte Fahrstuhlführer, der mit einem Hebel das Hoch- und Runterfahren regelte und auf jeder Etage stimmgewaltig ausrief, was es hier zu kaufen gab. Zum Beispiel: «Glas, Porzellan, Steinguttöpfe.» Allein Habitus und Garderobe dieses Mannes waren den Besuch im Kaufhaus wert. Nach langer Überlegung und Abwägung meiner begrenzten finanziellen Möglichkeiten entschied ich mich, meinem Stiefvater einen Handrasierer mit zehn Rotbart-BB-Klingen zu kaufen, für die superdünnen Spezialklingen reichte leider das Geld nicht. Meiner Mutter kaufte ich ein Einkaufsnetz mit goldverziertem Henkel. Das kleine Schwesterchen bekam eine Puppe, die sogar die Augen schließen konnte, wenn man sie hinlegte. Übrig blieben elf Pfennige. Was tun? – Denn für den kleinen Jürgen hatte ich noch nichts.

Ich kaufte ihm dafür einen kleinen Rennwagen aus Gummi – zum Preis von zehn Pfennig, dazu etwas Weihnachtspapier. Ich war für das Weihnachtsfest gewappnet.

Es wurde dann aber ein sehr trauriges Fest. Weihnachtsstimmung kam nicht auf. Während die Kleinen mit ihren Geschenken spielten, saßen die Erwachsenen herum, rauchten Zigaretten, die man auf Sonderabschnitten der Raucherkarte erstanden hatte, und tranken selbstgemischten Eierlikör. Alle «hingen» buchstäblich am Radio und warteten auf neue, schreckliche Nachrichten vom Todeskampf der 6. Armee an der Wolga. «Dat häpptse nu davon. Wat möt se ok no Russland gohn?», brummelte der Stiefvater, den wir «den Alten» nannten – «Das haben sie nun davon, was müssen sie auch nach Russland gehen?»

Genugtuung empfanden unsere Erwachsenen nicht, obwohl sie sich eine Niederlage Hitlers sehnlichst wünschten. Wenn Hunderttausende Landsleute starben, kam keine Freude auf. Noch war die Schlacht um Stalingrad ja nicht verloren, aber niemand machte sich Illusionen, der Goebbels-Propaganda glaubte man schon lange nicht mehr. So ein schreckliches Weihnachtsfest hatte ich noch nie erlebt. Ich konnte natürlich nicht wissen, dass mir noch einige furchtbare Weihnachtsfeste in den folgenden Jahren bevorstanden.

Am 2. Januar war es dann vorbei! Von den über 200 000 Mann schlurften, halb verhungert und mit zerrissenen Uniformen, 95 000 der Gefangenschaft entgegen. Nur 5000 überlebten die Strapazen und kehrten Jahre später nach Hause zurück.

Am Silvesterabend saßen wir zu Hause, das Grammophon dudelte Walzerklänge, die Erwachsenen tanzten. Im Nebenzimmer blieb leise das Radio an, man musste stets auf Voralarm gefasst sein. Hermann und ich saßen mit unseren Halbgeschwistern zusammen. Es war das letzte Silvester, welches ich gemeinsam mit meinem geliebten Bruder feiern sollte. Knallfrösche gab es nicht mehr. Und es gab auch keinen Voralarm. Am Himmel blieb es ruhig. Und wir waren froh darüber.

Es sollte mein letztes Silvester als Schüler sein, denn nach Ostern 1943 trat ich eine Lehrstelle als «Postjungbote» bei der Deutschen Reichspost an. Die Entscheidung dazu fiel recht spontan.

Meine Mutter fragte mich eines Tages, umringt von Tanten

und Onkeln, die alle auf mich einredeten: «Was willst du denn mal werden?»

Statt einer Antwort trällerte ich: «Ich bin die Christel von der Post», eine damals sehr bekannte Operettenmelodie.

«Dann geh doch zur Post», hörte ich daraufhin meine Mutter sagen.

Da mir auch nichts Besseres einfiel, stand es damit fest.

«Das ist ja eine interessante Tätigkeit, du brauchst auch keine Hochschulreife», sagte meine Mutter. Und fügte verschmitzt hinzu: «Auch ein Briefträger kann ein Genosse sein …»

Meine Verwandtschaft stimmte nach dieser Entscheidungsfindung im Chor ein: «Ein Hoch auf die Christel von der Post!»

Als dann die Schule zu Ende war, bekam ich ein gutes Abschlusszeugnis von meinem Klassenlehrer Otto Lüthje, der übrigens gleichzeitig im legendären Ohnsorgtheater als Volksschauspieler Karriere machte. Lüthje unterrichtete vormittags in der Schule und trat abends auf der von Richard Ohnsorg gegründeten «Niederdeutschen Bühne» im Restaurant Kersten am Gänsemarkt auf – mit dem Talent, andere zum Lachen zu bringen. Als ich Lehrer Lüthje eines Tages von meinem Berufswunsch erzählte, als «Künstler Goschoi» Karriere zu machen, ermunterte er mich dazu: «Günter, in dir schlummert ein großartiger Schauspieler.»

Doch leider kam es nicht dazu. Und so wurde ich beim Postamt Hamburg 1 angemeldet – und bestand die notwendige Aufnahmeprüfung mit «Sehr gut».

Ostern 1942 ging es los, ich war 14. Ich bekam den «Weltpostausweis», so etwas gab es damals; mehr oder weniger feierlich wurde ich auf das «Weltpostgeheimnis» eingeschworen. Das erschien mir damals als etwas Wichtiges – ohne zu ahnen, wie egal den Nazis das Postgeheimnis war, wenn ihre Geheime Staatspolizei auf der Suche nach Feinden war. Mit dem heutigen Begriff «Datenschutz» wusste damals niemand etwas anzufangen. Es gab keine Befindlichkeiten, die eigenen Daten schützen zu müssen – denn der Staat war allmächtig. Und kaum einer der autoritätsgläubigen Untertanen sprach dem Staat das Recht ab, auf die persönlichen Daten seiner Bürger zuzugreifen.

Wir waren drei Lehrgänge (Lehrjahre), etwa 60 Auszubildende. Der für die Lehre zuständige Postsekretär Timm, er war ein kriegsversehrter Veteran des Ersten Weltkrieges und hatte nur einen Arm, hielt eine markige Ansprache. «Mit Fleiß und Disziplin kann es jeder von euch sogar bis zum Postminister bringen», sagte er.

Und dann ließ er «Führer und Vaterland» hochleben, als hinge von der Post der Ausgang des Krieges ab. Danach sangen wir das Horst-Wessel-Lied, und es ging zu den jeweiligen Dienststellen an die Arbeit. Mein Leben als Zivilist Günter Lucks endete in dieser Zeit vollständig, ab da lief ich nur noch in Uniform herum. Denn während des Dienstes trug ich die Postdienstkleidung, nach der Arbeit zog ich die HJ-Uniform an. Uns wurde abgewöhnt, «Guten Morgen» oder «Guten Tag» zu sagen – «Heil Hitler», lautete im Dienst die Begrüßung. Morgens wurden wir von unserem Postsekretär mit «Heil Hitler, Postjungboten!» begrüßt. Wurden wir zu etwas aufgefordert, antworteten wir mit dem militärisch-zackigen «Jawoll».

Ich war im ersten Lernjahr, bei der Post hieß es nicht «Lehrjahr», und lernte so bedeutsame Dinge wie die ordnungsgemäße Entleerung eines Straßenbriefkastens. Zudem dass die Postsäcke als «Beutel» bezeichnet wurden. Um sie zuzubinden, wurden «Beutelschließen» benutzt, das waren kleine, mit einer Schließvorrichtung versehene Bänder. Zusammengefaltete Pappschildchen daran hießen «Beutelfahnen». Die gab es in verschiedenen

Farben, auf denen Art der Sendung und Zielort vermerkt waren. Oberster Dienstgrad im Hauptpostamt (Hamburg 1) am Hühnerposten in der Innenstadt am Hauptbahnhof, in dem ich ausgebildet wurde, war ein Oberpostrat. Eine Woche lang wurde ich ins Vorzimmer dieses Oberpostrats abgestellt. Ich hatte seine Post zu öffnen, sie ihm zu bringen und hin und wieder Kaffee zu kochen – übte also eine klassische Sekretärinnentätigkeit aus. Ansonsten hatte ich bei der Grob- und Feinsortierung der Postsendungen stundenlang vor den Schränken mit unterschiedlichen Fächern zu sitzen, in die hinein wir die Sendungen sortierten – je nach Region oder Ort.

Im Postamt wurden alle bei der Arbeit beobachtet. Weil immer wieder Feldpostpäckchen gestohlen wurden. Angehörige schickten ihren Angehörigen sogenannte Liebesgaben – Nschereien, Zigaretten oder Lebensmittel, die man sich sprichwörtlich vom Munde abgespart hatte. Da viele von diesen Sendungen nicht mit der Maschine, sondern per Hand gestempelt werden mussten, ergab sich für skrupellose Angestellte die Gelegenheit, die eine oder andere Postsendung heimlich verschwinden zu lassen. Dass der Diebstahl von Postsendungen mit langjährigen Haftstrafen, seit 1942 sogar mit der Todesstrafe geahndet wurde, schreckte die Langfinger nicht ab. Denn die Not in der Stadt war groß. Noch im April 1945 wurde ein Postangestellter in Hamburg hingerichtet.

Am liebsten ging ich «auf Zustellung», trug also Briefe aus. Ich liebte das, weil ich dann den ganzen Tag unterwegs war. Zusätzlich bekam ich hin und wieder etwas von den Kunden geschenkt. Doch ich hatte stets einen Zusteller an meiner Seite, und der kassierte jeden Pfennig vom Trinkgeld ein. Nur die Süßigkeiten durfte ich für mich behalten, doch die wurden im Lauf des Jahres seltener. Schon damals unterhielt die Reichspost einen Fuhrpark, der selbst nach heutigen Maßstäben sehr fortschrittlich erschien: eine Flotte von Elektroautos für die Paketbeförderung. Wir nannten sie «Suppenwagen», weil sie beim Beschleunigen immer so eigenartige Geräusche machten. Es klang wie «supp, supp». Riesige Batterien waren unter den Wagen angebracht, die bereits nach etwa 30 Kilometern Fahrt gegen aufgeladene ausgetauscht werden mussten.

Ich hatte im Frühjahr 1943 meine Lehre gerade begonnen, als mein Stiefvater Helmut Kruschak als Spezialist für den Flugzeugbau nach Tschechien ins sogenannte Reichsprotektorat dienstverpflichtet wurde. Im Werk Kuřim (Gurein) bei Tischnowitz (Tišnov) in der Gegend von Brünn sollte er tschechische Arbeiter anlernen und Facharbeiter unterweisen. Sein Gastspiel im «Protektorat Böhmen und Mähren», wie es im NS-Jargon hieß, sollte sich für ihn und den ihn begleitenden Teil der Familie als ein großer Glücksfall herausstellen, bewahrte es sie doch vor dem historischen Bombeninferno, das bis heute unvergessen ist und das Leben Tausender Hamburger auslöschte – «Operation Gomorrha» genannt.

Meine Mutter und die beiden Halbgeschwister durften ihn begleiten, mein Bruder Hermann und ich mussten in Hamburg bleiben, weil wir uns in der Ausbildung befanden. Wir lebten fortan also allein in der Wohnung meiner Mutter und Helmut Kruschaks. Heutige Kinder hätten sich vermutlich darauf gefreut, für einen langen Zeitraum selbstverantwortlich ins Bett zu gehen, aufzustehen, niemandem Rechenschaft schuldig zu sein.

Doch wir freuten uns nicht, wir waren traurig. Ich fühlte mich wie ein Waisenkind und war so froh, zumindest Hermann an meiner Seite zu haben. Nur kurz hatten wir uns als Teil einer neuen Familie fühlen dürfen, jetzt waren wir wieder auf uns gestellt. Schließlich waren wir gerade mal 14 und 16 Jahre jung.

Erstmals wurde mir jetzt bewusst, dass lediglich mein großer Bruder Hermann meine eigentliche Familie war, während Mutter und Vater längst in ihren «eigenen Welten» lebten.

Letztlich wurde unser erwachsenengleiches Leben nur genehmigt, weil Tante Olga versprach, ein Auge auf uns zu werfen. Auch Tante Olga, die Schwester meiner Oma, lebte inzwischen allein, seit ihr Mann, Onkel Fiete, als «garnisonsverwendungsfähig Heimat» (gvH) eingestuft worden war. Obwohl er weit über 40 Jahre alt war, diente er an der niederländischen Grenze als «Zollsoldat».

Auch Opa Schill, der Schneider mit dem proletarischen Herzen, wohnte ja ganz in der Nähe und wurde als betreuende Person benannt und eingebunden. Die NS-Behörden hatten den in Ehren ergrauten «Veteran der Arbeiterbewegung» als «ungefährlich» eingestuft. Als ehemaliger Kommunist musste er sich aber monatlich bei der Polizei melden. Seine kommunistischen Kunden kamen nicht mehr. Und falls doch, dann trugen sie mittlerweile auch NS-Abzeichen oder Nazi-Uniformen. Aufträge von ihnen konnte der Opa nicht mehr ablehnen, aber er ließ sich stets verleugnen, wenn er sie durch den Türspion erkannte. Oma musste die Aufträge dann entgegennehmen.

Doch im Frühjahr 1943 starb sie, leider viel zu früh, an den Folgen einer Krebserkrankung. Um Opa Schill wurde es einsam. Später kümmerte sich Berta, eine Genossin, um ihn. Sie hatte schon während der langen Leidenszeit der Oma zur Seite gestanden und sich liebevoll um sie gekümmert. Sie wurde seine «Lebensgefährtin» und lebte mit ihm bis zu Opa Schills Tod 1948.

Weil also auch Tante Olga und Opa Schill viele Sorgen hatten, mussten wir unser neues Leben in der Wohnung meiner Mutter überwiegend allein organisieren. Opa Schill gab uns Geld, aber nur wenn etwas übrig war. Er griff dann in seine Gesäßtasche und holte ein paar Groschen hervor. «Kauft euch was zu naschen», hieß es dann.

Anfang Juli 1943 gab er jedem von uns fünf Reichsmark. «Geht in dieses Parteibüro gegenüber und fragt nach Volksgasmasken», trug er uns auf.

Er hatte in der Zeitung gelesen, dass die NSDAP-Parteidienststelle an jenem Tag für fünf Reichsmark Gasmasken verkaufte, aber nur solange der Vorrat reichte. Die waren sonst wesentlich teurer und versprachen in diesen Tagen zunehmender Bombardierungen zumindest etwas mehr Schutz – im Falle eines Großbrandes. Und tatsächlich ergatterten wir zwei Exemplare der «VM 37», so die offizielle Bezeichnung, verpackt in großen Pappkartons. In einen Kopfüberzug aus Gummi waren im Bereich der Augen zwei Glasscheiben eingearbeitet, am Mundstück war ein siebartiger Metallfilter angeschraubt. Wir stülpten uns die Masken über und spielten in der Wohnung die «Gasschlacht» im flandrischen Ypern nach – Besen ersetzten die Gewehre. Doch es war Juli, und schon nach wenigen Minuten klebte das Gummi an der schweißnassen Gesichtshaut. Wir streiften uns die stinkenden, feuchten Masken vom Kopf und warfen sie in die Ecke. Und hofften, dass wir sie dort vergessen würden.

Im Feuersturm

24. Juli 1943. Hamburg hatte seit etwa einer Woche das schöns-
tes Sommerwetter. Weil wir es versprochen hatten, besuchten
Hermann und ich am Vormittag Tante Olga, denn es war Sonnabend, und wir mussten nicht zur Arbeit. Wir holten mit der
Schottschen Karre am Großmarkt frische Ware für den Gemüseladen. Dafür bekamen wir bei Tante Olga regelmäßig ausreichend Kartoffeln und Gemüse zu essen, wir brauchten also nicht
zu hungern. Erst am Abend verließen wir sie wieder. «Also dann
bis morgen, kommt ihr zum Frühstück vorbei …?», rief uns die
Tante noch nach.

Wir hatten ihr nicht geantwortet, beeilten uns, nach Hause
zu kommen und fielen mit unseren Straßensachen in die Betten.
Denn es war Fliegeralarm angekündigt worden. Wieder einmal.
Diese Ungewissheit, diese stets drohenden Luftangriffe raubten
den Schlaf und zermürbten uns.

«Heute passiert bestimmt nichts, Goschoi», redete mir Hermann vor dem Einschlafen beruhigend zu, «schlaf endlich
ein …»

Doch es kam anders. Nach einer Vorwarnung eilten wir in
den Keller unseres Hauses. An fast jedes Haus war damals mit
Kreide «LSR» geschrieben, darunter wies ein Pfeil in die jewei-
lige Richtung. «LSR» bedeutete Luftschutzraum, es gab ihn in
fast jedem Keller. Die meisten dieser zu Luftschutzräumen um-
gewidmeten Keller waren weder bombensicher, noch verfügten
sie über eine externe Luftzufuhr. Wir hatten, wie stets in unserer
Freizeit, noch immer die HJ-Uniformen an, schnappten uns un-

ser Handgepäck, unsere neuen «Volksgasmasken», eine Tasche, in die wir unser wichtigstes «Spielzeug» sowie die Papiere der Familie gepackt hatten, und folgten dem «LSR»-Hinweis.

Der Luftschutzraum war eigentlich eine Wäscherei, in der die Betreiber des Geschäfts auch wohnten. Wir saßen also mit etwa 20 Personen – fünf Männer, die Übrigen Frauen und Kinder – im unterirdischen Wohnzimmer, welches zur Wäscherei gehörte. Das Licht wurde gelöscht, weil die Menschen glaubten, es locke die Bomber an. Das war natürlich Unsinn, denn durch die so-genannten Christbäume – brennende Leuchtmarkierungen, von den ersten Bomberwellen abgeworfen – waren die Grenzen des Stadtgebiets für die folgenden Bomber deutlich markiert wor-den. Die Besatzungen der ersten Welle in den britischen vier-motorigen Halifax-, Stirling- oder Lancaster-Bombern in 6000 bis 7000 Meter Höhe hatten leichtes Spiel, Hamburg lag gut ausgeleuchtet unter ihnen wie auf einem Präsentierteller. Als Orientierung hatten sie das höchste Gebäude der Stadt gewählt, die St.-Nikolai-Kirche, deren Turm noch heute als Mahnmal dieser schrecklichen Zeit wie ein gedemütigtes Steinskelett im Stadtzentrum steht.

Vermutlich hätten wir unsere Freude gehabt, wären wir drau-ßen gewesen, denn zunächst regnete es keine Bomben vom nächt-lichen Sommerhimmel, sondern lustig torkelten Stanniolstreifen durch die laue Sommernacht. Wie auf einer amerikanischen Siegesparade. Ganz Hamburg wurde mit dünnen Blättchen aus Zinn eingeregnet. Es war eine Premiere und eine wirkungsvolle Maßnahme, denn so wurde das deutsche Radar ausgeschaltet.

Als die ersten Bomben fielen, erstarben auch die letzten Ge-spräche im Keller. Die Menschen hielt es nicht mehr auf den Stühlen, Sesseln, dem Sofa. Man stand auf, hielt sich am nächs-ten Menschen fest. Frauen weinten leise, Kinder wimmerten.

Wir hatten schon das Gefühl für Zeit verloren, als plötzlich Ruhe einkehrte. Wir hegten die begründete Hoffnung, dass die Angriffe nun vorüber seien. Also atmeten wir auf, in der Hoffnung, das Schlimmste überstanden zu haben.

Als wir am frühen Morgen zurück in unsere Wohnung gingen, waren wir froh, dass unser Haus verschont geblieben war. Auch dieses Mal. Doch lediglich eine Pause gönnte man uns Hamburgern, eine Pause, um noch einmal so etwas wie ganz normale Sommertage genießen zu dürfen – für viele die letzten ihres Lebens.

Am 26. Juli, dem Montag, erreichten die Temperaturen hochsommerliche 30 Grad – erstmals in diesem Jahr. Wir erlebten einen Bilderbuchsommertag, von dem ich im Postamt aber nicht viel hatte und der abends jäh gestört wurde, als wieder Voralarm ausgelöst wurde. Abermals stürzten wir in den Keller – doch nach zwei Stunden durften wir endlich ins Bett. Lediglich ein kleiner Schwarm von sechs britischen Mosquito-Bombern hatte uns den Schlaf geraubt, hatte in der bereits zu großen Teilen zerstörten Stadt aber nur geringen Schaden angerichtet. Am späten Abend trat wieder Ruhe ein, und wir waren zuversichtlich, dass es nun wirklich vorbei sei.

Der darauffolgende Dienstag wurde noch wärmer, Hamburg stöhnte unter einer Hitzeglocke. Tagsüber war es ruhig geblieben, und müde kamen wir am Nachmittag von der Arbeit zurück. Die Gerüchteküche brodelte. Vor allem diese Stanniolstreifen, die jetzt überall im Stadtgebiet zu finden waren, regten die Phantasie der Leute an. «Wollen die uns damit vergiften?» Nur wenige hatten das technische Wissen, die radarstörende Wirkung dieser Maßnahme zu verstehen. Andere wussten zu berichten, dass da noch «ein ganz dickes Ding» käme. Auch ich glaubte das, denn ich hatte auf dem Nachhauseweg im Erdkampsweg ein Flugblatt der Royal Air Force aufgelesen. Es hatte Postkartengröße, und darin wurde auf Deutsch vor weiteren Angriffen gewarnt. Sinngemäß hieß es da, dass der vorherige Angriff erst der Anfang gewesen sei. Die Hamburger wurden aufgefordert, ihre Stadt zu verlassen, um sich in Sicherheit zu bringen. Ich warf das Flugblatt umgehend weg, denn auf den Besitz oder die Verbreitung von Feindpropaganda stand die Todesstrafe. Zu Hause erzählte ich Hermann davon. «Das ist sicher wieder eine dieser Lügen des ‹Lügen-Lords›», meinte er.

Der britische Premier Winston Churchill war von der NS-Propaganda immer wieder als «Lügen-Lord» beschimpft worden, und das plapperten wir natürlich brav nach.

Wir legten uns schlafen, ließen aber wie üblich das Radio leise dudeln. Die klassische Musik wurde unterbrochen, und die sonore Stimme des Sprechers verkündete wieder die schreckliche Botschaft: «Reichssender Hamburg! Über Drahtfunk wird ein großer feindlicher Kampfverband im Anflug auf Nordwestdeutschland gemeldet. Es folgt in Kürze eine Vorwarnung.» Es ging also wieder los!

Minuten später ertönten in Intervallen die langgezogenen Sirenentöne. Voralarm! Wir klaubten unsere Habseligkeiten zusammen und suchten den Keller auf. Schon während wir hinunterliefen, setzte das dumpfe Krachen der Flugabwehrkanonen ein. Minuten später hörten wir in unmittelbarer Nähe das Fallen der Bomben. Pfeifend kamen sie herunter, schlugen mehr oder weniger laut ein. Ängstlich, die Volksgasmasken umgehängt, standen wir im Keller, schauten an die Decke, hinter der die Einschläge in unmittelbarer Nähe dröhnten, wummerten, bebten. Nach einer Pause von ein paar Minuten folgten neue Einschläge. Wir spürten, dass die Bomber in mehreren Wellen kamen. Und uns wurde schnell klar: Diese Welle galt uns im

Hamburger Osten, während der erste Angriff vor allem im Nordwesten die Stadtteile Hoheluft, Altona, Eimsbüttel getroffen hatte.

Und dann schlug es bei uns ein! Es war nicht einmal besonders laut. Etwa so, als würde im zweiten Stock ein schwerer Schrank mit einem dumpfen «Rums» umfallen. Einer der Männer unterbrach unser Schweigen: «Ich glaube, bei uns hat's eingeschlagen. Habt ihr das gehört?»

Wir alle hatten gespürt, dass sich der Ausgangspunkt des Knalls direkt über uns orten ließ. Und es war auch keiner dieser berüchtigten Blockbuster, der unser Haus traf, sondern eine wesentlich kleinere Phosphorbombe.

Fünf Männer und wir zwei Jugendlichen aus dem Kellerbunker stülpten umgehend die Gasmasken über – jene, die uns Opa Schill noch vor wenigen Tagen bezahlt hatte – und liefen über die Treppen zum Dachboden. Wir wollten löschen, so wie es uns unsere Lehrer beigebracht hatten. Doch das war alles graue Theorie gewesen, die Realität war hoffnungslos. Es war Sommer, es hatte lange nicht geregnet, der Dachboden war aus massiven Holzbalken gezimmert, und zusätzlich lagen in den einzelnen Verschlägen Kohlen, der Wintervorrat. Die Phosphorbombe hatte bereits ein höllisches Flammenmeer entfacht, alles brannte lichterloh. Zwar standen Feuerklatschen, einige Wassereimer und Kisten mit Sand bereit. Doch das war so, als hätte man mit einer Gießkanne einen Waldbrand löschen wollen.

Da traf mich plötzlich ein Schlag gegen die Kehle. Eine durch das Feuer morsch gewordene Holzwand war krachend zusammengebrochen. Ein brennender Balken hatte mich getroffen. Ich spürte, wie das Gummi meiner Schutzmaske flüssig wurde und auf der Haut zu kleben begann. In Panik riss ich mir die Maske vom Gesicht und wurde durch die toxischen Gase augenblicklich ohnmächtig. Hermann packte mich und trug mich nach unten. Er legte mich in den noch feuerfreien Hausflur im Parterre, von dem eine große Steintreppe zur Straße führte.

Wir befanden uns zwischen einer großen Flügeltür, hinter der das hölzerne Treppenhaus begann, und der Haustür, die zur Straße führte. Immer mehr brennende Trümmer und Treppengeländer stürzten im Treppenhaus herab. Und dann kam Hermann auf die verhängnisvolle Idee, Tante Olga zu holen. «Bleib ruhig liegen, Goschoi, ich hole Hilfe …», sagte er.

Er trug mir auf, ich solle in jedem Fall liegen bleiben und keine Angst haben, denn er komme ganz bestimmt wieder. Mir war der Gedanke, dass er mich jetzt allein lassen wollte, überhaupt nicht geheuer. Doch ich vertraute Hermann. Hermann rannte also los – und kam nie wieder. Denn da draußen war inzwischen der gewaltige Feuersturm ausgebrochen, über den im Zusammenhang mit Hamburgs Auslöschung so viel berichtet worden ist. Diesen Feuersturm muss man sich wie einen Tornado aus heißer Luft vorstellen. In seinem Kern war es zwischen 800 und 1500 Grad heiß, nur langsam bewegte er sich von der Stelle. Wolfgang Zimmermann, ein Stadtteilhistoriker aus dem Hamburger Osten, sagt, dass es diesen «Hitze-Tornado» infolge der Operation Gomorrha nur in Hamm gab – dem «Epizentrum» dieser schweren Bombenangriffe.

Alle Leute, die mit uns im Keller ausgeharrt hatten, hatten sich längst in Sicherheit gebracht. Ich lag noch immer im Hausflur und wartete auf Hermann, eine gefühlte Ewigkeit lang. Ich war verzweifelt. Hätte ich ihn nur nicht gehen lassen, warf ich mir vor – ein Leben lang.

Immer wieder rannten Menschen an unserem Haus vorbei. Ich sah durch die offene Tür, wie sich manch einer im heißen Atem der brennenden Stadt krümmte, zu Boden sank und starb.

Erwachsene, auf die Größe eines Kindes geschrumpft, schwarz und verkohlt. Allmählich wuchs in mir die Überzeugung, dass ich dieses Haus verlassen musste, falls ich überleben wollte. Denn das Gebäude drohte offenbar einzustürzen.

Unter Trümmern erschlagen zu werden oder da draußen gegen diesen Feuersturm anzurennen – ich hatte die Wahl zwischen Pest und Cholera. Und ich entschloss mich zu gehen. Ohne Hermann. Ich rannte auf die Straße. Links und rechts stürzten Häuserfassaden ein. Ich ging gebückt und langsam, es war wie das Anrennen gegen einen Orkan. Nur dass dieser Orkan brüllend heiß war. Unterwegs begegnete ich einem älteren Mütterchen, aneinandergeklammert schleppten wir uns durch die brennenden Straßen, durch die der heiße Atem fauchte. Von Zeit zu Zeit pressten wir die Gesichter auf das Kopfsteinpflaster, denn nur in den Ritzen zwischen den Steinen gab es noch kühlere Luft, die wir einatmen konnten.

Es war Nacht und draußen trotzdem taghell. Wir erreichten die Schule in der Norderstraße, in die einst meine Mutter gegangen war. Im Gebäude gab es viele Menschen, einigen war die Kleidung am Körper verbrannt. Ich suchte im gesamten Schulgebäude nach Hermann und auch Tante Olga – doch es gab keine Spur von ihnen. Lizzy fiel mir in dieser Situation gar nicht ein, sie war seit der Einberufung meines Vaters aus meinem Leben verschwunden. Zudem hatte sie ja noch ihre Schwester Käthe und den reichen Opa, der einst Konsul in Ostafrika gewesen war. Erst später erfuhr ich, dass ihre Straße diese Nacht zwar unbeschadet überstanden hatte, dann aber in der kommenden Nacht Ziel eines Angriffs wurde. Ihr Haus in Eilbek, zudem meine ehemalige Schule Roßberg sowie die meisten Häuser der Hasselbrookstraße, auch die, in denen Max Schmeling und Ursula Thiess wohnten, überstanden das Inferno nicht. Zum Glück

Der Nagelsweg in Hamburg vor und nach der Zerstörung 1943.
Im höchsten Gebäude ist die Wohnung zu sehen, in der ich lebte: die drei
linken Fenster in Höhe der Bahngleise. Die Hochbahn führte hier, auf
Viadukten, vom Hauptbahnhof zum Rothenburgsort. Das untere Bild zeigt,
am rechten Rand, was von dem Haus nach dem Feuersturm geblieben war.

überlebten all die Menschen. Doch in dieser Nacht drehten sich meine Gedanken nur um meinen Bruder.

Am Tag darauf geisterte ich wie benommen in meiner versengten HJ-Uniform durch die Stadt. Überall sah ich schwelende Trümmer. Oft standen nur noch behördliche Gebäude – Telegraphenämter und Schulen. Damals der Ursprung vieler Gerüchte: So behaupteten Menschen, es hätte «Absprachen» zwischen den Nazis und den Alliierten gegeben. Wie anders sei es sonst zu erklären, dass Wohnhäuser zerstört, Amtsgebäude aber verschont geblieben waren? Die Erklärung aus heutiger Sicht ist einfach: Für den Bau der Decken behördlicher Gebäude war stets Stahlbeton verwendet worden. Und der hielt den Sprengbomben stand, die in der zweiten Welle (nach den Markierungen der Stadt durch die sogenannten «Christbäume») abgeworfen worden waren. Die in der dritten Welle folgenden Brandbomben konnten so das Hausinnere nicht erreichen, um dort ihren alles in Brand setzenden Inhalt auszuspeien; so die Erklärung des Stadtteilhistorikers Wolfgang Zimmermann.

Überall lagen die Leichen verbrannter Menschen, ob Kinder oder Erwachsene – sie waren kaum zu identifizieren, so entstellt und mumifiziert waren viele. Sah einer der Körper wie eine jugendliche männliche Leiche aus, drehte ich sie um – ich wollte unbedingt Hermann finden. Ein Feldwebel der Wehrmacht griff nach meiner Schulter: «Eigentlich müsste ich dich erschießen, denn das ist Leichenfledderei, was du hier machst …»

«Dann tu es doch», sagte ich weinend, «ich suche doch nur meinen Bruder Hermann.»

«Komm mit und hilf mir bei der Bergung der Toten», forderte mich der Soldat auf.

Ich lief weg. Ich war einfach nicht in der Lage dazu. Ich suchte weiter. Doch es gab keine Spur, keine Hinweise, nicht einmal eine Leiche – Hermann blieb verschollen. Für immer.

Ich erinnere mich noch, dass die Häuser im Nagelsweg 69 und in der dahinterliegenden Gustavstraße 4 als einzige in unserer Gegend von den alliierten Bombenangriffen verschont geblieben waren. Vor allem die östlichen Stadtteile Hamburgs waren in jener Nacht vom 27. auf den 28. Juli angegriffen worden. In Hamm-Süd, genau wie in Eilbek, wurden dabei bis zu 90 Prozent aller Gebäude vernichtet. Hammerbrook und Rothenburgsort waren vollständig ausgelöscht worden. Die Stadt meiner Kindheit – sie war dahin. Unwiederbringlich.

Ich bettelte Soldaten an, ob sie mir etwas zu essen geben könnten. Und bekam mal ein Stück Schokolade, mal ein paar Kekse. Ich ging zur Hamburger Universität, wo eine Hilfsstelle für Bombengeschädigte eingerichtet worden war. Hier bekam ich eine große Lebensmittelkarte für sieben Tagesrationen ausgehändigt. Mir stand jetzt echter Kaffee zu, außerdem Zigaretten und Schokolade. Aber was sollte ich damit? Auf der Moorweide unweit der Universität waren Ausgabestellen für Geschädigte eingerichtet worden. Unter anderem gab es dort große Butterfässer, daraus bekamen wir Ausgebombten etwas abgefüllt.

Doch als ich die Menschen sah, die dort auf Zuteilungen warteten, hatte ich Zweifel, ob es sich wirklich um Bombenopfer handelte. Ihre unversehrte Kleidung und die Vielzahl der Gefäße, die sie bei sich trugen, nährten in mir den Verdacht, das es sich um Bewohner des kaum betroffenen Hamburger Westens handelte. Ausgebombte hatten oft nur noch, was sie auf dem Leib trugen – und kamen sicher nicht mit Schüsseln und Tellern. Ich sah viele der Ausgebombten wie irrsinnig nach ihren Angehörigen suchen. So wie auch ich herumstreunte.

In der Nacht des darauffolgenden Donnerstags, dem 29. Juli,

gab es den nächsten Großangriff, er betraf wieder Hamburgs Osten, vor allem Barmbek, Uhlenhorst und Winterhude. Doch ich hatte keine Angst mehr vor den Bomben, ich saß wie benommen im Luftschutzkeller, schlief danach in der Wartehalle des Hauptbahnhofs.

Naheliegend wäre es gewesen, zu Tante Olgas Garten nach Billbrook zu laufen. Das waren von der Innenstadt aus fünf Kilometer Luftlinie, unter normalen Verhältnissen ein Spaziergang. Doch nach «Gomorrha» war alles anders: Hamburgs Osten war zu einem fast unüberwindlichen Gebirge mit Schluchten und Felsbarrieren aus Trümmern geworden. Straßen, sofern sie nicht verschüttet waren, mussten gesperrt werden – es gab kein Durchkommen. Gefährlich war es außerdem, noch immer stürzten Fassaden ein, überall gab es Krater und Schluchten, Leichen lagen herum, es bestand Seuchengefahr. Um diese Gefahr einzudämmen, wurde etwas später eine etwa 1,50 Meter hohe Mauer aus Trümmerziegeln um Hammerbrook errichtet: Betreten verboten!

An der Uni war ich als Ausgebombter «registriert» worden. Weil ich eine angesengte HJ-Uniform trug, war man der Meinung, ich hätte mich aktiv an der Opferbergung beteiligt. Das führte dazu, dass man mich zum Kameradschaftsführer der HJ beförderte. Den Brief bekam ich später ausgehändigt. Was für eine lächerliche Maßnahme. Vor allem bekam ich als Ausgebombter neben den Lebensmittelkarten eine Fahrkarte nach Brünn und einen «Durchlassschein» ins «Protektorat». Ich war völlig besitzlos, nur die von Opa Schill bezahlte Volksgasmaske mit ihrem zum Teil versengten Kopfteil aus Gummi trug ich noch bei mir. Am Tag, an dem ich Hamburg mit der Bahn Richtung Dresden verließ, gab es den nächsten und vorerst letzten Großangriff. Der

Himmel, so schien es, weinte dazu, denn nach Tagen der Schwüle entlud sich ein heftiges Sommergewitter, sodass die Folgen der Bombardierung gering blieben, da kein Großfeuer ausbrach. Doch es gab gar nicht mehr viel zu zerstören.

Ich hatte mich nicht einmal mehr von meinen Lieben verabschiedet – Opa Schill, Tante Olga, Opa Lucks sowie Lizzy waren unauffindbar. Und niemand von ihnen wusste, was aus uns geworden war. Ich wollte nur weg. Und war davon überzeugt, dass in dieser Stadt des Todes keiner meiner Angehörigen überlebt hatte.

Völlig übermüdet saß ich Stunden später in der Wartehalle des Hauptbahnhofs der noch völlig intakten sächsischen Landeshauptstadt. Als ich erwachte, musste ich feststellen, dass mir jemand auch noch meine Volksgasmaske gestohlen hatte. Ich hatte furchtbaren Hunger. Für die Lebensmittelkarte allein gab es noch kein Essen, ich benötigte auch Geld, das ich aber nicht hatte. Weiter ging die Fahrt über Prag nach Brünn, wo ich spätabends eintraf. Eine Deutsche mit Kleinkind nahm mich mit in ein feudales Hotel. Im Zimmer wurde eine Trennwand aufgestellt, endlich konnte ich mich einmal richtig ausschlafen. Am nächsten Morgen erwachte ich, die Frau war weg. Sie hatte alles für mich bezahlt, auch ein gutes Frühstück, das auf mich wartete. Ein am benachbarten Frühstückstisch sitzender Stabszahlmeister der Wehrmacht interessierte sich für mein Schicksal und nahm mich mit in die Kaserne. Dort übergab er mich einem Unteroffizier, der die Vorratskammer leitete. Fourier nannte man diesen Dienst. Im Vorratsspeicher hingen reihenweise Mettwürste an der Decke, an den Wänden waren wagenradgroße Käselaibe gestapelt. Der Unteroffizier schnitt mir große Scheiben eines herrlich duftenden Brotes ab, bestrich sie dick mit Butter, und ich konnte mir aus der Kammer nehmen, was ich wollte. Es war wie im Schlaraffenland. Die Zerstörung Hamburgs, der bis dato verheerendste Bombenangriff der Menschheitsgeschichte, hatte im ganzen Reich für Aufsehen gesorgt. Als Opfer der «Operation Gomorrha» wurde ich bemitleidet und unterstützt.

Ich konnte in der Kaserne baden, meine HJ-Uniform wurde geflickt und gewaschen, ich fühlte mich allmählich wieder als Mensch. Mir wurde noch ein großes «Fresspaket» eingepackt, dann bestieg ich einen Personenzug ins 27 Kilometer entfernte Tischnowitz (Tišnov), wo die Kruschaks wohnten. Weil niemand von meiner Ankunft wusste, fragte ich mich zu ihrer Adresse durch. «Günter», schrie meine Mutter überglücklich mit Tränen in den Augen.

Und weil ich alleine vor der Tür stand, hatte sie – ohne dass ich etwas gesagt hatte – sofort begriffen, dass etwas Schreckliches passiert sein musste. «Wo ist Hermann …?», rief sie mit sich überschlagender Stimme. Ich weinte, ich brauchte viel Zeit, um zu erzählen, was ich erlebt hatte.

Es traf sie wie ein Schlag. Einige Tage später brach sie nach Hamburg auf, um selbst Nachforschungen anzustellen. Doch sie erreichte nichts. Immerhin kam sie mit der Information zurück, dass Opa Schill und Tante Olga überlebt hatten. Die Tante hatte die Bombennächte gar nicht in ihrer Wohnung erlebt, sondern auf ihrem Billbrooker Gartengrundstück ausgeharrt. Hermann hätte gar nicht erst loslaufen müssen. Einen Monat später reiste Mama erneut nach Hamburg, aber wieder konnte ihr das Rote Kreuz nicht helfen. Als sie zurück in Tischnowitz war, berichtete sie uns weinend von ihrem Misserfolg.

In Brünn setzte ich meine Lehre bei der Post fort – jetzt in einer tschechischen Postuniform. Ich gab mir Mühe, die tschechische Sprache zu erlernen und machte auch recht ordentliche Fortschritte.

Mein Stiefvater hatte bereits Kontakt zu tschechischen Kommunisten aufgenommen. Einmal war ich bei so einem Treffen dabei. Es fand in einem abgelegenen Waldgasthof statt. Reichlich floss der Slibowitz, was sehr unvorsichtig war, denn das löste die Zunge. Lautstark sangen die Männer tschechische und deutsche Arbeiterlieder. Die tschechischen Genossen sagten: «Helmut, der Krieg ist bald zu Ende, Deutschland wird ihn verlieren. Bleib hier bei uns, wir werden für dich bürgen. Dir passiert hier nichts.»

Doch Helmut Kruschak bewies auch hier Weitsicht: «Ne, das sagt ihr jetzt. Aber wartet ab. Wenn das hier zu Ende geht, geht alles drunter und drüber. Und dann wird zwischen den Nazis und ihren Gegnern kein Unterschied gemacht, wenn sie Deutsche sind. Und wer weiß, wo ihr dann seid ...»

Er stellte alsbald einen Antrag auf Rückkehr. Und weil Spezialisten nun auch in Hamburg händeringend gesucht wurden, hatte er auch Erfolg damit.

Noch 1944 traten wir die Heimreise an.

Ich fuhr etwas früher zurück, die Familie folgte im August. Als Ausgebombte hatten meine Mutter und Helmut auf Bezugsscheine neue Möbel sowie Bettwäsche und Geschirr erhalten. Dies wurde nun in Brünn in einen Güterwaggon gepackt, und am nächsten Tag sollte der Transport abgehen. Es folgte aber ein weiterer Schicksalsschlag: Der Zug mit unseren Sachen kam nie in Hamburg an, vermutlich wurde er Opfer eines Bombenangriffs. Unsere Familie kehrte nach Hamburg zurück, wie sie die zerstörte Stadt im Jahr zuvor verlassen hatte: nur mit den Habseligkeiten, die wir mit uns trugen.

Erst wohnten wir alle beengt in Tante Olgas Gartenhaus, dann, nach einigen Tagen, begann Onkel Helmut damit, einen Ruinenkeller provisorisch für uns auszubauen. Dort kamen wir bis zum Kriegsende unter.

Ein elendes Leben in einer zerstörten Stadt begann, dem ich mich bald zu entziehen trachtete.

Ich beging einen verhängnisvollen Fehler.

Seit dem Verlust von Hermann war ich der einsamste Mensch der Welt. Meine Mutter hatte mit Helmut und den beiden Kleinen ein neues Leben, mein Vater war im Krieg, Lizzy war nicht mehr Teil meines Lebens. Ich gehörte nirgendwohin, fühlte mich bei meiner Mutter und Helmut, die in beengten Verhältnissen lebten, eher geduldet als wirklich heimisch. Ich kam mir vor wie ein junger Vogel, der aus dem Nest gefallen ist – und nicht weiß, wohin er gehört. Es war ein schreckliches Gefühl.

Als Kindersoldat bei der Waffen-SS

Ich wollte raus aus dieser Trümmerstadt Hamburg, raus aus dem Bombenkeller, in dem ich mit meiner Mutter, meinem Stiefvater und meinen zwei Halbgeschwistern hauste. Die Stimmung war katastrophal. Hamburg, ganz Deutschland litt große Not in diesem vorletzten Kriegsjahr, das sich dem Ende zuneigte.

Mutti war meine einzige echte Bezugsperson, doch sie hatte ja zwei weitere Kinder. Ende August wurde zudem auch noch der kleine Helmut geboren, zeit seines Lebens dann Hemme genannt. Er war ein niedliches Baby. Aber die Sorgen und Nöte des Kriegsalltags, dazu die katastrophale Wohnsituation – das alles zerrte an ihren, an unseren Nerven. Die Stimmung in unserer kleinen Patchwork-Familie war nicht gut.

Und noch etwas kam hinzu, auch wenn mir das damals nicht bewusst war. Die Bombennächte und der Verlust Hermanns hatten mich traumatisiert. An therapeutische Hilfe, heute selbstverständlich, war damals nicht zu denken. Und wäre auch gar nicht zu bewerkstelligen gewesen, denn das halbe Volk hätte psychotherapeutische Hilfe gebraucht. Auch ohne fachliche Hilfe hätten mir ganz selbstverständliche Zuwendungen wie Anteilnahme, Zuneigung, Liebe, Verständnis und viele Gespräche über diese sehr schwere Zeit hinweggeholfen. Doch daran war ebenfalls nicht zu denken, der Krieg ließ die Menschen abstumpfen und verrohen. Mutti und Helmut führten selbst einen Überlebenskampf.

Ein Mix, gespeist aus diesem Gefühl des Alleinseins, dem

großen Wunsch, einfach nur wegzuwollen, aber auch ein Auf-
begehren gegen die noch immer kommunistische Weltanschauung meiner Mutter und ihres Mannes führte dazu, dass ich mich
kurz nach meinem 16. Geburtstag als Kriegsfreiwilliger meldete.
Die Ausrufung des Volkssturms am 18. Oktober 1944, betroffen
waren «waffenfähige Männer im Alter von 16 bis 60 Jahren», gab
dazu den letzten Anstoß. Ich wollte in diesen schweren Stunden, in denen sich mein Land befand, etwas Großes, Nützliches
vollbringen. Die Erlebnisse in den Bombennächten bestärkten
mich in meinem Wunsch: Waren Deutschlands Feinde nicht
skrupellose Verbrecher – die meinen Bruder und Tausende andere Menschen auf dem Gewissen hatten? Ich empfand in diesem Moment sogar Wut und Abscheu vor den Überzeugungen
meiner Eltern: Man durfte in diesem Moment des Überlebens-
kampfes unseres Volkes nicht schwanken! Sonst starben wir alle,
so wie Hermann. Außerdem dachte ich ganz naiv, dieser Volks-
sturmbefehl sei bindend – über kurz oder lang würden sie mich
ohnehin zum Kriegsdienst abholen.

Meine Erlebnisse als Freiwilliger in den letzten Kriegsmonaten
habe ich in meinem ersten Buch «Ich war Hitlers letztes Aufgebot» ausführlich beschrieben, sodass ich es hier mit einigen
Absätzen bewenden lassen will.

Ich war in diesen Wintertagen 1944 überzeugt davon, gebraucht zu werden. Und das gab mir nach all den schlimmen
Erlebnissen ein gutes Gefühl. Ich glaubte, endlich den «Kompass
meines Lebens» gefunden zu haben, die Richtung stand fest: Ich
fühlte mich als «deutscher Patriot». Die Nazi-Propaganda hatte
gewirkt. Wenn heute die Idole junger Menschen Popstars oder
Fußballer sind, so hießen meine damals «Utz» – ein Jugendlicher,
der mit entschlossenem Blick auf Plakaten für den Beitritt zur

Waffen-SS warb. Oder «Hitlerjunge Quex», der den Konflikt mit seinen kommunistischen Eltern suchte und sein Engagement für die Nazis mit seinem Leben bezahlte – das erinnerte mich an meine eigene Herkunft.

Ich war ein hoffnungslos verführter Fall, zudem eigensinnig und unbelehrbar. Meine Mutter versuchte zwar, mich von meinen Plänen abzuhalten. Einmal hatte sie mich sogar persönlich aus einer Schule für Unteroffiziersanwärter in Steinau an der Oder, wohin ich mich beworben und wo ich angenommen worden war, zurückgeholt. Doch jetzt, Ende 1944, protestierte sie nur halbherzig gegen meine erneuten «Ausbruchspläne».

Mein Stiefvater Helmut Kruschak beruhigte sie: «Der Krieg ist zu Ende. Die Jungen werden ein wenig in der Gegend herummarschieren, in den Kasernen ein bisschen herumballern, dann ist es vorbei mit Hitlers Krieg. Und sie schicken alle wieder nach Hause. Als Soldaten sind die Jungen doch gar nicht zu gebrauchen.»

Der stets so weitsichtige Kruschak sollte dieses Mal irren, denn im Todeskampf empfand das NS-Regime keine Skrupel, auch noch Deutschlands Jugend auf dem Schlachtfeld zu opfern. Vermutlich war mein Stiefvater aber auch ein wenig erleichtert, künftig einen «Esser» weniger durchfüttern zu müssen.

Ich verließ in meiner HJ-Winteruniform Hamburg am 4. Januar 1945 mit der Eisenbahn. Es sollte ein langer Abschied von meiner Heimatstadt werden, doch davon ahnte ich nichts. Über Leipzig, die Lausitz, Prag ging es ins mährische Bad Luhatschowitz in die Nähe von Brünn – also dahin, wo ich noch Monate zuvor mit der neuen Familie meiner Mutter gelebt hatte. In einem Reichsausbildungslager (RAL) wurde ich zusammen mit etwa 1400 Gleichaltrigen militärisch ausgebildet.

Acht Wochen lang jagte man uns in unseren HJ-Uniformen

durchs tief verschneite Gelände der Westkarpaten, ließ uns marschieren, robben, rennen, schießen. Die tschechischen Bewohner des Kurortes hatte man aus ihren Villen gejagt, damit wir darin untergebracht werden konnten. Ein ganzer Ort, das malerische Lázně Luhačovice, war de facto von der Hitlerjugend übernommen worden.

Am Ende des Lehrgangs, die Märzsonne kündigte schon den nahen Frühling an, trat ein HJ-Bannführer vor die versammelte Teilnehmerschaft und hielt eine markige Rede: «Der Führer hat euch schon heute zu den Waffen gerufen!», verkündete er dann mit bemühtem Pathos in der Stimme.

Zu unser aller Erstaunen teilte er uns mit, dass wir geschlossen der Waffen-SS zugeführt würden – so lief das damals mit der Freiwilligkeit.

Wir blickten uns verstohlen an und wussten gar nicht so genau, was das jetzt bedeutete. War uns nicht versprochen worden, wir würden zunächst zurück nach Hause geschickt, ehe es in den Krieg ging?

Nur einer von uns 1400 Jugendlichen wagte es, zu widersprechen. Seine Eltern hätten ihm untersagt, der Waffen-SS beizutreten, sagte er. Und er hatte damit tatsächlich Erfolg. Er wurde zwar als «Weichling» verspottet, durfte anschließend aber die Heimreise antreten.

Dieser junge Mensch bewies Weitsicht, Mut und Rückgrat – im Unterschied zu uns.

Man brachte uns mit der Bahn zum Truppenübungsplatz Beneschau südlich von Prag. Man kleidete uns militärisch ein, das Blutgruppenmerkmal wurde uns am linken Oberarm eintätowiert, wie bei allen SS-Angehörigen. Und weiter ging die Ausbildung – zum Schießen und zu den Geländeübungen kam die Panzerbekämpfung hinzu. Wir mussten auf erbeutete sowjetische T-34-Panzer aufspringen, dann wieder rollten sie über unsere Köpfe, während wir in tiefen Schützenlöchern hockten. Ich ließ alles mit mir geschehen und tat mechanisch, was verlangt wurde.

Der unsinnige Dienst, die Grobheit der militärischen Vorgesetzten, ihre hohlen Phrasen, trugen dazu bei, dass es einen Moment gab, von dem an ich dachte: War es das, was du wolltest? Ich registrierte auf einmal erschrocken, dass ich, gerade mal 16-jährig, Soldat einer Armee war, die auf eine gigantische Katastrophe zusteuerte. Außerdem war ich Mitglied ihrer politischen Elite-Miliz, die allerdings längst keine Elite mehr war, sondern alles an Kämpfern aufsammelte, was fähig war, eine Waffe zu tragen – auch kriegsgefangene Russen, Belgier, Bosnier, Franzosen, Kroaten, Inder, zudem halbe Kinder wie uns.

Es war wie eine Erweckung, als ich mich plötzlich fragte: Wie konnte es geschehen, dass ich, das Kind kommunistischer Eltern, weltoffen, antiimperialistisch, antinationalistisch erzogen, jetzt Mitglied in Hitlers Elite-Verband bin? Ich konnte mir die Frage selbst nicht beantworten. Ich schämte mich ein wenig, als ich an meine Eltern, an meinen Großvater dachte. Und ich fühlte intuitiv, dass ich den größten Fehler meines Lebens begangen hatte. Ich hätte mich nie als Kriegsfreiwilliger melden sollen, ich hätte der Aufnahme in die Waffen-SS nicht zustimmen dürfen, ich hätte, hätte, hätte … Doch jetzt war es zu spät.

Ein weiterer Monat verging, inzwischen war es Anfang April, und mit ein wenig Glück hätten sich die Prophezeiungen meines Stiefvaters Helmut Kruschak bewahrheitet – dass man uns nämlich bald nach Hause schicken würde, weil der Krieg ohnehin zu Ende war. Das Reich war auf ein paar Flecken in Zentraleuropa zusammengeschmolzen.

Doch Glück war in diesen Tagen ein rares Gut. Und ich hatte meinen Anteil in den Hamburger Bombennächten offenbar verbraucht. Wir wurden als «Auffüllreserve» der 12. SS-Panzerdivision Hitlerjugend von Böhmen aus an die nahe Front in Niederösterreich geschickt. Es folgten vier Wochen mit mörderischen Kämpfen. Wir waren die Gejagten. Wir waren kriegsunerfahren, halbe Kinder, schlecht ausgerüstet, hatten Angst – und entrichteten deshalb einen enorm hohen Blutzoll. Wer nicht getötet wurde, in Gefangenschaft geriet, von Feldgendarmen auf der «Flucht» nach Hause erwischt und hingerichtet wurde, der schätzte jeden Tag glücklich, den er noch am Leben war.

Ich lernte, meinen Überlebensinstinkten mehr zu vertrauen als meinem Verstand, auf das Flattern in der Luft zu hören, welches Granaten ankündigt. Mich in der Masse zu verstecken oder bei riskanten Kommandooperationen anderen den Vortritt zu lassen. So gelang es mir, bis Anfang Mai zu überleben, während von meinen Kameraden der ersten Stunde kaum noch jemand dabei war – und dann erwischte es auch mich.

Es war der 2. Mai, keine Woche sollte dieser verfluchte Krieg noch dauern. Eine Granate war neben mir eingeschlagen, zahlreiche Splitter trafen mich am rechten Arm und im Oberkörper. Als mich ein Kamerad hinter die Linien zum Sanitätsplatz trug, traf mich auch noch ein Schuss aus einem Maschinengewehr links ins Gesäß. Da war es dann doch, das Glück, mein treuer Begleiter. Ich überlebte, trotz schwerer Verwundungen, wurde auf einem Sanitätsplatz operiert, in einen Sanitätszug geschafft, der in Richtung Heimat fahren sollte.

Doch dafür war es leider zu spät. Alles war in Auflösung. Der Zug konnte das Gebiet des «Reichsprotektorats» in Richtung Deutschland nicht mehr durchqueren, weil überall der Aufstand gegen die deutschen Besatzer tobte. Tschechische Aufständische in selbstorganisierten Uniformen machten Jagd auf alle Deutschen. Der Sanitätszug blieb nahe der Stadt Jihlava etwa auf halbem Weg zwischen Wien und Prag im Niemandsland zwischen sowjetischen und amerikanischen Truppen liegen. Wochenlang kümmerte sich niemand um die Insassen – mehrere hundert Verletzte und das Sanitätspersonal. Trotz meiner Verletzungen raffte ich mich einmal auf und humpelte zu einem schnellfließenden Bach in der Nähe. Kleine Elritzen flitzten hin und her, und ich sah ihnen eine Weile zu. Dann versuchte ich, mein blutbeflecktes Unterhemd zu reinigen. Da mein rechter Arm aber geschient und verbunden war, fiel es mir sehr schwer, mit der linken Hand die Flecken auf dem steinigen Untergrund wegzurubbeln. Plötzlich hörte ich Motorengeräusche und sah auf der Landstraße, die in einiger Entfernung neben dem Bahngleis verlief, Fahrzeuge kommen. Es waren deutsche Lastwagen und sogar Panzerspähwagen, auf denen viele Soldaten saßen. Ich wunderte mich, dass einige sangen, und ich hörte das bekannte Zarah-Leander-Lied «Davon geht die Welt nicht unter, sieht man sie manchmal auch grau». Zusammen mit einigen Kameraden ging ich, mehr taumelnd als aufrecht, an die Landstraße und bettelte um etwas zu essen. Viele Hunderte, vielleicht ein ganzes Bataillon war es, die da an uns vorbeifuhren. Aber kaum einer beachtete uns. Nur einer warf mir eine Rolle Bahlsen-Kekse zu, die mir aber jemand entriss und sich davonstahl. Allgemeine Marschrichtung der motorisierten Kolonne war der Südwesten, also ins Reichsgebiet. Wir hofften, flehten, beteten, wir mögen in amerikanische Gefangenschaft kommen. Als Mitglied der Waffen-SS machte ich mich auf das Schlimmste gefasst. Denn SS-Leute wurden vor allem von den Russen oder Tschechen oft umgehend erschossen. Die Sieger kannten keine Gnade mit diesen Leuten, weil vor allem die Waffen-SS für Kriegsverbrechen verantwortlich war.

Für den Laien unterschieden sich Mitglieder der Waffen-SS nicht von «normalen» Wehrmachtssoldaten, alle hatten feldgraue

Uniformen. Doch die Sieger hatten schnell gelernt, auf welche Details es zu achten galt: Bei den Uniformen der Waffen-SS war der Hoheitsadler am linken Arm, Wehrmachtssoldaten trugen ihn auf der linken Brust. Also entledigten sich die fliehenden Soldaten ihrer kompromittierenden Uniformen. Was aber blieb, war die Blutgruppentätowierung am linken Unterarm, die für viele ehemalige SS-Mitglieder zum Kainsmal wurde – ein Leben lang.

Nach Wochen des Wartens und der Ungewissheit entschied sich das Schicksal des zwischen den Einflusssphären der neuen Weltmächte USA und Russland vergessenen Sanitätszuges an einem Tag Ende Mai: Während Schwerverletzte im Zug bleiben durften – ihnen wurde die baldige Heimfahrt versprochen, ebenso wie Jugendlichen –, wurde ich zusammen mit 35 anderen «Leichtverletzten» den Russen übergeben. Man schickte mich nicht nach Hause, obwohl ich gerade erst 16 war. Man ließ mich auch nicht im Zug, obwohl ich noch immer kaum laufen konnte. Ich empfand das als großes Unrecht. Und würde trotzdem aus heutiger Sicht sagen, dass ich diesem Schicksal unter Umständen mein Leben verdanke. Denn der Sanitätszug ist später an der Grenze von tschechischen Freischärlern aufgehalten worden; alle SS-Mitglieder sind – egal wie alt und wie schwer verletzt – umgehend erschossen worden.

Für mich begann eine Odyssee durch diverse sowjetische Gefangenenlager in der Tschechoslowakei, Ende September wurden wir auf eine lange Reise über Ungarn, Rumänien in die Sowjetunion geschickt. In Viehwaggons zu je 60 Mann, wochenlang, ohne Versorgung und bei einsetzendem Frost. Ein Sterben begann, neben mir, hinter mir, viele der Gefangenen gaben sich auf, verloren den Lebensmut. Hinzu kam die Ungewissheit: Wohin ging diese Reise? Anfang November erreichten wir das tief verschneite Tallinn, Hauptstadt der neuen Sowjetrepublik Estland.

Wir nächtigten im Freien, in Erdgruben, wer es besser hatte, in Finnhütten. In einer Art Wachschlaf versuchte ich zu überleben, geduckt im Heer der Namenlosen einer geschlagenen Armee. Man schickte mich durch zahlreiche Lager im Westen des Sowjetreiches: Auts, Bene, Salaspils, Ogre, Mitau. Ich verleugnete nicht meine SS-Mitgliedschaft, was mir von den Siegern als Aufrichtigkeit ausgelegt und auf Grund meiner Jugend nachgesehen wurde. Beschimpfungen, Schläge und Tritte waren dennoch an der Tagesordnung, auch wegen meiner Tätowierung.

Schon in der Tschechoslowakei sah ich in einem Schaukasten zum ersten Mal Aufnahmen aus den Konzentrationslagern. Viele meiner Kameraden reagierten mit Realitätsverweigerung: Das seien die «Lügen der Sieger», behaupteten sie. Ich sah das anders, ich traute den Nazis inzwischen solche Verbrechen zu, erinnerte ich mich doch an die Hamburger Zeiten und die Schicksale vieler Kommunisten. Und an das, was meine Eltern stets über die Nazis gesagt hatten.

Das alles machte mich traurig und ratlos. Ich fühlte mich schuldig, schließlich trug ich die Uniform der Täter. Solche Gedanken erwachten erst ganz allmählich in mir, verdrängten die Angst, diese Gefangenschaft nicht zu überleben. Denn im Verlauf der insgesamt fast fünfjährigen Dauer meiner Gefangenschaft wurden spätestens ab Mitte 1946 Brutalitäten der Wachmannschaften immer seltener und die katastrophale Versorgungslage begann sich zu verbessern. Wir Gefangenen mussten zwar körperlich schwer arbeiten, wurden aber versorgt und sogar medizinisch betreut. Ab 1948, ich befand mich bereits seit über einem Jahr im Lager Tuschino bei Moskau, gab es sogar ein Taschengeld, Kinobesuche, Theatervorführungen. Selbst Ausflüge nach Moskau konnte genießen, wer die Arbeitsnormen erfüllte.

Aus dem «Wachschlaf» der ersten Gefangenenmonate war ich längst erwacht, ich lernte Russisch, diskutierte mit den wenigen Gefangenen, die sich damit beschäftigten, über politische und weltanschauliche Fragen. Die Gefangenschaft, die Unfähigkeit vieler verbohrter Nazis, das begangene Unrecht zu benennen und sich von Hitlers katastrophaler Politik zu distanzieren, beschäftigten mich sehr.

Die meisten Gefangenen waren älter als ich. Und sie sahen sich als Opfer, zu Unrecht von den Siegern in Geiselhaft genommen. Als Deutsche zu Unrecht an den Pranger gestellt. Sie sahen in den Russen, in den mitgefangenen Rumänen oder Ungarn noch immer Untermenschen, sie waren vom Hass zerfressen und verbittert. Tatsächlich hatten wir Kriegsgefangene vor allem in den ersten Jahren der Nachkriegszeit von den russischen Wachmannschaften viel auszustehen. Doch mir wurde schnell klar, dass auch diese Menschen Schreckliches erlebt hatten. Dass sie genauso hungerten wie wir. Was wir von der Sowjetunion sahen, war ein kaputtes, ausgebranntes Land. Hinzu kam, dass die Menschen nicht nur unter diesem Krieg, sondern auch unter dem stalinistischen System litten.

So wie ich zuvor versucht hatte, Tschechisch zu lernen, vervollständigte ich jetzt mein Russisch. Ich war jung, es fiel mir nicht schwer, mich hineinzudenken. Und ich erlebte auch viel Mitmenschlichkeit: von estnischen Frauen, die mir in die Möbelfabrik, in der ich in Tallinn zu arbeiten hatte, Nahrungsmittel mitbrachten. Von einer russischen Ärztin, die sich rührend um meine nicht vollständig verheilten Verletzungen kümmerte. Und von Jorka, einem russischen Wachsoldaten usbekischer Abstammung, der mich stets auf Baustellen in Moskau eskortierte. Er war so alt wie ich, und wir alberten viel herum.

Und es gab ein damals 16-jähriges Mädchen, Walja mit Na-

Ich im Sommer 1949 als Kriegs-
gefangener im sowjetischen
Lager Tuschino bei Moskau.

men, der zuliebe ich sogar in der Sowjetunion geblieben wäre. Sie beobachtete mich, als ich, der Kriegsgefangene, im Sommer 1949 auf einer Baustelle im Herzen der sowjetischen Hauptstadt im Akkord Mietskasernen hochzuziehen half. Wir trafen uns am Bauzaun, mein Freund, der Sowjetsoldat Jorka, ließ mich später sogar zu ihr. Ja, ich konnte mir damals vorstellen, dauerhaft in der Sowjetunion zu bleiben, weil ich Walja liebte, aber auch weil ich begann, den Sozialismus für die bessere Weltanschauung zu halten. Und weil ich der Überzeugung war, dass das, was im deutschen Namen geschehen war, ein konsequentes Umdenken erforderte.

Doch die Liebe zu Walja hatte keine Chance, weil ich Teil der Nazi-Invasionsarmee war, weil in diesen Zeiten für die Liebe zwischen einem ehemaligen SS-Mann und einer sowjetischen Jungkommunistin kein Platz war. Anfang 1950 kehrte ich nach fast fünfjähriger Kriegsgefangenschaft nach Hamburg zurück.

Aus der Sowjetunion mitgenommen hatte ich die Überzeugung, dass der reale Sozialismus eine mögliche Alternative darstellt, dass Völker- und Rassenhass ein großes Übel sind, dass mich im Zweifel mit dem gleichaltrigen Jorka oder mit Walja mehr verband als mit den ehemaligen Nazis, die schon wieder in Amt und Würden waren. Meine Odyssee als Soldat und Kriegsgefangener endete, meine politische Odyssee noch lange nicht.

Ohne politischen Kompass

Es war ein kalter Januartag 1950, als ich wieder in meiner Heimatstadt Hamburg stand. Meine Mutter, Helmut Kruschak und Adomeit, ein KPD-Veteran und Freund meiner Mutter, holten mich vom Bahnhof ab. Sie umarmte mich – und fragte nicht, wie es mir ging, sondern: «Günter, du bist doch ein Kommunist, oder?»

Doch so leicht konnte ich das nicht beantworten, darüber musste ich selbst erst einmal länger nachdenken.

Die Stadt war fast noch genau so kaputt wie fünf Jahre zuvor, als ich sie verlassen hatte. Doch in den Trümmern regte sich das Leben, das war deutlich. Straßen waren frei geräumt worden, überall wurde abgerissen, gebaut, wurden Steine geklopft. Nach der Agonie, die die Deutschen im Zuge der Niederlage befallen hatte, entfaltete sich hier eine neue Dynamik, ein Wille zum Neuanfang.

Und auch ich wollte vieles nachholen. Ich war ein anderer Mensch geworden. Reifer, vieler Illusionen beraubt, mit einem großen Zorn auf jene, die mir Krieg, schwere Verletzungen und anschließende Gefangenschaft eingebrockt hatten: die Nazis und ihre Speichellecker. Ich besann mich auf meine «politischen Wurzeln», auf meine kommunistisch-proletarischen Eltern. Für mich stand fest: Meine Eltern, meine Großeltern und ihre Genossen hatten immer recht gehabt, sie hatten das Unheil, das mit Hitler drohte, vorausgesehen. Und sie waren den Nazis nie auf den Leim gegangen, weil sie ideologisch gefestigt waren. Ich sah mich als Sozialist und war der jungen Bundesrepublik gegenüber misstrauisch: War das nicht der identische Nährboden, auf dem 1933 die Nazis gediehen? Helmut Kruschak riet mir, mich politisch nicht zu organisieren. «Hat keinen Sinn», begründete er, nach Nazi-Zeit und Krieg war er von Politik geheilt.

«Geh doch in die Freie Deutsche Jugend», sagte indes meine Mutter. «Die kämpfen für ein vereinigtes Deutschland und wollen die Heimat aller politischen Richtungen sein.»

Glaubte sie das wirklich? Natürlich war die FDJ eine von Ostberlin und damit von Stalins Getreuen gesteuerte und gleichgeschaltete Organisation. Aber das sah ich damals noch nicht.

Nach einer langen Erholungs- und Akklimatisierungsphase (ich laborierte an Anfällen des Wolhynien-Fiebers, das ich mir im Baltikum zugezogen hatte), fing ich wieder an, bei der Deutschen Post beziehungsweise der späteren Bundespost zu arbeiten. Ich traute meinen Augen nicht, als ich dort, am Hühnerposten in der Innenstadt, den alten Postsekretär Timm wiedertraf, der damals tagtäglich «Führer und Vaterland» hatte hochleben lassen. «Lucks, schön dich wiederzusehen. Jetzt fehlen nur noch vier aus meinem damaligen Lehrjahrgang, aber die sind dann wohl tot», begrüßte er mich.

«Herr Timm, ich hatte nicht erwartet, Sie hier noch immer anzutreffen. Sie waren doch damals ein ganz fanatischer Nationalsozialist. Sie trugen doch auch stolz das Parteiabzeichen», schleuderte ich ihm entgegen.

Ich war selbstbewusst, wollte mir nichts mehr bieten lassen und suchte die Provokation. Doch Timm lächelte milde, legte seinen einzigen, den rechten Arm väterlich um meine Schulter und sprach: «Sie haben ja recht, aber wir mussten doch alle mitmachen. Wenn Sie wüssten, wie ich damals wirklich dachte.»

Mir wurde speiübel. Timm war nicht der einzige Postbedienstete, der eine tiefbraune Vergangenheit hatte. Doch jetzt wollte keiner je Nazi gewesen sein, die vielen braunen Mitläufer hatte offenbar der Erdboden verschluckt. Weil ich nicht ausgelernt hatte, setzte ich meine Postlehre fort, schmiss aber bereits nach neun Monaten wieder hin. Ich konnte in diesem Verein der Uniformträger nicht bleiben. Dieser Kasernenhofton, dieses Anbiedern widerte mich an. Die politische Großwetterlage hatte sich geändert, und da konnte ich doch nicht in einen streng hierarchisch organisierten Verein von Uniformträgern zurückkehren? Auch als ich später vom «Amt Blank» aus Bonn, dem Vorläufer der im Aufbau begriffenen Bundeswehr, ein Schreiben erhielt, ob ich mit meinen «Osterfahrungen» nicht prädestiniert für eine Beschäftigung mit rasanten Aufstiegsoptionen sei, lehnte ich ab – obwohl ich in der Tat auf der Suche nach einer neuen Beschäftigung war.

Doch mit Uniformen und Gehorsam hatte ich abgeschlossen.

Im Sommer 1950 nahm ich am Deutschlandtreffen der Jugend und Studenten in Ostberlin teil. Inzwischen war ich Mitglied der FDJ. Ich klebte Plakate, verteilte Flugblätter – in meinem Verständnis holte ich das nach, was wir in der NS-Zeit versäumt hatten: Widerstand leisten, etwas gegen das braune Pack unternehmen, bevor es zu spät ist. Ich war ein Heißsporn. Als wir auf dem Jungfernstieg Flugblätter gegen die britischen Besatzer verteilten, deren Panzer die Lüneburger Heide zerfurchten – das zumindest behaupteten wir –, wurde ich verhaftet. Ein britisches Militärgericht verurteilte mich nach der U-Haft zu drei Monaten Gefängnis – «Schädigung des Ansehens der britischen Besatzungsmacht» warf man mir vor. Einsitzen musste ich im Gefängnis Glasmoor. «Ich möchte in die Zelle, in der Willi Bredel saß», polterte ich dem Gefängnisdirektor entgegen. «Du sitzt da, wo ich dich hinsetze», gab er zurück.

Nach meiner Entlassung überreichte mir der Chef meiner Organisation, der Freien Deutschen Jugend, die «Friedensmedaille der Jugend». «Wir sind stolz auf dich, Günter», sagte der 40-Jährige Saarländer, der Erich Honecker hieß, damals Hamburg besuchte und fast vier Jahrzehnte später die DDR, das sozialistische Experiment auf deutschem Boden, gegen die Wand fahren sollte.

Ein bisschen fühlte ich mich damals wie ein NS-Widerstandskämpfer, nur dass ich natürlich wusste, dass es keines großen Heldenmutes bedurfte, um die Besatzungsmächte und ihre «westdeutschen Büttel» herauszufordern.

Ich versuchte mich auch innerhalb der FDJ als Agitator und Propagandist – jedoch ohne großen Erfolg. 1954 hielt ich vor norddeutschen Funktionären in Hamburg-Rothenburgsort einen Vortrag, Thema war «Der 50. Jahrestag der Gründung der ersten Arbeiterjugendgruppe in Deutschland» – ein Thema, das mich nicht wirklich begeisterte. Und das offensichtlich auch die Zuhörer nicht interessierte. Jedenfalls las ich schleppend und mich ständig in Schachtelsätzen verirrend ein staubtrockenes Referat ab, kaum einer folgte meinen Ausführungen, am Ende registrierte ich müden Applaus und bei uns allen große Erleichterung, dass es vorüber war. Nein, das war nicht meine Welt. Zum marxistischen Theoretiker eignete ich mich nicht, ich war dem Leben näher als den Büchern.

Am 1. Juni 1952 lernte ich auf einem Gartenfest in Horn ein junges Mädchen kennen, das in einer christlichen Jugendgruppe aktiv war. Doris hieß sie, es war Liebe auf den ersten Blick. Wir heirateten, bekamen im Herbst 1955 unser einziges Kind, einen Jungen. Für kurze Zeit hat Doris es geschafft, meine politische «Sturm-und-Drang-Phase» etwas zu zähmen. Nachdem ich über längere Zeit in Hamburg keine Arbeit gefunden hatte, entschlos-

Endlich glücklich: Doris und ich 1955.

sen wir uns im März 1956, in die DDR überzusiedeln. Adolf
Schill – ein Onkel, der genau so hieß wie sein Vater, nämlich
mein 1948 verstorbener Großvater – überredete mich, nach
Rostock zu kommen. Er war dort ein respektierter Kapitän der
noch jungen und kleinen DDR-Fischereiflotte. Das Kapitäns-
patent für die «Große Fahrt» hatte er in Hamburg gemacht, als
Kommunist aber keine Anstellung bekommen. «Komm nach
Rostock, Günter, hier kriegst du eine Wohnung und Arbeit»,
schrieb er uns.

Den Sozialismus nicht nur predigen, sondern ihn aufbauen,
ihn gestalten, ihn leben – das waren sofort meine Gedanken.
Konsequent das tun, was Opa Schill, Papa und Mama immer ge-
predigt hatten. Also überlegten wir nicht lange, packten unsere
wenigen Sachen und zogen mit Baby Thomas in die Zone oder

besser ins «Arbeiterparadies», wie meine Mutter die DDR stets nannte.

Doch die Enttäuschung war gewaltig, als uns dort mitgeteilt wurde, dass wir Hanseaten nicht an der Küste bleiben durften. «Zur Bewährung» schickte man uns für wenige Jahre ins sächsische Braunkohlerevier. Widerspruch wurde nicht geduldet, es blieb uns nichts anderes übrig, als in die Tristesse des Lausitzer Tagebaureviers zu ziehen. Wir erlebten eine DDR, die viel ärmer als die Westzonen war – deindustrialisierter, politisch straffer geführt, mit einem deutlicheren Besatzer-Diktat. Und wir verstanden, dass wir als «Westdeutsche» keinen Sonderstatus hatten und uns dahin begeben mussten, wohin uns die Partei schickte – denn zu verteilen gab es im Osten nur den Mangel.

Immerhin bekamen wir eine kleine Zweizimmerwohnung im kleinen Städtchen Lauchhammer in der Niederlausitz auf halbem Wege zwischen Berlin und Dresden. Ich arbeitete beim «VEB Braunkohlenwerk N9 BKW Freundschaft» in Lauchhammer-Süd und hatte mich mit der «permanenten Inventur» zu beschäftigen, das konnte bis zum Zählen von Schrauben führen. Doris war dort im Büro als Sekretärin beschäftigt, unser Sohn Thomas blieb tagsüber im Kindergarten.

Wir galten, allein schon wegen unseres Dialekts, als Exoten. Menschlich war es eine schöne Zeit, weil uns viel Freundschaft, Solidarität, Hilfe zuteilwurde. Doch das System machte uns das Leben schwer: Gängelung, Dogmatismus und Unaufrichtigkeit erinnerten mich an die NS-Zeit. Am Vortag des 1. Mai 1957 trug mir mein Büroleiter auf, im Magazin Dekorationsmaterial zu beschaffen und die Räumlichkeiten auszuschmücken, für den «Internationalen Kampf- und Feiertag der Werktätigen für Frieden und Sozialismus», wie es in der DDR hieß – den wichtigsten Feiertag also.

Ich erinnerte mich an den 1. Mai, den ich als Kleinkind auf der Hamburger Moorweide erlebt hatte. Was war daraus geworden? Die DDR-Offiziellen fluteten das Land mit Phrasen, mit denen die Menschen nichts anzufangen wussten, mit Zwangsaufmärschen und Selbstdarstellungen. Und die Menschen freuten sich auf einen freien Tag und versuchten, den Aufmärschen zu entkommen.

Zusammen mit meinen Freund und Kollegen Wolfhart sollte ich also die Büroräume schmücken – und kam auf eine besonders kreative Idee: In die Toilette direkt neben die Klospüle, damals war das überwiegend eine Kette mit Griff, die von einem Spülkasten in luftiger Höhe herabhing, klebte ich die Parole «Wir ziehen alle an einem Strang!». Ins Treppenhaus, dessen Treppe allerdings unter einem Flachdach endete, klebte ich die Parole «Aufwärts in lichte Höhen». Ich machte mir also einen Spaß, diese hohlen Phrasen zu karikieren. Ich dachte in diesem Moment an meine Mutter, wie sie einst den Nazis augenzwinkernd Paroli geboten hatte – indem sie das rote Inlet des Bettes aus dem Fenster gehängt oder stets «Hein Dittmer» gesagt hatte.

Doch ich hatte nicht mit der Humorlosigkeit der Genossen gerechnet. Denn am nächsten Tag war die Hölle los: «Kolesche Lucks, was ham Se sich denn dabei gedacht?», fuhr mich der Parteileiter meines Betriebes im tiefsten Sächsisch an.

Führungskräfte, ob an der Spitze des Staates oder im Betrieb, kamen überwiegend aus Sachsen. Der Mann ließ mit krebsrotem Kopf die Faust krachend auf den Tisch sausen. «Se ham wohl den Verstand verloren? Eins sach ich Ihnen: Se sinn hier nisch off der Reeperbahn, wo Se sich solche Späße leisten können. Se werden von uns noch hören …»

Ich erhielt einen Tadel und wurde in die «Brikettfabrik 7» strafversetzt, musste dort auf einem Gleisgelände für die Braunkohlenzüge die Weichen stellen – eine ziemlich öde Beschäftigung.

Mir reichte es. Ich stellte einen Antrag auf Heimkehr, auf Umzug in den Westen. Wieder musste ich zum Parteileiter. «Unterschreiben Se hier, und dann können Se hemefahren», forderte er mich auf.

Zudem hätte ich mich in zwei Tagen an einem Platz einzufinden, von dem mich ein Auto zu einer Dienststelle bringen werde, in der ich weitere Instruktionen erhalten würde. Und ich solle mit keinem Menschen, nicht einmal meiner Frau, darüber reden. Ich war verwirrt und bat mir Bedenkzeit aus: Was sollte ich tun? Ich sprach mit Wolfhart darüber: «Bist du verrückt?», sagte der. «Das ist die Stasi. Lass dich niemals mit denen ein. Du begibst dich in Teufels Küche. Zieh lieber deinen Antrag zurück und versuche ohne viel Aufhebens, einfach so zurückzugehen.» Ich befolgte seinen Rat.

Ich heuchelte, doch in der DDR bleiben zu wollen. Und fragte Monate später, ob ich meine Mutter in Hamburg besuchen dürfe – sie sei sehr krank und wolle ihren Enkel noch einmal sehen. Das stimmte nicht, aber es wurde genehmigt. Wir verschenkten unsere Sachen, begaben uns in großer Sorge, in letzter Minute ertappt zu werden, über Leipzig und Berlin auf die Bahn in Richtung Hamburg. Denn für Republikflucht drohten lange Haftstrafen.

Am 3. Oktober 1957 waren wir endlich wieder zu Hause. Vier Jahre später hätte uns die Mauer daran gehindert. Wir zogen nach Hamburg-Horn in eine kleine Wohnung, in der wir heute noch leben.

Und was wurde aus dem Rest meiner Familie? Mein leiblicher Vater Hermann Lucks war 1947 aus französischer Kriegsgefangenschaft heimgekehrt. Lizzy war inzwischen mit einem kanadischen Besatzungssoldaten nach Übersee «durchgebrannt». Vater fand ein neues Glück, er heiratete eine Polin mit Namen Irma. Mit ihr bekam er ein weiteres Kind, Klaus Lucks, den ich aber nur wenige Male in meinem Leben sah. Auch zu meinem Vater hatte ich bis zu seinem Tod, er starb 1978 70-jährig an einem Krebsleiden, wenig Kontakt. Politisch ist er nie wieder aktiv geworden.

«Onkel Friel», der Polizist, der ihm einst nach der blutigen Straßenschlacht in St. Georg geholfen hatte, trat nach dem Krieg als unbelasteter Sozialdemokrat seinen Dienst bei der Polizei wieder an. Fortan war er in der Einstellungsstelle der Innenbehörde tätig, die Verwaltung befand sich damals am Karl-Muck-Platz im Gebäude einer großen Versicherung. In dieser Position verhalf er meinem Vater zu einem Angestelltenverhältnis in der Abteilung für Kraftfahrzeugdiebstähle.

Eduard Hermann Lucks, der «Preußen-Opa» und Vater meines Vaters, war Weihnachten 1951 80-jährig gestorben. Zuletzt hatte er bei seiner ältesten Tochter, meiner Tante Liesbeth, in einer vom Bombenkrieg verschonten Altbauwohnung in Hohenfelde gewohnt.

Mein Stiefvater Helmut Kruschak hatte mit meiner Mutter insgesamt vier Kinder, von denen eines im Alter von nur einem halben Jahr verstarb. Und ein Nachzügler wurde 1944 geboren, mit Namen Helmut. Kruschak und Mutti blieben überzeugte Kommunisten, die sich aber nicht mehr politisch betätigten. Ein ehemaliger Genosse sprach ihn einmal an: «Helmut, lass uns wieder eine RFB-Gruppe hier im Osten Hamburgs aufmachen.»

Doch Kruschak lehnte nach einer Phase des Abwägens dankend ab. «Das macht keinen Sinn mehr, die Menschen haben genug von Straßenkämpfen, von politischen Streitereien und ideologischem Hass», so der ehemalige «Haudrauf mit dem Goldzahn», einst der größte Schläger in seinem RFB-Sturm.

Seine Parole hieß von da an: «Lasst uns an der Wahlurne kämpfen.»

Er arbeitete in verschiedenen Firmen als Fachmann für Metallschleiferei und starb 1976 im Alter von 65 Jahren.

Louise, Lieschen, meine geliebte Mutti, beschränkte in der Nachkriegszeit ihre Aktivitäten als Hamburger Kommunistin darauf, die Politik der Adenauer-Regierung zu kritisieren und die «Hamburger Volkszeitung» zu lesen, ein streng kommunistisches Blatt, das für den revolutionären Umsturz in der noch jungen Bundesrepublik stritt. Als die Zeitung verboten wurde, abonnierte sie die etwas gemäßigtere UZ («Unsere Zeit») und rang mir noch am Totenbett die Zusage ab: «Versprich mir, dass du die UZ weiter liest.»

Nach Helmuts Tod lebte sie in einem Altenheim, gern sprach sie mit mir über die alten Zeiten, wenn meine Frau und ich sie zweimal die Woche besuchten. Meinen Halbgeschwistern hatte sie so gut wie nichts über ihre Vergangenheit als «Revolutionärin» und Kämpferin gegen die Nazis erzählt – Politik hatten sie und Helmut weitgehend aus ihrem Alltag verbannt. Mutti erlebte noch den für sie enttäuschenden Zusammenbruch der DDR, die sie immer noch stets das Arbeiterparadies nannte. Sie starb 1991 im Alter von 82 Jahren. Am Tag, als sie starb, murmelte ich leise, einem stillen Gebet gleich: «Ho Front, liebe Mama!»

Onkel Walter, unser «Sozialfaschist», der Bruder meines Vaters, fing nach dem Krieg wieder beim Hamburger «Echo» an, der neugegründeten sozialdemokratischen Zeitung, die aber nur für kurze Zeit existierte. 1966 gründete der Verleger Heinrich Braune als «Echo»-Nachfolger die «Hamburger Morgenpost», dort arbeitete Walter dann als Schriftsetzer.

Weil mein Kontakt zu meinem leiblichen Vater sehr lückenhaft war, hörte ich auch von Onkel Walter nicht mehr viel. Er soll sehr früh, vermutlich in den 60er Jahren, alleinlebend gestorben sein.

Meine Heimatsuche war zu Ende, meine politische Odyssee auch. Ich war endgültig geheilt von dogmatischen Ideologien, von Unfreiheit und Gleichmacherei. Ich empfand die Parteiendemokratie nicht mehr als eine Zumutung, sondern sah in ihr eine Chance: die Chance nämlich, friedlich und demokratisch für kleine Fortschritte zu streiten. Doch auch das habe ich lernen müssen, denn in meiner Familie hielt man vom «Ideenwettstreit» nie viel. Man schrie sich an, beschimpfte sich – und ging im schlimmsten Falle mit paramilitärischen Partei-Armeen aufeinander los.

So engagierte ich mich im Betriebsrat meines neuen Arbeitgebers, der Axel Springer AG. Ich trat der Gewerkschaft bei und weiß heute, als ein politischer Mensch, der in drei verschiedenen Gesellschaftsordnungen gelebt hat, dass die Demokratie wohl die schlechteste aller Regierungsformen ist, wie Winston Churchill einst sagte. Abgesehen von allen anderen Formen eben, die von Zeit zu Zeit ausprobiert worden sind …

Bildnachweis

Alle Fotos stammen aus der Privatsammlung von Günter Lucks, außer den folgenden:

ullstein bild, Berlin: Seite 21, 93 (Erich Andres), 100 (ADN-Bildarchiv)

Privatsammlung Joachim Paschen: Seite 25

Bundesarchiv Berlin: Seite 35 (BArch, Bild Y10-8462), 62 (BArch, Bild Y10-73300)

Der Tag, an dem das Lachen starb

Sie waren 16, höchstens 17: Hitlerjungen, die in Mähren in Schnelllehrgängen zu Soldaten geschliffen wurden, um dann im Frühjahr 1945 von der Waffen-SS rekrutiert und in einem Krieg verheizt zu werden, der längst verloren war. In Wahrheit waren diese Kinder jedoch keineswegs «wehrfähig», geschweige denn «Männer». Sie zahlten für ihren missbrauchten Eifer einen hohen Preis, und verschwiegen in der Nachkriegszeit meist ihre Erlebnisse aus Angst vor gesellschaftlicher Ächtung: Geschichten von Zeitzeugen aus einem wenig bekannten Kapitel des Zweiten Weltkriegs. Acht von ihnen zeichnen die Autoren in diesem Buch nach.

Sb 077/1 · Rowohlt online: www.rowohlt.de · www.facebook.com/rowohlt

Auch als E-Book

Harald Stutte | Günter Lucks

Hitlers vergessene Kinderarmee

rororo 63025

Meine Erlebnisse als SS-Kindersoldat

Das letzte Aufgebot der Nazis bestand zum Teil aus Kindern. Eines davon war der Hamburger Günter Lucks. Im März wird der 16jährige von der SS rekrutiert und an die Front bei Wien geschickt. Das Kind kämpft und tötet – und gerät in russische Gefangenschaft. Eine jahrelange Odyssee durch zahlreiche Lager beginnt. In Tuschimo bei Moskau, seiner letzten Station, erlebt er die erste große Liebe seines Lebens zu einer jungen Russin, die er zeitlebens nicht vergessen wird. Erst 1950 kehrt er nach Hamburg zurück, von jeglicher patriotischer Abenteuerlust geheilt.

«Der Text hat mich berührt. Ich hoffe, dass mit Hilfe solch anschaulicher Beschreibungen Nachgeborene Gelegenheit haben, aus den Erfahrungen früherer Generationen zu lernen.» (Günter Grass)

Auch als E-Book

Günter Lucks mit Harald Stutte

Ich war Hitlers letztes Aufgebot

Meine Erlebnisse als SS-Kindersoldat

rororo 62589

Sb 064/2 · Rowohlt online: www.rowohlt.de · www.facebook.com/rowohlt